暮らしの実用シリーズ

決定版

はじめての 庭づくり百科

ONE PUBLISHING

CONTENTS 目次

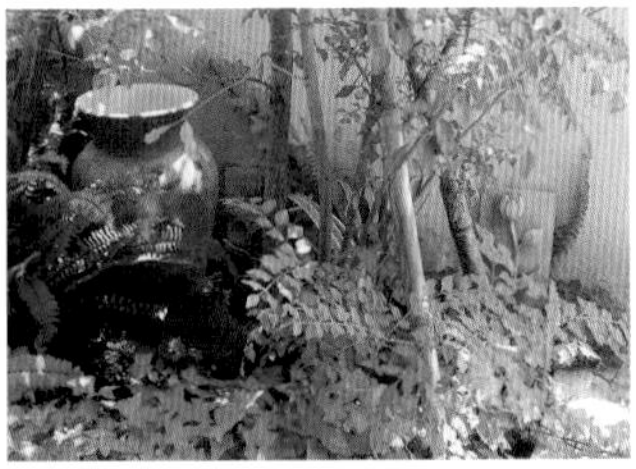

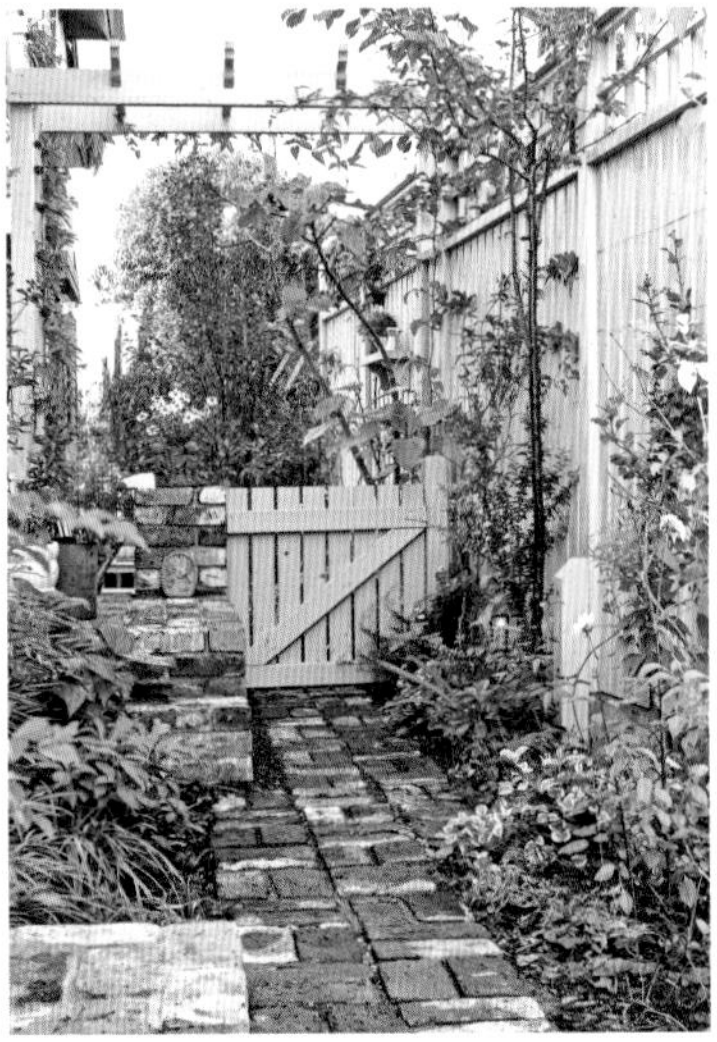

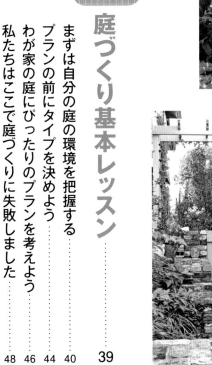

PART 5

DIYで庭づくり

PART 6

庭木&草花カタログ

※本書をもとに製作される場合は、安全に十分留意のうえ、個人の責任で行なって下さい。

PART 7

PART 1

タイプ別 あこがれの庭 実例アイデア

庭づくりを始めたいが、どんなスタイルにしたらいいかわからない。
そんな人に見てほしい素敵な庭を、バラエティ豊かにご紹介。
心が動かされる素敵な庭には、ガーデニングのヒントが満載です。

四季咲きのバラとハーブを立体的に見せる

ナチュラルな英国風の庭

―― 宮崎 圭さん

バラはパーゴラに誘引。一年草はコンテナに寄せ植えして園路に並べたり、壁面にディスプレーしたりと、植栽を立体的に構成した

味のあるアイテムが各コーナーをより魅力的に

ハーブや四季咲きのバラをメーンに、管理しやすい鉢花と地植えを組み合わせ、一年中草花が絶えないようにしているのが、宮崎さんの庭です。各コーナーをひとつの景色として見せるため、バラは比較的小ぶりな花を咲かせるものを選び、自然な草姿《そうし》のハーブを合わせてナチュラルな印象を生み出しました。

草丈の異なる植物を組み合わせ、さらに花壇に段差を設けたりコンテナを脚立などに載せたりして、植栽を立体的に構成するのが宮崎さん流です。心地よい日陰を作るパーゴラは、ご主人のお手製。ここにもS字フックを使って鉢をディスプレーし、緑に包まれた休憩スペースに仕立てています。

「理想のイングリッシュガーデンを実現するために、園路にはアンティークレンガや輸入レンガを使っています」と宮崎さん。

また、アンティークのガーデンツールや天使のオブジェを各コーナーに添えているのも特徴。自然な風情の植物と味のあるアイテムがひとつに溶け合った、趣のある庭に仕上がっています。

四季咲きの小ぶりなバラとして、虫がつきにくい「テディベア」（写真左）や、たくさんの花をつける「ポリアンサローズ」（同右）を選んだ

ご主人お手製のパーゴラが、心地よい日陰を作るウッドデッキ。ハンギングしたブリキの容器などが味わい深いアクセントになった

コンテナを利用して、植物が育ちにくい日陰を華やかに彩る。時々移動して日に当てることで、元気な状態を保っている

Point

コーナーに小物を添えて印象的な風景を作る

ゲストをもてなす際は、バードフィーダー（鳥の餌台）の中に花と天使のオブジェを飾ってロマンチックな雰囲気に

円形のコンテナスタンドはイギリス製のアンティーク。さびて落ち着いた風合いは、新品よりも庭になじみやすい

渋い色合いのレンガが、植栽を引き立てて印象的なコーナーに。階段状の花壇は園路と壁を自然につなぎ、奥行き感を演出

リビングから突き出した至福の空間

コンサバトリーのある庭

――手塚泰子さん

家の中が明るくなり
庭の眺めも満喫できる

仕事でイギリスに2週間ほど滞在し、現地の住まいと庭に感銘を受けた手塚さんご夫妻。その経験を生かし、庭の小物からエクステリアまですべてふたりで手作りして庭を仕上げました。

奥さまは小さなオブジェや看板を製作。大工であるご主人は、持ち前の技術で大物に挑戦しました。最大の労作が、リビングから庭に突き出したコンサバトリーです。これは、イギリスで植物を冬の寒さから守るために設ける温室のこと。別の場所で骨組みを作り、リビングの掃き出し窓をはずして接合しました。作業の都合で窓をはずしたオープンな状態が2週間続いたことも、今ではいい思い出です。「家の中が明るく広くなり、冬はあたたかくて最高です」と奥さまは語ります。

ミモザやジャスミンなど、季節によってさまざまな植物が花を咲かせるように丹精したイングリッシュガーデンを、コンサバトリーから眺める至福の日々を過ごしているご夫妻。今ではこの庭が、近所でも評判のガーデンスポットになっています。

庭の正面を飾るのは、ご主人が作った木製のゲート。植物をからませてナチュラルな雰囲気を盛り上げている

広げたパラソルの下で食事をするのも、庭での楽しみのひとつ。この日のメニューは、庭で育てたナスタチウムやチコリを挟んだサンドイッチ

Point

ガーデンのあちこちを さりげなく彩る小物も ご夫妻がハンドメード

右／大物製作の際に出た端材でご主人が作った郵便ポスト
左／ウサギ型の土台にラムズイヤーの葉を貼って作ったかわいいオブジェは、奥さまの作品

モッコウバラをからませ、庭と一体化させたコンサバトリー。茶色の壁面と白い窓枠のコントラストがおしゃれ

明るい日差しがたっぷり入る気持ちいいコンサバトリーは、ご夫妻のお気に入りの場所。目の前はハーブの花壇になっており、調理中にすぐ取りに行ける

コテ跡が残る黄色の塀が味わい深い

南仏プロバンス風の庭

——遠藤はつ子さん

遠藤家の入口は、バラをからませた白いアーチ。ツタがはう外壁にある赤い郵便ポストが、格好のアクセントになっている

庭にテーブルを置いて くつろぎの時間を満喫

フランスの田舎家のようなイメージを思い描き、何年もこつこつと庭を手作りしている遠藤さんご夫妻。インテリアやガーデン関連の洋書を参考に奥さまが完成イメージ図と簡単な設計図を書き、それをご主人が形にしていくのがいつものパターンです。

　細長い庭には、階段を上がって右手に前庭を、中央にパーゴラのあるウッドデッキを、いちばん奥にレンガを敷いたパティオ(中庭)を設けました。パティオには、隣家のコンクリート壁を目隠しする塀を設置。コテ跡を残して塗ったクリームイエローの壁面にレンガタイルや庇つきの小窓などをつけて、南仏プロバンスのイメージを演出しています。壁面や樹木にからませたツル性植物の緑を背景に、クリスマスローズやハーブなど野趣あふれる草花が茂る、美しい庭ができあがりました。

「壁や樹木などで囲まれた空間が落ち着けるんですよね」と奥さま。パティオやリビングに面したウッドデッキにはテーブルを置き、ティータイムやパーティーなど、庭でのひと時を楽しんでいます。

右／パーゴラつきのウッドデッキにはテーブルセットを配置
左／ウッドデッキは、ヤマモモなどの樹木に囲まれた気持ちいい場所

Point

黄色い壁面にツタをはわせて 彩りの美しさとナチュラル感を演出

コテ跡が残るあたたかな雰囲気の塗り壁には、ヘンリーヅタをはわせた。黄色と緑色の取り合わせが鮮烈でナチュラル感満点

パティオの塀に設けた小窓は、レンガや庇で南仏の雰囲気満点。窓辺のガクアジサイが黄色い壁面に美しく映える

階段の壁に設置した手作りのシェルフには、グリーンや雑貨をディスプレー。あえてラフに塗って味わいを出した

黄色の塀や木製ドア、苔むしたレンガなどで南仏プロバンスの田舎家を彷彿とさせるパティオは、遠藤家の特等席といえる場所

南国の植栽と家具、小物を組み合わせた

バリのリゾート風ガーデン

——H・Kさん

車庫の上に作り上げた落ち着けるプライベート空間

Kさんの庭のテーマは〝アジアンリゾート〟。バリを訪れた際に豊かな自然と明るい雰囲気に魅了されたご主人の強い要望から生まれた空間です。

庭のデザインと施工は、「ザ・シーズン世田谷」（東京都世田谷区）に依頼しました。植物は葉ものの多年草をベースに、日本の風土やこの庭の環境に合うものを選択。クレマチスやエンジェルストランペットといった南国のイメージを持つ品種のほか、日本の植物も織り交ぜてバランスよく植えています。

リゾート気分をさらに盛り上げるのが、庭の各所に配したバリ産のガーデンファニチャーやオブジェ。白い像やレリーフが緑の植栽の間からのぞく様子は、異国情緒たっぷりです。

実はこの庭は、車庫の上に作られたタイル張りのテラス。「高い位置にあるから、人目を気にせず落ち着いて過ごせるんですよ」とご主人。リビングの半円形に飛び出した窓から続く開放感たっぷりの庭は、Kさんご一家にとってなくてはならない大切なプライベート空間になっています。

白い壁がすがすがしいKさん宅。フェンス下の壁面に等間隔でタイルを張り、庭との統一感を持たせた

庭にバリ製のガーデンファニチャーを置いてくつろぎの空間に。白いクッションとティーセット、アタを編んだランチョンマットが、アジアの雰囲気をさらに盛り上げる

手前は鮮やかな緑が美しいアガパンサス、その奥は立性のローズマリーを植栽。元気に茂る植物が、アジアンリゾートを彷彿とさせる

滑らかな樹皮と動きのある樹形が現地の木を思わせるサルスベリをシンボルツリーに。夏にはピンクの花で庭を彩ってくれる

日陰になる樹木の下は、丈夫なアイビーやアジアの雰囲気を持つシダ類を植えた。緑に隠れるように配した壷がアクセントに

リビングの半円形に張り出した部分が、庭との一体感を強調。思わず外に出たくなる眺めが広がっている

パラソルを添えたガーデンファニチャーが優雅なティータイムを演出。これらの家具や小物は、ご主人が収集したもの

Point

バリの小物を上手に取り入れて
アジアンリゾート気分を盛り上げる

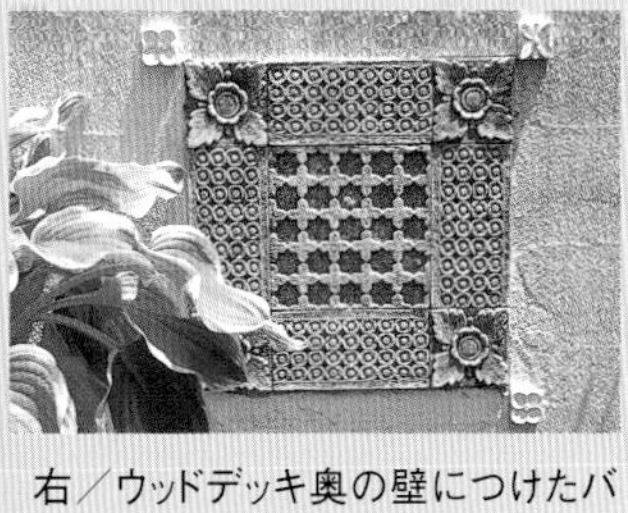

右／ウッドデッキ奥の壁につけたバリ製の大きなレリーフは、フォーカルポイント（見せ場）のひとつ
左／白い像と木製のランプシェードが、庭の景色に深みを与える

中心に渓流を配し、雑木を組み合わせた里山の雰囲気たっぷりの庭。左にある根元が曲がったモミジは、雪深い場所に育った木の特徴を表現している

里山を再現した雑木の庭

自然な幹の曲がりや枝ぶりが味わい深い

——田辺昭典さん

家にいながらにして自然の風景を満喫できる

「ここには鳥たちがたくさん訪れます。ハトやシジュウカラが川で水浴びをしている姿を見るだけでも癒されますね」という田辺さん。新居を建てる際、「石正園《せきしょうえん》」（東京都西東京市）に造園を依頼しました。田辺さんが望んだのは、家にいながらにして、いつでも緑深い山里を歩いているような気分に浸れる庭です。

植栽はいわゆる雑木が主体です。雪の重みで幼木が曲がって生長したことを想定して、根元が自然に曲がっているものを選定。また、山で育つ木がそうなっていることから、下枝がほとんど出ていないものを選びました。さらに、長く伸びた枝と枝が交差するように配置しているのも特徴。これは、日本庭園では使用しない技法です。

庭を斜めに横切るように設けた川も見どころのひとつ。上流には角が立った大きい岩を、下流には丸くて小さい石を配して山の中の

山里を再現した雑木の庭

自然の中の風景のようで、田辺さんが特に気に入っているコーナー。アカマツとアカシデが、大きな石の間から曲がって出てきた様子を表現している

ゴツゴツとした荒々しい形の岩を上流に配して、山の中を流れる渓流のように仕立てた。存在感があり、庭のフォーカルポイント（見せ場）になっている

Point

川にはワサビを植栽。細部にも手を抜かず里山を再現した

川の岩陰には、清流で育つワサビを植えて、里山の雰囲気を再現。わかる人が見れば思わずうなるこだわりが、こんな細部にも生かされている

渓流を再現しました。

家の形は、庭を包むようなL字型で、庭に面して大きなガラス窓を設置。日々の生活のなかで、美しい緑を眺めて楽しんでいます。

右／リビングから眺める庭は、まるで山の風景を切り取ってきたかのよう
左／池にかけた枕木の橋は、丹沢（神奈川県）の山中で見かけたものを再現。野鳥がたくさん飛来するので、池には魚を守るためにネットを張っている

樹形や葉色の違いを生かして組み合わせた

コニファーガーデン

——太田一郎さん

樹形や葉色がさまざまなコニファーを中心にしたコーナー。足元を彩るビオラとスイートアリッサムは、開花期が長いのも魅力

株元はビオラなどでカバーし明るい雰囲気に仕上げた

　一年を通して美しい庭を保ちたいと考えた太田さんは、メーンの植物に常緑のコニファー（針葉樹）を選びました。ひと口にコニファーといっても、その種類はさまざま。円錐形に直立する「グリーン・コーン」、こんもり茂る「コニカ」、枝垂れる「フィリフェラオーレア」など、それぞれ個性的な形があります。葉色も銀青や黄緑、深緑と多様。それらの違いを生かして、奥行きのある植栽を作り上げました。寂しくなりがちなコニファーの足元は、ビオラやスイートアリッサムでカバーし、明るく彩っています。

　玄関アプローチにかかるアーチも見どころのひとつ。こぼれるように枝垂れるスイカズラをからませ、通るたびにさわやかな気持ちが味わえます。

　いつでもみずみずしい植物を楽しめる庭は、太田さんにとってかけがえのない場所になりました。

Point

随所に配したレンガが
庭を引き立て
建物との一体感を生む

庭づくりのポイントとなる資材が、花壇の縁取りや壁泉などに使用したレンガ。住まいの外壁にも用いているため、庭と建物の一体感が増している

スイカズラをからませたアーチ。これがあるおかげで遠近感が強調され、庭がより奥深く感じられる

日陰に強いアカンサス・モリスやクリスマスローズを植えたコーナー。コニファーや壁で日差しが遮られる部分にも神経が行き届いている

PART 2

場所別 センスアップの アイデア集

ちょっとした工夫で、誰でも簡単におしゃれな庭にすることができます。
ここでは、アプローチやフェンス、狭いスペースなど、庭のシチュエーション別に
センスのいい庭にするための素敵なアイデアをご紹介します。

おしゃれなデザインにするには?

place01

庭の周辺部

庭全体を見渡したときに、額縁のように庭を縁取るのが周辺部。ここがさりげなくまとまっていると全体がぐっと引き締まって見えるので、しっかりと作り込みたいものです。

Point

白と緑がお互いを引き立てさわやかな印象に

A すき間をあけて張った板でくつろぎスペースを囲む

L字型の庭の奥に設けた休憩スペース。すき間をあけて板で囲ってあり、まるで小屋のような雰囲気。適度な囲まれ間があり、落ち着いて休日のティータイムを楽しむのにぴったりのスペースができた

A レンガをヒョウタン型に並べユニークで印象的なコーナーに

直線的な花壇の外側に、レンガでヒョウタン型の花壇を追加。わずかな手間でユニークな表情が生まれた。芝生を敷き詰めた庭を背景に明るい色のレンガがくっきりと花壇を縁取って、鮮やかなコントラストのある景色に

Point

ツルバラを誘引して開花期にはよりゴージャスに

A L字型のベンチをバラで囲い庭のフォーカルポイントに

庭の一角に設けたベンチコーナー。背後を木製フェンスで囲ってツルバラを誘引し、地面にタイルを円形に敷いて、リビングから庭を見たときのフォーカルポイント（見せ場）に仕立てている

Point 半円形の窓に置いた鉢は、花のある側を外に向けて道行く人に喜びを

A 目隠しを兼ねた白壁がコンテナの花を引き立てる

レンガを埋め込んだスペイン風の壁を背景に、ひな壇状に高さを変えてコンテナを立体的にディスプレー。壁の白が花の色を鮮やかに引き立てる。壁は外からの目隠しも兼ねる一石二鳥のアイデア

place02

狭いスペース

半端なスペースも、工夫しだいで素敵に生まれ変わります。狭いからこそ生まれる密度感は、独特の味わい。植栽やレンガなどで彩った魅力的な小空間をご紹介します。

Q 半端な場所を素敵にするには？

Point
砂利と大きめの石には雑草を防ぐ効果も

A 大胆に敷いた石と砂利で三角形の狭小スペースを個性派ガーデンに

三角形の変形スペースに地植えとコンテナをバランスよく配置。踏み石を並べて作業、通行スペースを確保した。狭い庭に思い切って石や砂利を敷いたことで、味のある個性的な空間が生まれている

A 基礎が隠れる花壇と植栽でナチュラル感をアップ

コンクリート基礎を目隠しするようにして、道路ぎわのわずかなすき間に花壇を設置。レンガと植栽でナチュラル感がアップした。また、軒近くにはフリル状の飾りがある鉄製のプランターを設けている

A 細い通路に屋根をかけて落ち着いた雰囲気のくつろぎ空間に

敷地ぎわの細い通路の突き当たりに屋根をかけて作った、大人ふたりが座れるくつろぎスペース。地面にレンガを敷いたりほふく性の植物を植えたりして、雰囲気のいい小空間に仕立てている

Point
木材の囲いが腐ったのでレンガに変更

A 出窓下のスペースをレンガで囲って道行く人が楽しめるミニガーデンに

道路に面した出窓下を花壇にして、訪問者や道行く人が楽しめるコーナーに。レンガで囲って土を入れ、グレゴマやブルーデイジーなどを植栽した。赤いホウロウの水差しが、いいアクセントになっている

Point
板塀にはクギを打って鉢ラックをハンギング

place03

日陰の庭

日の光があまり当たらない場所は、基本的に植物にとっては厳しい環境。とはいえ、日陰に強い植物を選んだり、コンテナを時々日なたに移動したりすれば十分に楽しめます。

Q 日陰でも植栽を楽しむには?

A

**コンテナを時々日なたに移せば
日陰でも元気のいい状態に**

日なたを好む草花は移動可能なコンテナとハンギングに植え、日当たりのいい場所とローテーションを組んで飾ることで元気を保っている。周囲を明るく見せるツルバラの赤とパンジーのオレンジもポイント

A

**日陰に強いアスチルベなどで
狭いデッドスペースを彩る**

午前中の2時間しか日が当たらないデッドスペースに、アスチルベやインパチェンス、ツルアジサイといった日陰に強い植物を配植。みずみずしい植物と枕木、砂利を組み合わせた魅力的な場所が生まれた

Point

枕木と砂利で
地面に変化をつけておしゃれに

Q 暗い雰囲気を変えるには?

Point どうしても根づきの悪い場所はレンガの小道でカバー

A 半日陰になったシンボルツリーの根元を緑豊かなリシマキアで覆う

大木があってスペースの大半が半日陰になる庭。試行錯誤の末に根づいたリシマキアが地面を覆い、木陰に明るい彩りを添えている。ほかにも日陰に強いクリスマスローズやホスタ（ギボウシ）などを配植した

A ツタのはう壁でくつろぎ空間にしっとりとした雰囲気を生み出す

表情が乏しくなりがちな壁にツタをはわせて、お茶を楽しむくつろぎスペースにしっとりとした雰囲気を作り出した。また、半日陰でも生育可能なクレマチスやアガパンサスは地植えにしている

A にぎやかな模様のタイルを取り入れてワクワクする雰囲気を醸し出す

屋根で日陰になるテラスに、天板にモザイクタイルを敷いたテーブルを配置。水車の部品と模様が美しいタイルを組み合わせた地面の飾りも、楽しげな雰囲気を盛り上げている

Point 古びた樽の存在感が草花を引き立てる

A 白をテーマカラーにした植栽で花壇を明るい雰囲気に

樽に植えたノースポールで立体感を演出。樽のまわりは半日陰になるので、スイートアリッサムやホスタ（ギボウシ）といった日陰に強い植物を配している。明るい雰囲気にするため、白をテーマカラーにした

place04

玄関前 門扉まわり

玄関前や門扉まわりは人目につきやすく、家全体の印象を左右する重要な場所。植栽は、動線を邪魔せず家の雰囲気に合うような構成にしたいものです。

Q 家の「顔」を華やかにするには?

Point

ユニークなコンテナカバーで遊び心をアピール

A コンテナやハンギングを使って土のない玄関まわりをみずみずしく演出する

コンテナに高低差をつけたり、ラティスを壁面に設置してハンギングで飾ったりして、土のない玄関まわりでもガーデニングをエンジョイ。花色は涼しげ同系色でまとめて統一感を出した

A 四季咲きと一季咲きを混ぜて植え柱にはわせて一年中バラを楽しむ

玄関の両脇に植えたバラを柱に誘引して華やかに飾っている。なるべく丈夫な品種を選び、四季咲きと一季咲きを混ぜているので、一年を通じて出入りするたびに花を楽しめる場所になった

Point

左右で花の色を変えて単調にならないように

A 庭木の高さを生かし上中下と3段階に植栽を展開

下段は色とりどりのパンジー、中段はクリサンセマム・ノースポールとダールベルグデージー、上段はカイヅカイブキと3段階で見せる構成。門につながるフェンスにいきいきとした表情が生まれている

A 色のコントラストに気を配り枕木を使って立体的にコンテナを飾る

門として枕木を立てて並べ、コンテナをディスプレーした。高さを変えた立体的な見せ方がおしゃれ。こんもりと咲いたスイートアリッサムの白と枕木のこげ茶色のコントラストも目を引く

Point

階段状に高さを変えてリズミカルに

place05

駐車スペース

コンクリート敷きで冷たい印象になりがちなのが駐車スペース。地植えは難しいので、コンテナなどを利用して植物を取り入れたいもの。車の出入りを妨げない工夫も必要です。

Q 実用性と見栄えを両立するには？

A

十分な駐車スペースを確保しながら自然素材と植栽でナチュラル感を演出

両端に寄せた花壇は、海辺で見つけた流木や、ホームセンターで購入したレンガで作ったもの。枕木とラティスで塀や外壁を覆い、コンクリート敷きの無機質な場所をナチュラルにまとめた

Point レンガは並べるだけでOK

Point 白いフレームがまるで奥のコテージに導くアーチのよう

A

グリーンと雑貨を組み合わせてセンスよくコーディネート

カーポートに白く塗ったラティスや金網を取りつけ、植物や雑貨をディスプレー。車の邪魔にならないようにバケツの鉢や樽、ベビーカーといった多様なアイテムを飾って、限られた空間をおしゃれに演出した

Point リビングとつながっているので気軽に利用できる

Point 壁面をグリーンで覆ってナチュラルなイメージを強調

A

駐車スペースの上の空間を緑に囲まれたくつろぎの場に

駐車スペースの上にウッドデッキとドアがフルオープンできるサンルームを設置。コンテナで四季折々の草花を楽しんでいる。これまで利用していなかった空間が、緑に囲まれたくつろぎの場に生まれ変わった

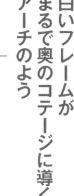

Q 素敵なレンガの並べ方は?

place06

通路

あるポイントと別のポイントをつなぐ通路は、歩くのも眺めるのも楽しい場所にしたいもの。歩きにくくならないように配慮しながら、レンガや石などを組み合わせて作りましょう。

Point

小道の描くS字のラインが奥行き感を強調する

A ずらしたり、そろえたりと並べ方の違いで表情が変わる

上は「ヘリンボーン」、下は縦横ふたつずつをカゴの編み目のように並べる「バスケット」という並べ方。レンガは色や風合いがさまざまなうえ、並べ方によって印象が大きく変わる魅力的な資材といえる（P73参照）

A レンガ敷きの小道に枕木を加えて素朴で変化のある表情を出した

ゆるやかな曲線を描くアプローチ。最初は均等にレンガだけを敷き詰めていたが、一部にランダムなパターンで枕木を敷いて素朴な味わいを深めた。手前の砂利と枕木の部分もいい雰囲気

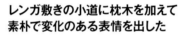

Q 通路を植栽で彩るには？

A 円形階段の段差にすき間を設け 野趣豊かなエリゲロンを植栽

枕木を敷いたデッキにいたる石組みの円形階段は、段差にわずかなすき間を設けて野趣のあるエリゲロンを植えた。緑のアーチが同心円状に並び、「特別な場所へのアプローチ」という雰囲気を盛り上げる

Point 階段に緑があることで その奥にある植栽との一体感がアップ

A 飛び石のすき間にタイムを植え こぼれ種で増えたような雰囲気に

緩やかなカーブで視線を奥へと誘う小道。草丈の低いタイムを飛び石のすき間に植え、まるで自然に顔を出したかのように演出した。ハーブの一種なので、通るたびにすがすがしい香りが楽しめる

Point 点在する植栽が、飛び石だけの状態よりもやわらかな印象を生む

A カーブや段差を生かして コンテナでみずみずしさをプラス

アプローチの縁取りとして、カーブした塀の上に白いサフィニアのコンテナを配置。また、階段の両脇にランダムにコンテナやハンギングを飾って、アプローチを彩った

Point ランダムな形の平石が株立ちのツリバナとマッチ

A 狭い石敷きの通路の横は 下枝がないツリバナで緑化

家と塀に挟まれた細い通路は、ランダムに並べた平石と、レンジ色の玉石で印象的な空間に。下枝がなくすっきりとした株立ちのツリバナやアカシダが通路脇を縁取る

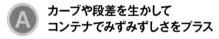

place07

フェンス 塀、壁面など

フェンスや塀などは面積が大きいので、上手に演出すると庭の雰囲気がぐっとおしゃれになります。グリーンや雑貨を組み合わせてコーディネートしてみましょう。

Q 仕切りや目隠しを個性的にするには？

A

ラティスの高さに変化をつけて リズミカルな印象に

敷地の境目に、目隠しとしてラティスを設置。高さに変化をつけて交互に並べることでリズミカルな印象が生まれた。また、ラティスの材質や色は、庭に作ったウッドデッキに合わせて統一感を出している

A

棚を取りつけた白い塀を グリーンで縦横に彩る

塀に棚板を取りつけ、小ぶりな鉢植えをディスプレー。セダムなどの植物が鉢から顔をのぞかせる。柱にはヘンリーヅタをからませて、見ごたえのあるコーナーにした

Point

柱に誘引したツタは植栽と塀やパーゴラのつなぎ役

Point

丈夫で長期にわたって楽しめる植物をコンテナに入れて飾った

Point

フェンスと車輪の色味をそろえて一体感を出した

A

ラティスの下に車輪を置いて 花を満載した台車のように演出

ツキヌキニンドウを誘引したラティスは、鮮やかな花色が引き立つようにシックなこげ茶色にペイント。その下には同じ色の車輪を配置した。まるで花を満載した台車のように見える

A

ふぞろいな廃材を生かして 味のある塀を手作り

アプローチに使った御影石の梱包材で塀を手作り。幅がふぞろいなところがかえって味になっている。こんもりと茂るネモフィラのハンギングでナチュラル感がさらにアップ

Q 壁に見どころを作るには?

A アイビーと小物を飾ったニッチが壁のアクセントに

壁をくぼませたニッチは、平板な壁の格好のアクセントになる。棚板にのせた枝垂れるアイビーとアイアンの小物を、奥行きが浅いニッチが額縁のように縁取って、絵画のような印象的なシーンが生まれた

Point 壁のくぼみが浅くても、棚板状の張り出しがあれば飾りやすい

A カラフルなペイントが楽しげな雰囲気を生む

庭の面積が狭いので、壁に木枠を使ってビオラなどをハンギング。限られたスペースを有効に使ってガーデニングを楽しんでいる。鉢にしたお菓子の空き缶はカラフルにペイントして、楽しげな雰囲気を出した

Point 台を使って高低差を出し バランスよくディスプレー

A 屋根と棚板を壁に取りつけて おしゃれなディスプレー場所が完成

薪置き場だった場所に屋根や棚板を取りつけて、ディスプレースペースに改修。素朴で愛らしい小花やいきいきとしたグリーンと、シンプルな生活雑貨を合わせてセンスよく飾っている

Q 表情豊かなコーナーにするには?

A 枝を組んだラティスは やわらかい表情が魅力

枝を組み合わせたラティスに、ツル性植物をからめて緑のスクリーンに。「我楽庭」（広島県広島市）が作ったもので、既製品とはひと味違うやわらかい表情が魅力。外に置いたテーブルを囲むように設置してある

Point ラークスパーでフェンスを覆い、よりナチュラルな雰囲気を出した

A ツルで作ったアーチと植栽で フェンスの無機質な印象をカバー

フジとアケビのツルで作ったアーチにクレマチスをからませ、フェンスぎわに見どころを設けた。足元には紫のラークスパーを植えて、黒い鉄製のフェンスにナチュラル感を演出

place08

建物のそば

室内と庭をつなぐ場所は、気軽に利用できるのが利点。ウッドデッキやテーブルセット、オーニングなどを設けて、積極的に楽しんでみましょう。

Q くつろぎの場はどう作る？

A

手作りのピザ窯を中心に楽しい食事と会話が生まれる

物置脇にあるピザ窯は、耐火レンガとストーン素材を組み合わせて手作りしたもの。その横にテーブルと椅子、パラソルをセッティングして、ゲストを招いてピザパーティーを開くことも多い

Point

通りに面していて近所の人とコミュニケーションしやすい

A

適度な囲まれ感で落ち着ける馬蹄形のテラスはこの庭の特等席

石とレンガで作った馬蹄形のテラスは適度な囲まれ感があり、落ち着いて過ごすことができる。家具はオイルステインを塗って古びた風合いを出した。強い日差しを遮るパラソルも、居心地のよさを高めている

Point

背後の地面は玉砂利とほふく性のコニファーを配してすっきりと

Point

パティオに合わせて円形のテーブルをチョイス

A

ウッドデッキの床下に
バーベキューの網を収納

ウッドデッキの中央に設置したバーベキュー炉は、家族や友人の集いの場。デッキには床下収納があり、バーベキューに使う大型の網をしまっておける。使う場所に近いところにしまえるので便利

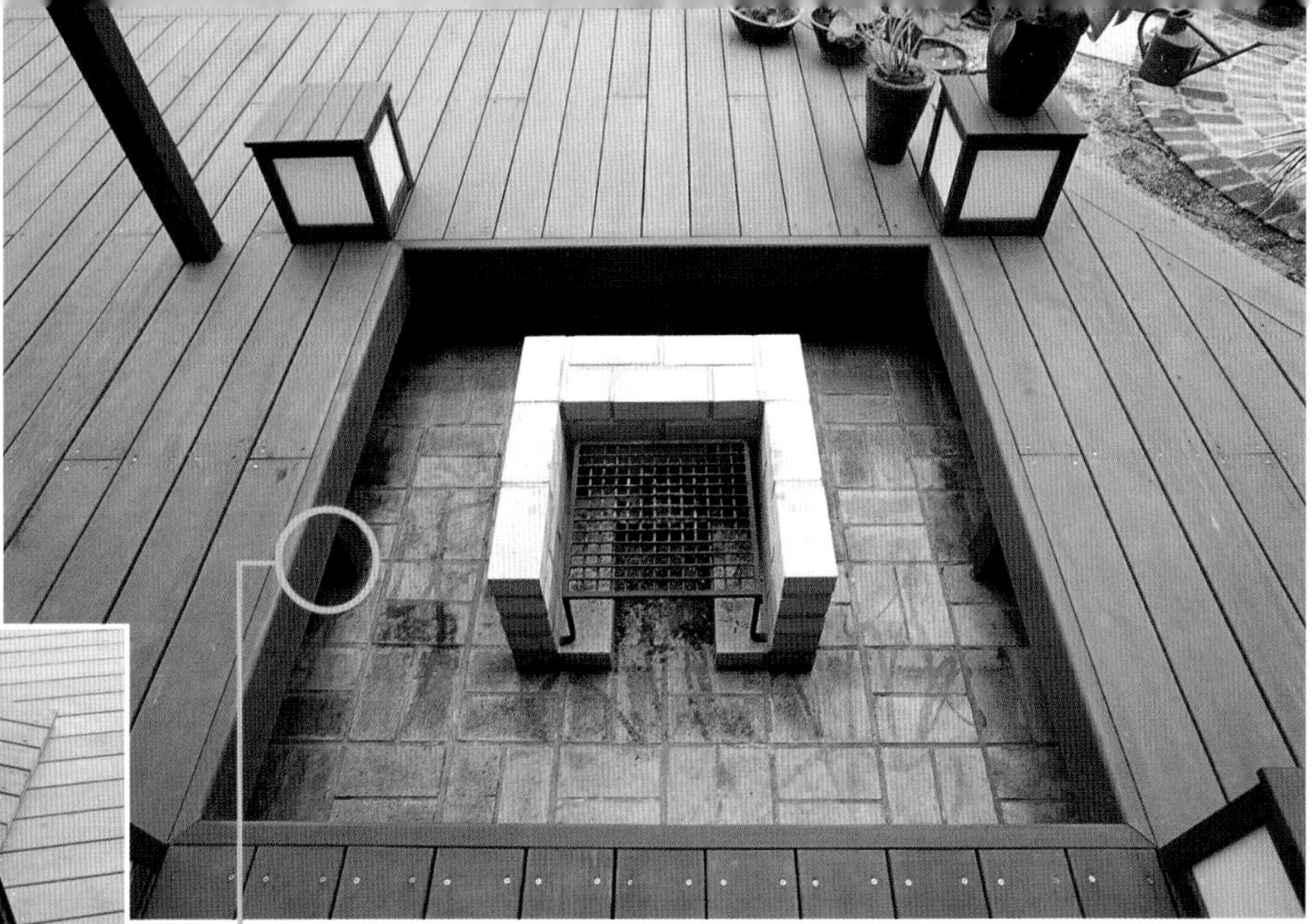

Point
段差をベンチがわりにして、炉を囲んで座れる

Point
床の一部を収納に活用

A

日差しを遮るタープで
南側のウッドデッキを居心地よく

日差しが強い南側にあるウッドデッキ。風を感じる屋外で心地よく過ごすため、テーブルの上にタープを張った。圧迫感がなく、斜めから差し込む日差しをしっかり遮って、室温の上昇も防いでくれる

Point
軒に金具を取りつけてタープを設置

A

ウッドデッキのブランコが
庭に楽しげな雰囲気をプラス

腐りにくいレッドシダーで作ったウッドデッキの一角には、子どものためにブランコを設置。遊具として使えるのはもちろん、庭のアクセントにもなっている

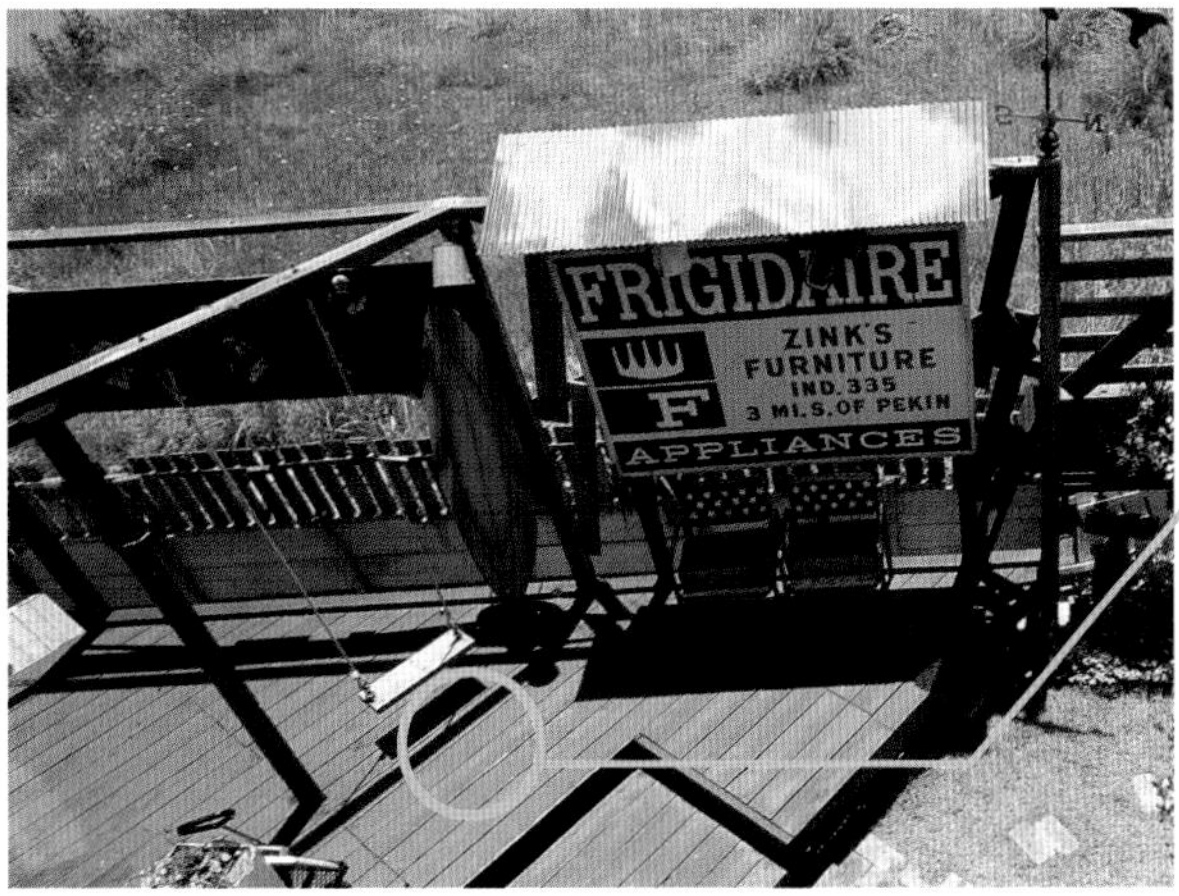

Point
ウッドデッキの上に作れば地面がえぐれる心配がない

Ⓠ 道具置き場はどうする？

Point 腰壁がほどよい目隠しになっている

Ⓐ 出入口の近くに設けた収納庫はディスプレー場所としても活用

収納庫は出入口付近に設置したので、庭に出る際にさっと長靴が履き替えられて便利。ふだんは扉を開けて、存在感のある長靴や手袋を雑貨のようにディスプレーしている

Point 両開きのドアなので中が一目瞭然

Ⓐ おしゃれな道具類はポーチに飾りながら収納

苗の植え替えなど、庭仕事をするために設けたポーチ。屋根とレンガ敷きの床があるので作業しやすい。アンティークの道具は実用品で、壁ぎわなどに無造作に置いて、飾りながら収納している

Point 床にはレンガを敷いて歩きやすくした

Ⓠ センスよく緑を取り込むには？

Ⓐ 枕木を斜めに重ねて縁取り花壇にリズム感をプラス

ナチュラルな印象の空間にしたかったので、素朴な風合いの枕木を使い、斜めに重ねて花壇を縁取った。立体的でリズム感のある仕上がりが、グリーンに映える

Ⓐ 鉢の大きさや草丈を調整し特等席の眺めをセンスアップ

お茶を飲みながら庭を眺めるため、オーニング（日よけ、雨よけ）のあるカフェスペースを作った。鉢の大きさや草丈は、ここから見たときに奥行きが感じられるように調整して配置している

Ⓐ 円形の模様のすき間に植物を植え黄色い地面との対比を楽しむ

庭の地面は、生コンクリートを流し込んでから着色するマットスタンプにした。円形の模様を設け、すき間にタマリュウを植栽。地面の黄色と濃い緑のコントラストが美しく、格好のアクセントに

place09

庭の中央

間のびした印象にならないよう、面積の大小に関係なく、庭の中央には何か仕掛けを作って楽しく演出したいもの。色味や素材の違い、高低差など、その手法はさまざまです。

Q 目を引くポイントを作るには？

Point
周囲を取り巻くレンガの通路で「特別な場所」を演出

A 円形の花壇の中央に木を植えてフォーカルポイントに

円形のレンガに囲まれた花壇は、中央にシンボルツリーを植えて高さを出し、鉢をハンギングしてフォーカルポイント（見せ場）に。まわりに置いた大きな鉢もいいアクセントになっている

A 円形の休憩スペースは芝生をなくして目立たせた

車輪のような形に枕木とレンガを敷いてパラソルを立て、休憩スペースを設置。庭には全面にシバを植えてあるが、ここだけは土をむき出しにして、特別な場所であることを示した

Point
地面よりも高くしたことでシンボリックな存在に

A 植物が乏しい冬場も楽しめる幾何学図形の花壇を手作り

ベトナム製のアンティークレンガを使い、幾何学的な図形の花壇や小道を手作り。植物が少なくなる冬でも、造形物としての眺めを楽しめる庭にした。レンガの落ち着いた色合いも魅力

Point
目地を白にしたことでレンガがいっそう際立つ

A 単調になるのを防ぐため地面のレンガを大胆に白く抜く

愛犬が走り回っても問題ないように、地面にアンティークレンガを敷き詰めた。地面の一部は大胆に白く抜いて不定形の模様をいくつか作り、単調になるのを防いでいる。素焼きレンガなので水はけは良好

place10

水栓、水場

水やりや庭仕事に欠かせないのが立水栓です。また、水路などの水場は風景の要素として魅力十分。植物などを上手に取り込んで、ぜひ素敵に仕上げたいものです。

Q 水栓まわりをおしゃれにするには?

A

黒い丸石を張った立水栓は
オブジェのような存在感がある

アジアンガーデンの一角に設けた立水栓は、大宏園(神奈川県川崎市)が黒い丸石をひとつひとつ手作業で張りつけた労作。独特の存在感が庭に風格を醸し出している

A

細部にまでこだわって
シックな魅せるコーナーに

色味の異なるレンガを張ったユニークな立水栓。古びた風合いの蛇口や、そこから掛けたメッセージボード、ブリキのバケツなどがシックな雰囲気を醸し出す。鉢植えも飾って魅せるコーナーに仕上げた

Point

鉢植えが置ける段差で
さらにおしゃれに

A

ひときわ目立つ白いシンクは
庭仕事の心強い見方

庭仕事がはかどるガーデンシンクは、ぜひ取り入れたいと要望を出してシンコウビルダーズ(神奈川県川崎市)に作ってもらったもの。アースカラーが多い庭の中で、白い色が目を引く。粗く塗装した素朴な質感がおしゃれ

Point

床がタイル張りなので
水が飛び散ってもぬかるまない

Point

自然石を張った立水栓が
和の庭の雰囲気にぴったり

A

大きな常滑焼の鉢の中に
無粋なホースを隠す

水道のホースは常滑焼の大きな鉢に巻いて収納した。無粋な工業製品を目立たないようにするアイデア。ホースなしで水を出した際、しぶきが飛び散るのを防ぐ効果もある

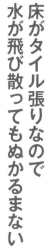

Q 情緒ある風景を作るには?

A

水をたたえた坪庭は、野の花司（東京都中央区）が施工したもの。昼間は涼しげな景観を、夜はほんのりとライトで照らした情緒あふれる景観を楽しめる

Point

飛び石や植物の陰影がしっとりした風情を生む

Point

ライトを覆って光の向きと量を調節

A

高低差を生かして設けた水路の輝きが庭のスパイスに

敷地の高低差を生かして石張りの庭に設けた直線的な水路。輝く水面と端正な石組み、みずみずしい植物の美しさが相まって、美しいシーンが生まれている

Point

川底に敷いた黒い小石が風景を引き締める

place11

パーゴラ アーチ

それがあるだけで、庭の表情がぐっと引き締まるパーゴラやアーチ。植物をからませたり板を組み合わせたりすれば、さらに素敵なコーナーを生み出すことができます。

Q 庭への期待感を演出するには？

Point

アーチのまわりに広がる植栽もカーテンの役目を果たす

A

低いゲートで空間を区切り奥に広がる庭を際立たせる

ケヤキの木陰に白で統一したアーチとテーブルセットを置いて上品にコーディネート。観音開きのゲートをつけた低いアーチが手前と奥の空間をさりげなく区切り、「これから庭に入る」という気持ちを盛り上げる

Point

隣接したパーゴラが一体となり、趣のある風景を作り出す

A

視線をアーチであえて遮り曲がった小道と組み合わせる

室内からの視線をアーチで遮り、カーブをつけた小道を設けた。全景が一望できないため、奥行き感がアップ。庭を訪れたゲストに、「奥にどんな風景が広がっている?」と期待感を抱かせることができる

Point

小道をカーブさせ先の景色を隠し奥行き感を強調

Point

バラを誘引したので開花期にはここを通る喜びが倍増

A

アーチを幾重にも連ねて豪華なバラのトンネルに

何重にも連ねたアーチには、「スピリット・オブ・フリーダム」というバラをからませた。満開の5月にはバラのトンネルとなる。大輪の花が放つ個性的でスパイシーな「ミルラ香」も、ここを通る楽しみのひとつ

Q ナチュラル感のある場所にする方法は？

A 植物を台に置いたり吊るしたりして立体的にディスプレー

台やハンギングなどで植物をディスプレー。手前から奥まで緑がつながり、立体的で奥行きのあるコーナーになった。ツルで編んだ鉢カバーもおしゃれ

Point 手前の地面に切り株を利用して鉢植えを配置しハンギングにつなげている

A 物干し竿をカキの枝でカバーし自生する植物のような雰囲気に

通路の奥にあるアーチは、物干し竿をカキの枝でカバーしたもの。直線がうまく隠れて、まるで自生している植物のような佇まいが生まれた。多年草をベースにした庭の風情とよく似合っている

A パーゴラの柱にはわせたバラがいずれはテラス全体を覆う

フェンスぎわにパーゴラの柱を設置し、横板を張って外からの視線をカット。テラスをより落ち着ける場所にした。いずれは誘引したバラがパーゴラの天井を覆い、さらに「プライベート感」がアップする予定

Point みずみずしい緑でさらにくつろぎ感をアップ

Point 壁のように張った板が「囲まれ感」を高める

place12

ベランダ

床面がコンクリートだったりエアコンの室外機があったりと、条件の厳しいベランダ。ハンギングやラティスなどを上手に使って、ナチュラルな印象を生み出してみましょう。

Q 味気ない空間を変える方法は？

Point リビングの床、ウッドパネル、レンガの高さをそろえて歩きやすく

A ウッドパネルとレンガで平板だった床に変化をつける

奥行き1.2mほどのベランダ。平板な印象だった床にウッドパネルとレンガを交互に敷き、表情に変化をつけている。ナチュラルな草花や雑貨が映えるように、ウッドパネルは使い込んだ色合いに塗装した

A 株立ちの樹木＋野の花でボリュームある和の庭を演出

ベランダにスノコと砂利を敷き、木のプランターにさまざまな種類の野の花を植栽。要所に株立ちの樹木を配して「樹木＋下草」という自然の姿を再現し、狭いながらボリューム感のある和の庭に仕立てている

Point プランターは自然素材のものだけを使用

A

突っ張り棒で格子を取りつけ タイル張りの壁面を緑化

無機質なタイル張りの壁面にラティスを取りつけるため、室内用の突っ張り棒を活用。壁面を傷つけずに設置できた。ツルニチニチソウなどをからませてナチュラル感をアップ

A

空中にワイヤーを張り バラを誘引して華やかに

ワイヤーを使ってツルバラを空中に誘引し、限られたスペースを立体的に利用。バラは複数の種類を使って花色をカラフルにし、より華やかさをアップさせている

A

手すりに鉢をハンギングして みずみずしい雰囲気を

手すりに大小のハンギングを飾ってベランダに植物のみずみずしさをプラス。鉢の背後にペットボトルの枕を入れ、水やりの際、階下に水が落ちないようにしている

Point ハンギングの背後にペットボトルを入れて階下に水が落ちるのを防止

Point 落ち着いた色合いのジュートがツル性植物のグリーンを引き立てる

A

ざっくりしたジュートで ナチュラル感をアップ

隣戸との仕切り板やフェンスなどを、ジュート（コウマやシマツナソの繊維）でカバーし、日よけや目隠しに。ざっくりした質感と落ち着いた色合いが、ナチュラル感を盛り上げる

Point 模様が規則正しく反復するようにウッドパネルを並べた

A

木やテラコッタを多用して 冷たい印象を払拭

ベランダの冷たい印象を払拭するため、床にウッドパネルを敷き詰め、コンテナもテラコッタ製のものを使用。また、ペットのウサギに有害な植物は植えないよう配慮している

Q 室外機をおしゃれにするには?

A

**濡れ縁と素材を統一し
熱風から植物を守る工夫も**

室外機カバーは濡れ縁と同じ「イペ」という木で作り、違和感なくなじむようにしている。また、室外機の前は間隔を広く取り、さらに室外機カバーの羽根を斜めにして、熱い排気が植物に当たりにくくした

Point ラティスフェンスはフックでハンギングするのに便利

A

**室外機をラティスで囲って
ディスプレー台兼用の目隠しに**

ラティスで目障りな室外機をカバーし、手作りの雑貨や鉢植えを飾るディスプレー台として活用している。ラティスの目の粗い格子は室外機の排気を妨げず、ものを引っ掛けるのにぴったり

Point ガーデングローブ干しとして
ふたまたの流木を使用

A

**側面にフックをつけて
道具類をすっきり収納**

室外機カバーの側面には、そうじや手入れの道具を吊るせるようにフックを取りつけた。S字フックは大きさごとにそろえて見栄えよく収納。作業でぬれたグローブを乾かせる流木のグローブ干しもユニーク

PART 3

庭づくり
基本レッスン

庭のプランを考える際に大切なのが、敷地の状況を知り、
「こんな庭にしたい」という希望が実現可能か検証していく作業。
敷地と植栽の特性を生かした、気持ちいい空間を作りましょう。

まずは自分の庭の環境を把握する

庭づくりの最初に行ないたいのが、自分の庭がどんな環境なのかを理解すること。日照や土質などを調べ、それに適した植物を選びましょう。また、道路や家の中からどう見えるか、地中に配管があるかなども確認したい要素です。

日照、水分、土質、気温、風通しがカギ

方角や時間、季節による日当たりの変化を調べる

植物の生長に欠かせない3要素が、日照、水分、土です。このうち水分と土質は調整が比較的簡単ですが、日照はまわりの地形や隣家、自分の住まいの大きさなどに影響されるため、なかなか調整ができません。それだけに正確に状況をつかんでおく必要があります。

庭が家から見てどちら側にあるかによって日当たりは変わってきます。南側は最も日当たりがよく、植物が生長しやすい場所です。ただし、生長しやすいだけに剪定の回数が多くなりがちで、それを怠ると樹形のバランスが崩れることもあります。北側は一日中日が当たらず、日陰に強い植物でないと生きていけません。また、生長もあまり望めないので、庭木はあらかじめ完成形に近い樹形ものを選ぶ必要があります。東側と西側は、時間によって日なたになったり日陰になったりする半日陰の環境。とはいえ、西日を嫌う植物は多いので、選定に注意しましょう。

庭にどの程度光が入るかは、季節によっても時間によっても変化し、一定していません。そこで役立つのが、建物が作る影を時刻ごとに一日分記録した「日影図」。

植物の生長に必要な3要素

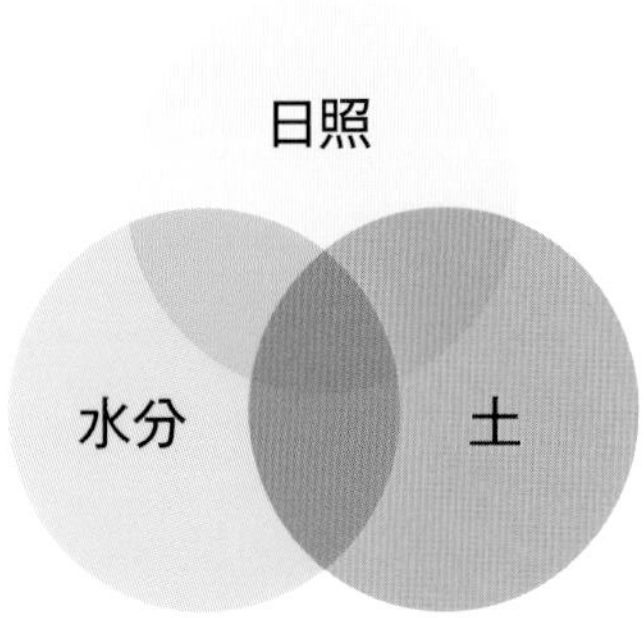
日照
水分
土

季節による日照の違い

夏
冬
冬は日陰になる
一年を通して日陰になる

方角によって日照条件は異なる

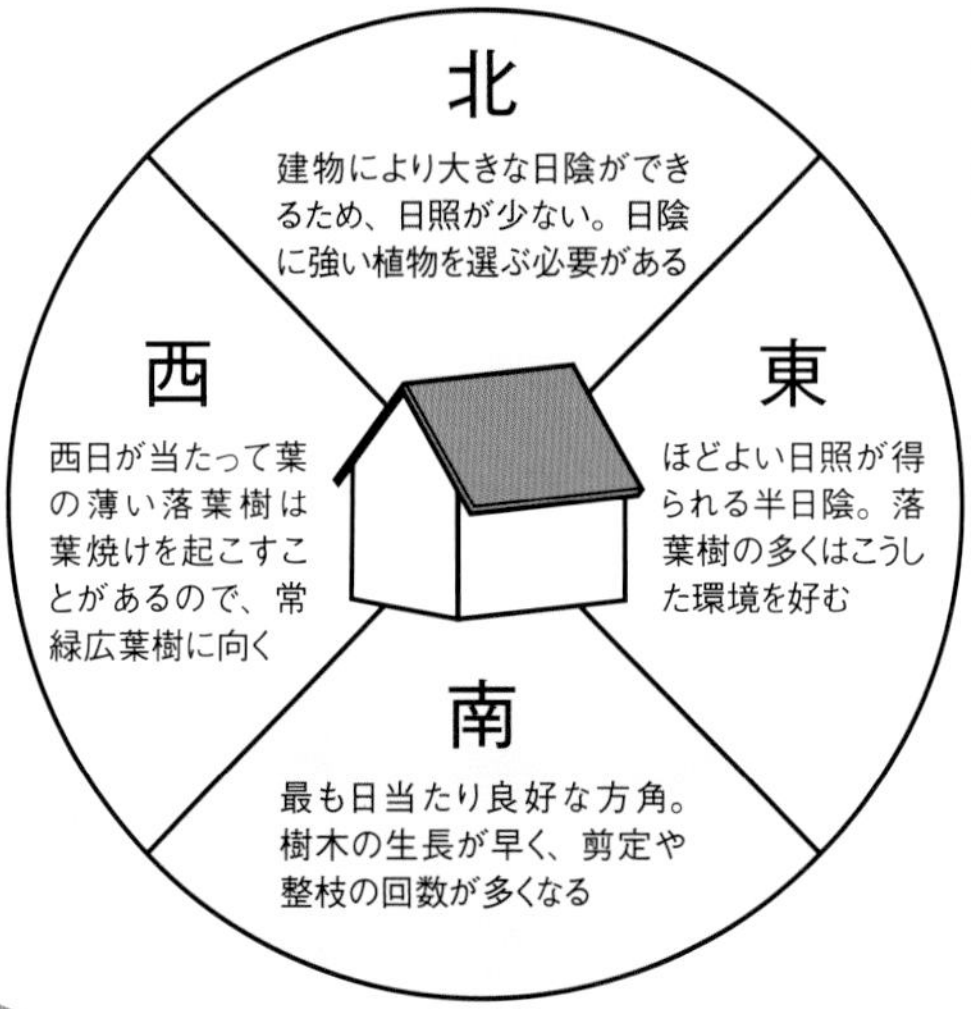
北
建物により大きな日陰ができるため、日照が少ない。日陰に強い植物を選ぶ必要がある
東
ほどよい日照が得られる半日陰。落葉樹の多くはこうした環境を好む
南
最も日当たり良好な方角。樹木の生長が早く、剪定や整枝の回数が多くなる
西
西日が当たって葉の薄い落葉樹は葉焼けを起こすことがあるので、常緑広葉樹に向く

日影図のイメージ

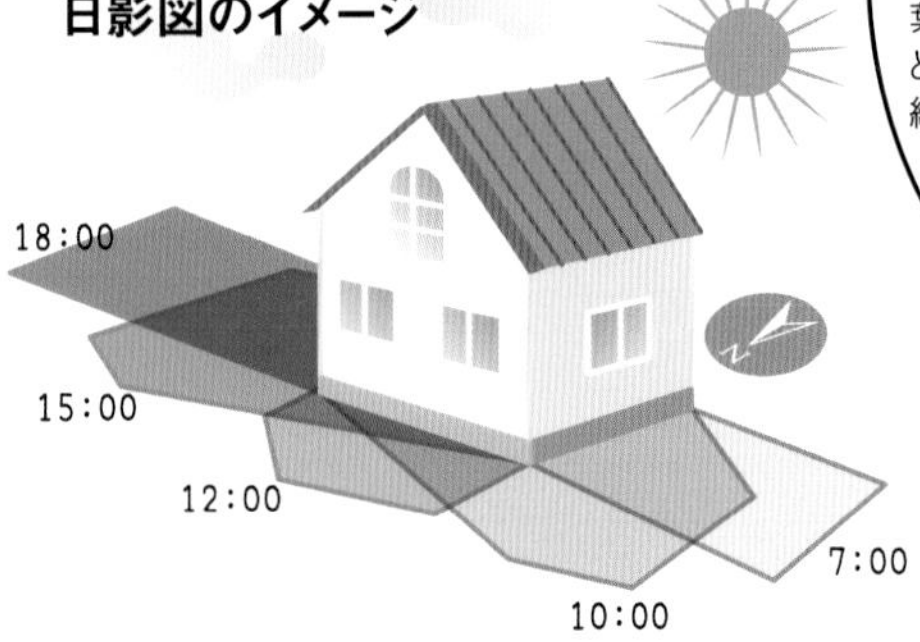
18:00
15:00
12:00
10:00
7:00

一年で影が最も短い夏至と、最も長い冬至の日影図があれば、庭のどの部分にいつ日が当たるのかを確認できます。

粘土質や砂の多い土は土壌改良が必要に

植物の生育に適しているのは、適度な水持ち（保水性）と水はけ、通気性、栄養分がある土です。

水分と土質は密接な関係があります。水持ちと水はけは相反する要素のように見えますが、必要な水は蓄え、余分な水は排出する状態が理想です。砂や小石が多い土は水持ちが悪いため乾燥しがちになり、粘土質の土は水はけが悪いため根腐りが起こりやすくなります。水持ちが悪い土には腐葉土と堆肥を、水はけが悪い土にはこれらに加えてパーライト（粒状で多孔質の人工砂れき）を入れるといいでしょう。

また、植物の生長には、栄養となる土の中の有機物も重要です。傾斜地を造成した土地は、有機物を多く含む表土が削られていることが多いもの。その場合も、土に堆肥と腐葉土を入れれば土壌改良することができます。

気候や風通しも植物の生長を左右する

敷地の気候も植物の生長に関係があります。温暖な土地を好む植物を寒冷地に植えると、最悪の場合は枯れてしまうことも。自分の庭の気候を理解し、それに適した植物を植えるようにしましょう。

参考になるのが、自然の植生です。樹木を例に見ると、北海道のような寒冷地ではエゾマツやトドマツといった常緑針葉樹が中心で、暖かくなるにつれて、落葉広葉樹、常緑広葉樹、亜熱帯植物と移り変わっていきます。なお、植生の変化は、標高によっても生じるので注意しましょう。

ある程度の風通しも植物には必要です。建物が密集して風が抜けない場所では、湿気がよどんで葉が蒸れてしまい、病害虫も発生しやすくなります。塀の一部をフェンスにするなどして、風通しを確保するといいでしょう。逆に、強い風がいつも吹くような場所も考えもの。幹や枝の先端にある生長点がダメージを受けて生長が止まることがあるので、防風林に用いられるような風に強い植物を植えるのがおすすめです。

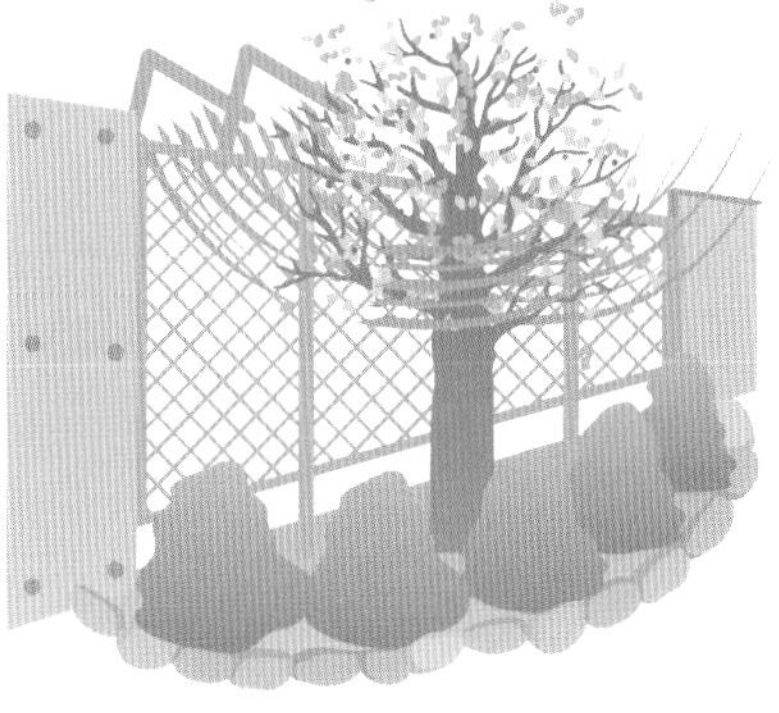

よい土の条件

水持ちと水はけ	必要な水は蓄え、余分な水は排出する土が理想。堆肥や腐葉土などを入れることでこの性質が得られる。
通気性	根が呼吸するためには空気が必要。土の粒がいくつも小さな塊を形成する団粒構造は空気と水が通りやすい。
栄養分	チッ素やリン酸、カリウムなどが代表的な栄養分。やせた土には堆肥や腐葉土などを入れるとよい。

造成地は表土が失われやすい

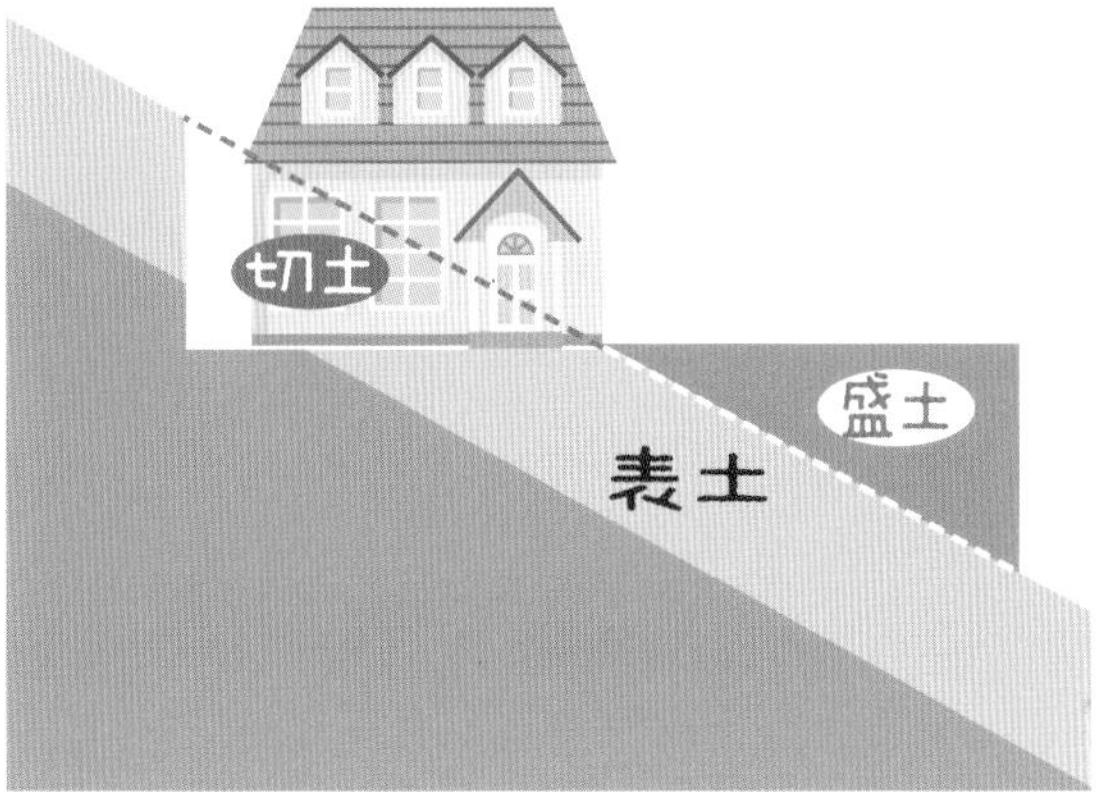

緑化基準や助成制度を自治体に確認しよう

地域の環境保全のため、多くの自治体が緑化に関する条例を設けています。たとえば東京都杉並区は、すべての建築計画に対して緑化計画書類の提出を義務化。道路に面して樹木を植える際の長さや敷地内の緑地面積、樹木の本数を定めています。また、こういった緑化の条例には助成制度がある場合もあるので、ぜひ利用したいもの。庭づくりの計画を練る際は、緑化に関する条例をよく確認しておきましょう。

日当たりによって適する植物が変わる

南側には日なたを好む植物 北側には日陰を好む植物を

　庭木を選ぶ際に目安となるのが、陽樹、中庸樹、陰樹の分類です。陽樹は、生育に必要な日照が多く、日当たりのよい明るい環境を好む樹木。それと正反対なのが、日陰を好む陰樹です。陽樹と陰樹の中間の性質を持つものを中庸樹といいます。

　一年を通して常に日当たりがよい南側の庭には、アベリアやヤマボウシといった陽樹が適しています。ただし、高木や中木の下に低木を植える場合は、日陰になるので陰樹を植えるといいでしょう。

　北側の庭は日が当たりにくいので、アオキやイチイ、ヒノキといった陰樹を植えるのが基本です。

　午前中は光が当たり、午後は日陰となる東側の庭は、アジサイやナツツバキといった中庸樹を植えるのに好適。西日が当たる西側の庭も基本的に中庸樹を植えますが、西日を嫌う植物は多いので注意が必要です。比較的西日に強い陽樹のキンモクセイや中庸樹のシラカシのような常緑広葉樹を選ぶといいでしょう。

　草花も、日なたを好むか日陰を好むかによって植える場所を選ぶのは同じ。129ページからの「庭木&草花カタログ」などで調べて、その場所の日照条件に適したものを植えるようにしましょう。

地面には終日木漏れ日がさす程度の庭に、半日陰でも生育可能なクリスマスローズやリシマキアを植えた例。緑が地面を覆って明るい雰囲気になった

日なたを好む植物、日陰に強い植物の例

	庭木	草花
日なたを好む	アベリア、アメリカテマリシモツケ、オリーブ、キンモクセイ、シマトネリコ、ハナミズキ、ブルーベリー、ヤマボウシ、ユキヤナギ	アイリス、アガパンサス、イフェイオン、エキナセア、オキザリス、カロライナジャスミン、クロッカス、スイセン、ゼラニウム、ワスレナグサ
中庸	アジサイ、イチジク、エゴノキ、シデコブシ、シラカシ、ナツツバキ、ヒペリカム、ビワ	アスチルベ、アルケミラモリス、クリスマスローズ、シュウメイギク、プルモナリア、インパチェンス
日陰に強い	アオキ、アセビ、イチイ、イヌツゲ、クロモジ、センリョウ、ヒイラギ、ヒノキ、ヤツデ	オダマキ、ホスタ（ギボウシ）、シダ類、タマリュウ、ツワブキ、ヤブラン

※「中庸」の植物は半日陰でも育ちます

中庸樹寄りの陽樹であるヤマボウシは、日当たりと水はけのよい場所を好む。乾燥に弱いので西日を避けて植えたい

プルモナリアは、明るい半日陰の場所と、肥沃で水はけと水持ちのよい土を好む常緑多年草

常緑多年草のタマリュウ。日陰や暑さ寒さに強く、地面を緑で覆うグラウンドカバーとして重宝する

植栽できる広さと各部の状況を確認する

配置図に現況を書き入れて植栽できる場所を把握

庭の環境を調べる際に忘れてはいけないのが、「実際に植栽できるスペースがどこにどれくらいあるか」を確かめることです。

そこで役に立つのが、敷地に対して建物がどう置かれているかを示した「配置図」。これを元に、各部の寸法や日照条件、土質の具合などを適宜書き込んでいき、現況図を作りましょう。もともとある植物や庭石などを残す場合は、それも寸法とともに書き入れます。次の点はよくチェックしておきましょう。

●庭木を植える場所の土は十分な深さ（厚み）があるか。

●土の中に配管や工事で出た石などが埋まっていないか。

●外部水栓の位置はどこか。

●屋根で雨がかからない場所はどこか（庭木への水やりは基本的に自然の雨水で行なうので）。

●1階、2階の居室から植栽がどう見えるか。

●道路から植栽がどう見えるか。

●植物の搬入路があるか。

これらを確認するには、現況図のほかに、1階、2階の平面図や立面図などを用意する必要があります。

また、エアコンの室外機から出る温風は植物に悪影響を与えるので、その直前に植物を植えるのは避けたいもの。室外機の位置は図面に記載されないことも多いので、この段階でよく確かめておきましょう。

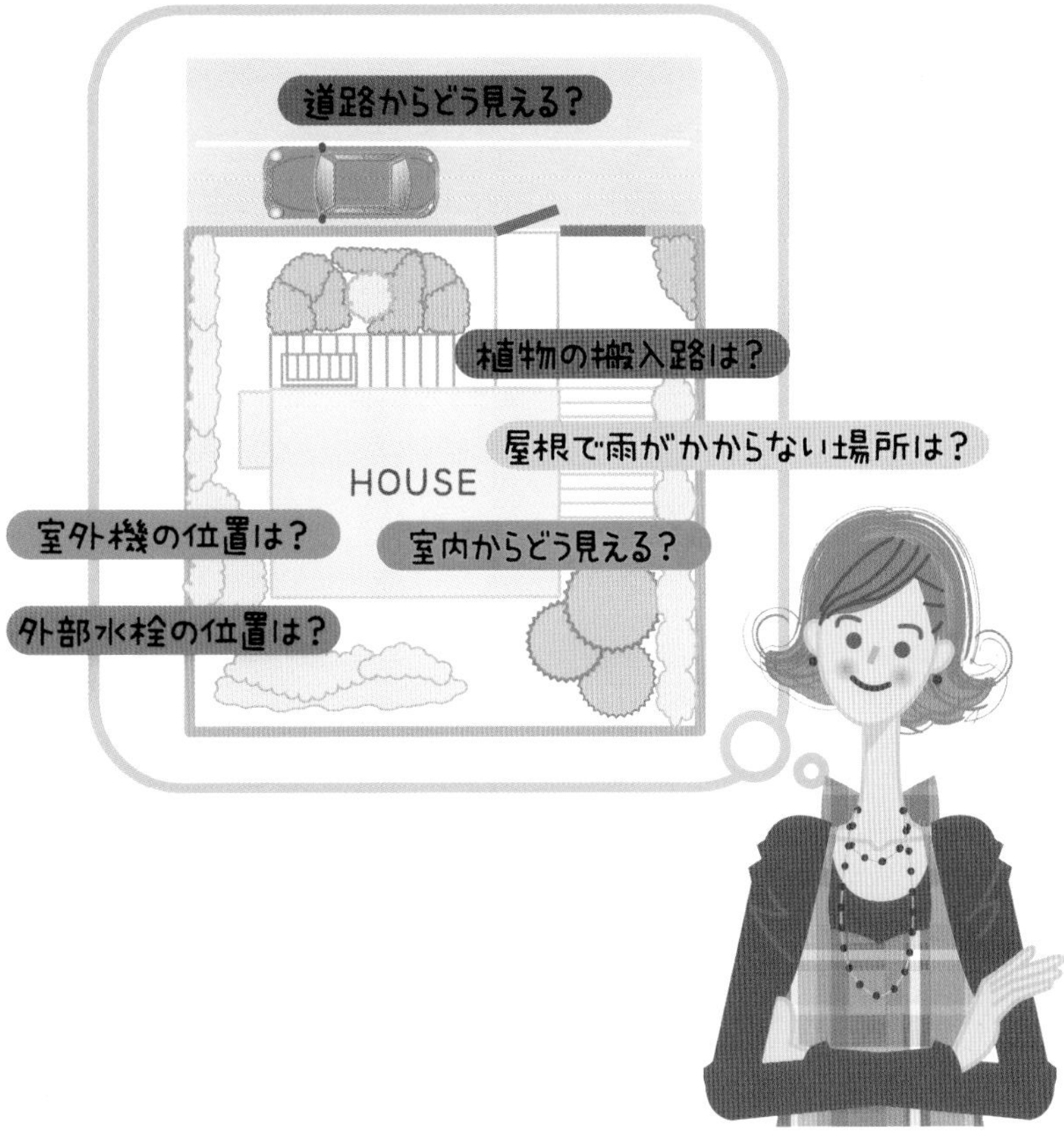
道路からどう見える？
植物の搬入路は？
屋根で雨がかからない場所は？
HOUSE
室外機の位置は？
室内からどう見える？
外部水栓の位置は？

用意したい書類

- 配置図
- 配管の位置がわかる平面図
- 1階、2階平面図
- 立面図

樹木に必要な土の深さの目安

高木	50 ～ 100cm程度
中木	50 ～ 60cm程度
低木	30 ～ 50cm程度

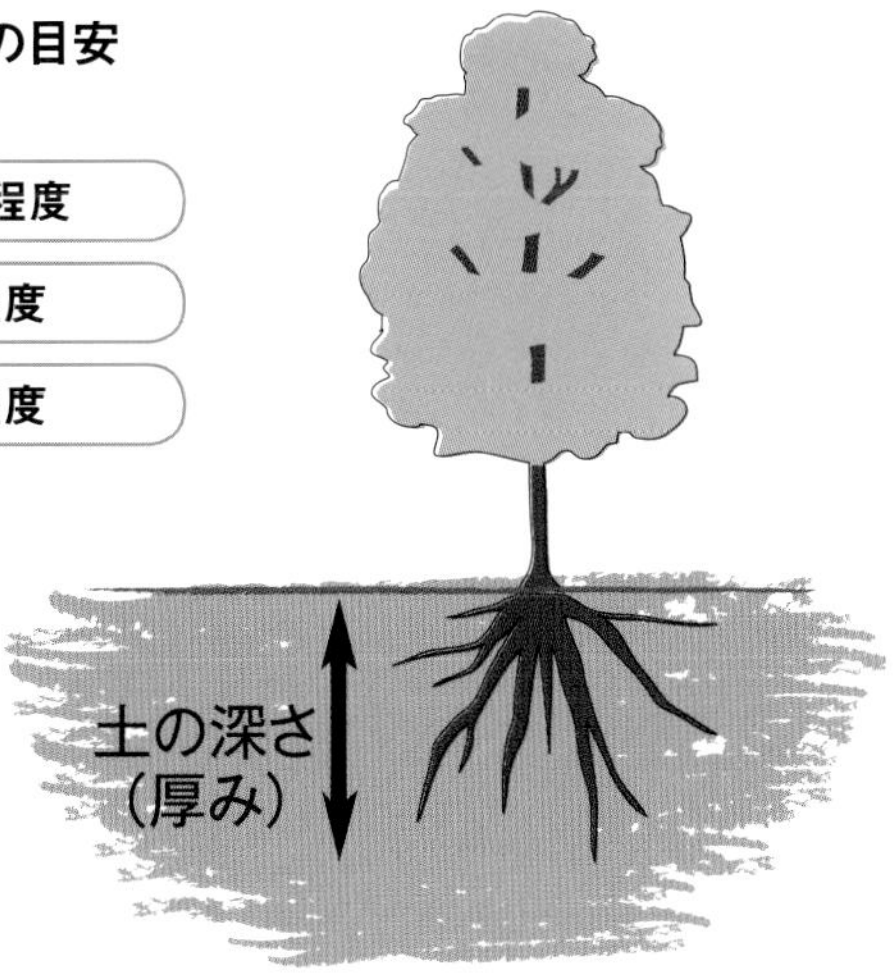
土の深さ
（厚み）

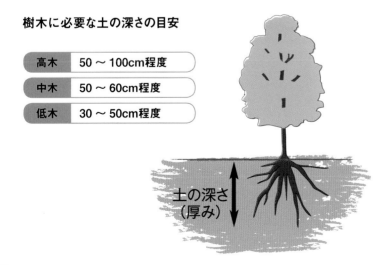

プランの前にタイプを決めよう

イングリッシュガーデン、アジアンガーデンなど、庭にはさまざまなタイプがあります。ここでは、代表的な6つの庭をご紹介。使用する植物や資材、仕上がりの印象はそれぞれ異なるので、どんな庭にするかを考える際の参考にしてください。

イングリッシュガーデン

イギリスで確立された庭のスタイルで、広義にはいくつかの様式を含みますが、日本では、コテージガーデンと呼ばれる様式を指すのが一般的。のどかな田園風景をイメージして、果樹や花木、草花を自然な感じで植えています。また、自然な雰囲気のなかにも、草丈や色のバランスを計算して配植。バラやツル性植物をからませたアーチ、多年草のボーダー花壇（帯状の細長い花壇）、レンガや石などの資材を組み合わせた構造物を配するケースが多く見られます。

フォーマルガーデン

円形や多角形といった幾何学的な図形をモチーフにした整形式庭園。トピアリー（装飾刈り込みを施した庭木）や園路などを左右対称に配置するのが基本的な様式です。噴水や彫刻、大型のコンテナなどをフォーカルポイント（見せ場）としてデザインしているケースが少なくありません。洗練されており、人工的で作り込まれた空間という印象が極めて強いのが特徴。整然とした美しさを保つため、こまめな手入れが欠かせません。

ナチュラルガーデン

ナチュラルガーデンは、ハーブやワイルドフラワー（野生植物）といった素朴な草花でまとめた庭。こぼれ種でふやせる丈夫な性質の草花を選び、自然に育ったかのような状態に配植するのが定番の手法です。

そのままでは雑然とした印象になりかねない庭を上手に整理できるのが、枕木やトレリスといった木製のアイテム。直線的な配置は避け、ランダムに並べることで味わい深い空間が生まれます。

アジアンガーデン

東南アジアなど、アジアのなかでも温帯や亜熱帯に生える常緑樹や湿地を好む植物を取り入れた庭。具体的なスタイルはインドネシア風やタイ風、中国風などさまざまですが、それらを総称してアジアンガーデンと呼びます。

どのスタイルも、スイレンなどの水生植物やつややかなグリーンが映える水辺の景色はぜひ取り入れたい要素のひとつ。また、その国ならではの家具や小物を取り入れることで、よりセンスアップすることができます。

ジャパニーズガーデン

千利休が様式を確立した茶庭がデザインの源流となっている和風の庭。飛び石や灯籠、つくばいといった定番アイテムを配置することで、ジャパニーズガーデンの雰囲気はより高まります。日本の風土や民家と調和する庭木や草花、山野草を植栽してあり、しっとりと落ち着いた雰囲気を味わうことが可能です。

最近、和を意識したインテリアや雑貨の人気が高まっており、今後ますます注目される存在になるかもしれません。

ロックガーデン

岩や石を組み上げ、自然の岩山のように作った庭がロックガーデン。植物が主体になる場合は「ロッケリー」と呼ぶこともあります。

水はけがよい環境なので、組み合わせる植物は乾燥に強い高山植物や山野草が基本。草丈の低いものやこんもりと茂るもの、また、コケや低木がデザイン的にしっくりきます。ロックガーデンは傾斜地を利用することが多いのですが、平地でも作ることは可能。大小の石をランダムに並べて変化をつけるといいでしょう。

わが家の庭にぴったりのプランを考えよう

プランニングをする際に大切なのは、庭で何をしたいのかをしっかり見極めること。そして人にも植物にもストレスがないようにすること。それをふまえたうえで細部の意匠を煮詰め、理想の庭を完成させましょう。

STEP 1

「何をしたいか」を考えて庭のイメージを固める

リビングから静かに観賞する庭と、子供が遊具で思い切り遊べる庭では、当然、構成が変わってきます。プランを考える際は、どんな庭にしたいか、どんな風に過ごしたいかをイメージすることが大切。その際は家族全員で話し合い、できるだけたくさんの意見を集めましょう。

意見が集まったら、「絶対に必要なこと」「ぜひ実現したいこと」「できれば実現したいこと」というように、優先順位をつけます。予算やスペースの都合で調整が必要になったときも何を削ればいいか迷わずに済み、プランをまとめやすくなります。

STEP 2

敷地のゾーニングを行ない動線と視線を確認

イメージが固まったら、次に行なうのがゾーニングです。これは、どの場所にどんな機能を持たせるかを大まかに決める作業。道路や隣家と自宅の関係、敷地の高低差など、さまざまな条件を踏まえて検討する必要があります。「このコーナーの横にはこの要素が必要」といった想像をめぐらせて、各ゾーンのつながりを確認しましょう。ゾーニングの際は次の5つの要素を考えるとまとめやすいです。

●アプローチ……門から玄関までの通路とその周辺。

●メーンの庭……主役となる庭。バーベキューコーナーのような遊びの場と観賞用の場に分けても可。

●その他の庭……裏庭や半端な広さの庭、坪庭。

●サービスヤード……家事作業のためのスペース。

●駐車場スペース……車をとめるために必要な場所。

ゾーニングができたら、人が通る動線を書き入れます。こうすることで、小道や花壇をどこに作ったらいいかが見えてくるはず。また、「庭木を植えたい場所が物干し場への動線にかかる」といった問題を早い段階で洗い出して、調整することができます。

さらに、道路や室内からどう見えるかも考慮して、プランを煮詰めていきましょう。

ゾーニングの例

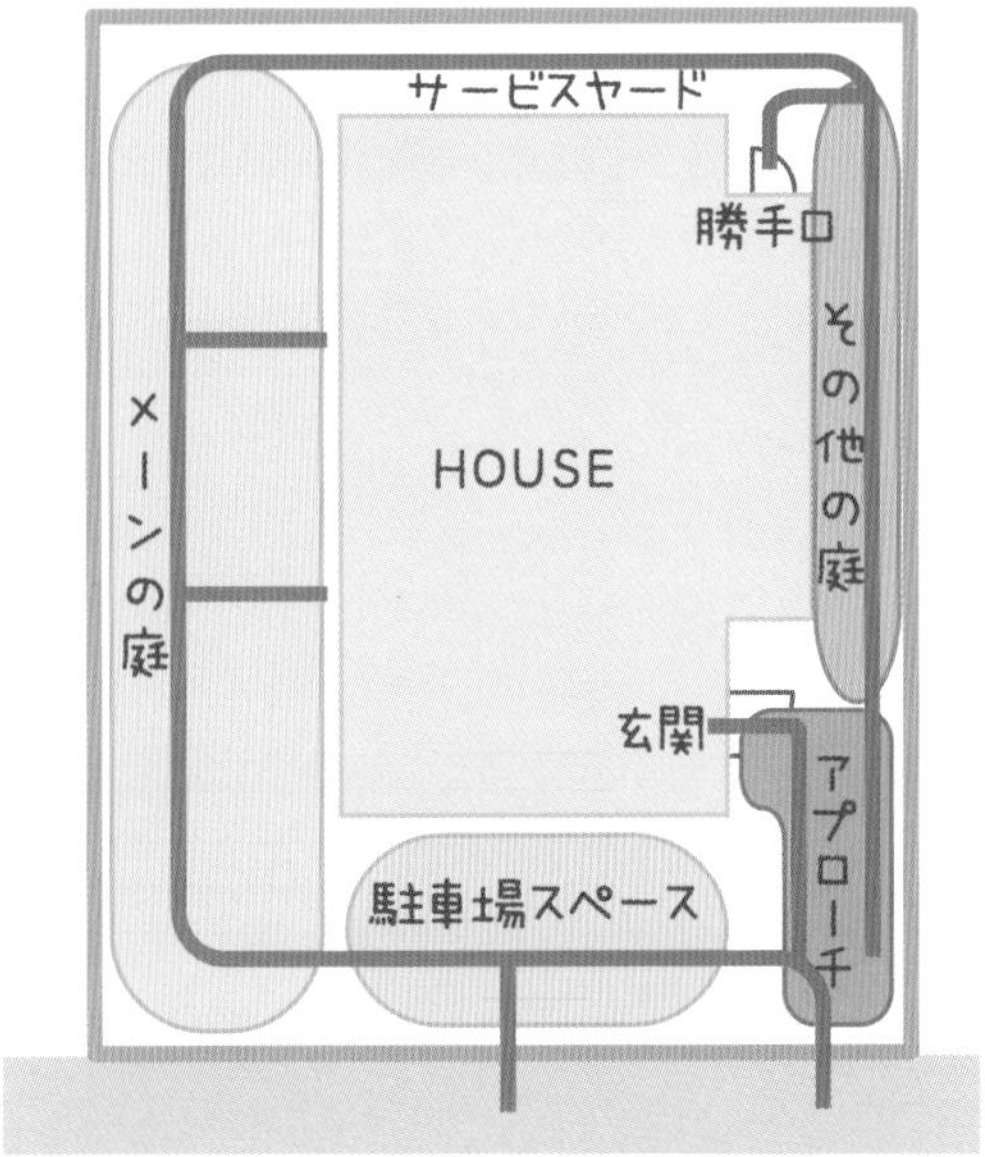

STEP 3

環境と目的に合わせて植物の配植計画を立てる

ゾーニングで敷地のどの位置にどんなスペースを配置するかが決まったら、その場所の特性に合わせて樹木や草花を選びます。その際、植栽にどんな役目を持たせるのかも考えたいもの。たとえば日差しや風、視線を遮る、季節の花や紅葉を楽しむ、家と外構のつなぎ役にする、といった目的がはっきりしていれば選びやすくなります。

次に、配置図に上から見た植栽の配置を描き込んでいきます。ナチュラル感を大切にする場合は、庭木の間隔をふぞろいにし、一直線に並ばないようにするといいでしょう。枝葉の広がりを描いて、ボリュームがわかるようにするとバランスが取りやすいはず。また、樹木は生長すると枝葉も広がるので、それを見越して家や塀との間隔をあけておく必要があります。

なお、小道やウッドデッキ、壁泉、アーチなどの施設は植栽と密接な関係があります。こういったものを作る場合は、どこに何を配置するか、配植計画と同時に考える必要があります。

配植図の例

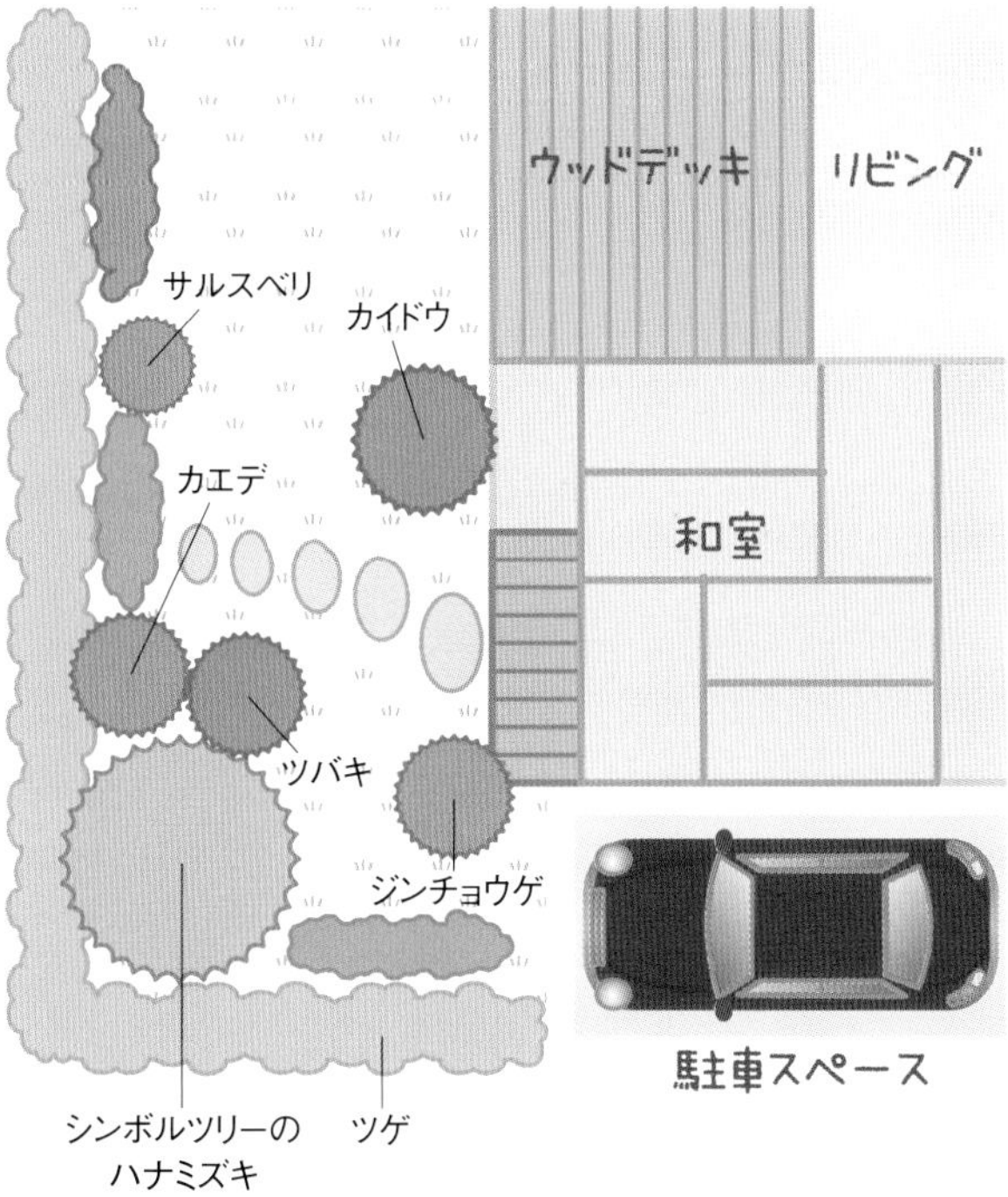
ウッドデッキ
リビング
和室
駐車スペース
サルスベリ
カイドウ
カエデ
ツバキ
ジンチョウゲ
シンボルツリーの
ハナミズキ
ツゲ

STEP 4

資材を選びながら場所別に細部をデザイン

植栽が決まったら、それぞれの場所や施設のデザインと素材を考えていきます。

使う資材によって庭の印象は大きく変わるもの。代表的な資材はレンガ、石、砂利、モルタル、枕木、バーク（砕いた樹皮）、ウッドパネルなどです。さまざまなパターンの想像図を描いてみると、庭の雰囲気に合うものが見えてくるでしょう。

センスよく仕上げるコツは、枕木とレンガ、石とバークというように2種類以上の資材を組み合わせること。あとで植え込む樹木や草花の色味とボリュームも考えながら、トータルでコーディネートするのがおすすめです。

レンガと砂利を組み合わせた例。質感の違いとカーブの形で味のあるデザインの地面に

理想のイメージと予算を伝え　プロに庭づくりを依頼する

造園家や植木屋さんなど、プロに庭づくりを依頼する際は、どんな庭を作りたいか、予算はいくらかをあらかじめ決めておくと打ち合わせがスムーズに進みます。敷地の状況が分かる各種図面もそろえておきたいもの。また、依頼先から提案されたプランを検討する際は、STEP2～4のセオリーに照らすと判断しやすいでしょう。

日時計などのオブジェは、庭にフォーカルポイント（見せ場）を作るのに役立つ

板を組み合わせたウッドパネル。並べる方向を互い違いにすると単調にならない

古びた味のアンティークレンガは人気の資材。並べ方によって表情が変わる

私たちはここで庭づくりに失敗しました

素敵な庭を作ろうとしたのに、なぜか失敗してしまうことがあります。しかし、そんな経験にこそ成功のカギがひそんでいるもの。思わぬ落とし穴にはまった先輩ガーデナーたちの、貴重な体験談をご紹介します。

動線で失敗

通路を直線にしたらなぜか味気ない空間に

門から玄関までの通路を直線で結んで通路を作りました。最短距離で結べば歩きやすいと思ったからです。でも、何だか味気ないし、庭の狭さが強調されてしまって……。（福島県・Sさん）

アドバイス

限られた空間に奥行き感を出すには、通路をカーブさせて道のりを長くすると効果的です。たとえばS字の通路にすれば、実際以上の広がりと楽しげな雰囲気が生まれます。

誘引で失敗

アイビーが壁に根を張りはがしたら悲惨な状態に

家のコンクリート基礎を隠すためにアイビーで覆ったところ、壁づたいにどんどん伸びていきました。ところが、張りつくタイプの根が壁を傷めているのを発見。これはまずいとはがしたら、壁に根だけが残り、見栄えが悪くなってしまいました。（愛知県・Nさん）

アドバイス

アイビーのように根を張るタイプの植物を外壁に直接はわせると、根が目地などに入り込み、そこから雨が染み込んでしまうことがあるので注意が必要です。壁を植物で覆いたい場合は、クレマチスやバラのような根を出さない植物がおすすめです。また、どうしてもアイビーを使いたい場合は、壁の手前にラティスなどを立て、そこに誘引するといいでしょう。

土質で失敗

イングリッシュガーデンを目指したが草花があまり茂らなかった

わが家の庭は、水はけの悪い粘土質。あこがれのイングリッシュガーデンを作ろうとあれこれ西洋の植物を植えたのですが、生長が悪くあまりボリュームが出ませんでした。（神奈川県・Yさん）

アドバイス

イングリッシュガーデンによく使う植物は湿気に弱いものが多いので、土壌改良が必要です。腐葉土や堆肥、パーライト（粒状で多孔質の人工砂れき）を土に入れて、水はけのよい土地にしてあげましょう。

品種選びで失敗

予想以上に生長してシンボルツリーが邪魔な存在に

小さな庭に目隠しとシンボルツリーを兼ねてミモザアカシアを植えました。最初はよかったのですが、何年かしたら思った以上に大きくなり、場所を取って困っていました。最後は台風で折れて、今はもうありません。（埼玉県・Uさん）

アドバイス

樹木は簡単に移植ができないので、どれくらい大きくなるかを事前に調べておきましょう。また、風や雪の重さで折れやすい木には、しっかりとした支柱をつけておくことが大切です。

植える場所で失敗

日当たりのよい場所に植えたら夏場に枯れてしまった

ほかの植物と一緒に、ロジャーシアを日当たりのよい場所に植えたら、真夏の雨が降らない時期に枯れてしまいました。好きな植物なのにがっかりです。（群馬県・Fさん）

アドバイス

ロジャーシアのような乾燥に弱い植物は、半日陰ぎみの水持ちのよい場所に植えるべきでした。さらに、植える土質によっては土壌改良を行なう必要があります。水はけがよすぎる場合は、保水性を高める腐葉土や酸度を調整したピートモス（ミズゴケなどが堆積してできた泥灰）を入れるといいでしょう。

PART 4

四季を楽しむ小さな庭のガーデンプラン

どんな季節でも花や葉があり、一年を通じて楽しめるコーナーを
作ってみませんか？　多年草と一〜二年草などを組み合わせ、
手入れのしやすさと季節の楽しみを両立したプランをご紹介します。

プラン提案、監修
長谷川陽子

1994年恵泉女学園大学園芸生活学科卒業後、造園会社、園芸店に勤務。2004年から母校の大学で園芸の授業の補佐をしている。約100種類の多年草、一年草が植えられているボーダーガーデンの設計、育苗、管理を担当。

季節ごとに異なる
庭と植物の状態を理解しよう

四季がある日本では、庭と植物の状態は季節とともに移り変わっていきます。具体的なガーデンプランをご紹介する前に、どの時期にどんな状態になるのか、何をすべきなのか、要点を簡単に解説します。

【冬〜早春】

この時期に植えるなら耐寒性の強い植物を

気温が低く、多くの植物は活動が鈍っている状態。この時期に植えるなら、パンジーやガーデンシクラメンなど耐寒性に優れたものがおすすめです。多年の枯れた茎や葉を取り除いて地上部がなくなっても、それはそれで冬らしい風景といえるでしょう。

これからガーデニングを始めるのであれば、この時期は土づくりに最適。土を掘り返して外気に当て、堆肥や有機配合肥料をまいて地力をアップさせましょう。

POINT!

- 植物の活動が鈍っている
- 植えるなら耐寒性の強い植物を
- 土づくりの準備期間に好適

冬〜早春の花の例：パンジー

【夏】

庭がにぎやかになる反面整枝や水やりに配慮が必要

マーガレットやゼラニウムなどの多年草が花を咲かせて庭がにぎやかになる時期です。暑さで体力が落ちてくる時期でもあるので、植物の特徴を理解したうえで、伸びすぎた枝や茎を切り詰めて風通しをよくするといいでしょう。

真夏の水やりは、朝に行なうのが基本。日中では、根が煮えてしまうことがあります。地植えに比べて乾燥しやすい鉢植えは、完全に乾いていたら夕方にも水やりをするといいでしょう。

POINT!

- 植物が暑さで弱る
- 伸びすぎた枝などを切り縮める
- 水やりは朝に。日中は行なわない

夏の花の例：マーガレット

【春】

球根の花が咲いてパッと庭が活気づく

気温が少しずつ上がり、自然界が本格的に活動し始めるのがこの時期。チューリップやクロッカスといった球根類が次々と咲いて庭が活気づいてきますが、病害虫の被害も増えてくるので、定期的に害虫駆除を行ない、こまめに花がら摘みを行ないたいものです。

多年草や夏咲き球根を植えつけるなら、地域にもよりますがおおむね3月ごろが好適。また、庭木の常緑樹の植え替えにも適したシーズンです。

POINT!

- 気温が上がり庭が活気づいてくる
- 病害虫の被害も増える
- 多年草や球根を植えつけるのに適する

春の花の例：チューリップ

【秋】

球根の植えつけや宿根草の株分けを行ないたい

涼しくなると植物は元気を取り戻してきます。開花期の長いインパチェンスやペチュニアなどは、この時期に肥料をあげるとまたきれいな花を咲かせてくれます。

秋はクロッカスやアイリスなどの球根を植えつけるのに好適。この時期に植えればしっかりと根を張ってくれます。また、きれいな花を咲かせるには、冬の寒さを経験することが欠かせません。2〜3年に1回行なう多年草の株分けも、この時期が適しています。

POINT!

- 夏から開花し続ける植物がある
- 球根を植えつけるのに適する
- 多年草の株分けもこの時期に行なう

冬の花の例：インパチェンス

色と形で考えるコーディネートの基本

同じ種類の植物を組み合わせても、配置や配色の違いで大きく印象は異なるもの。ガーデンプランをアレンジするのに役立つ、寄せ植えを仕立てる際のセオリーをご紹介します。

草丈の高低差やボリューム感の違いに注目

寄せ植えをする際、植物を無計画に組み合わせると、ちぐはぐな印象になってしまう可能性があります。見て気持ちいいと感じる花壇は調和が保たれているもの。何をどう組み合わせるかは重要なポイントです。まずは花だけに注視せず、植物全体の姿に目を配ってみましょう。

植物の草丈やボリュームにはそれぞれ特徴があります。同じような姿の植物だけを組み合わせると平板な印象になってしまいがち。ほふく性で地面を覆うもの、すっと伸びる背が高いもの、こんもり茂るものなど、形が異なるものを組み合わせることでバランスがよくなります。

壁ぎわの花壇のように眺める方向が決まっているものは、背の高いものを奥に配し、その株元が寂しくならないよう背の低いものを手前に置くとバランスが取りやすいはず。その際、草丈に極端に高低差があると間のびして見えるので注意しましょう。そのほか、中央に目立つものを植え、左右対称に引き立て役を配する方法や、草丈の高い低いをパターン化して繰り返す方法など、その場に応じた組み合わせを使い分けたいものです。

花色の違いで印象的なコーナーを作る

花の色の組み合わせによって寄せ植えの印象は変わってきます。コントラストが強く、お互いの色味を際立たせて印象的なシーンを作りやすいのが、補色の組み合わせ。補色とはカラーチャートで正反対の位置にある色同士のことで、赤と青緑、黄色と青紫などがこれに相当します。

方向性とリズム感を表現しやすいのが、少しずつ色合いが移り変わっていくグラデーションです。これには同系色でダークトーンからパステルトーンへと明度と彩度を変える方法と、赤→紫→青のように色調を変える方法があります。

また、淡いパステルトーンを何色も組み合わせる方法も。こちらはソフトでやさしげな印象を生み出すことができます。

植物の形や色を把握して、自分好みの組み合わせを見つけてみましょう。

いろいろな草姿の例

右上／草丈1mほどに伸びるジギタリス。釣り鐘状の花をたくさんつける姿も特徴的　右下／枝垂れるツルニチニチソウ　左上／平たく伸びて地面を覆うリッピア　左下／こんもりと茂るメランポディウム

カラーチャート

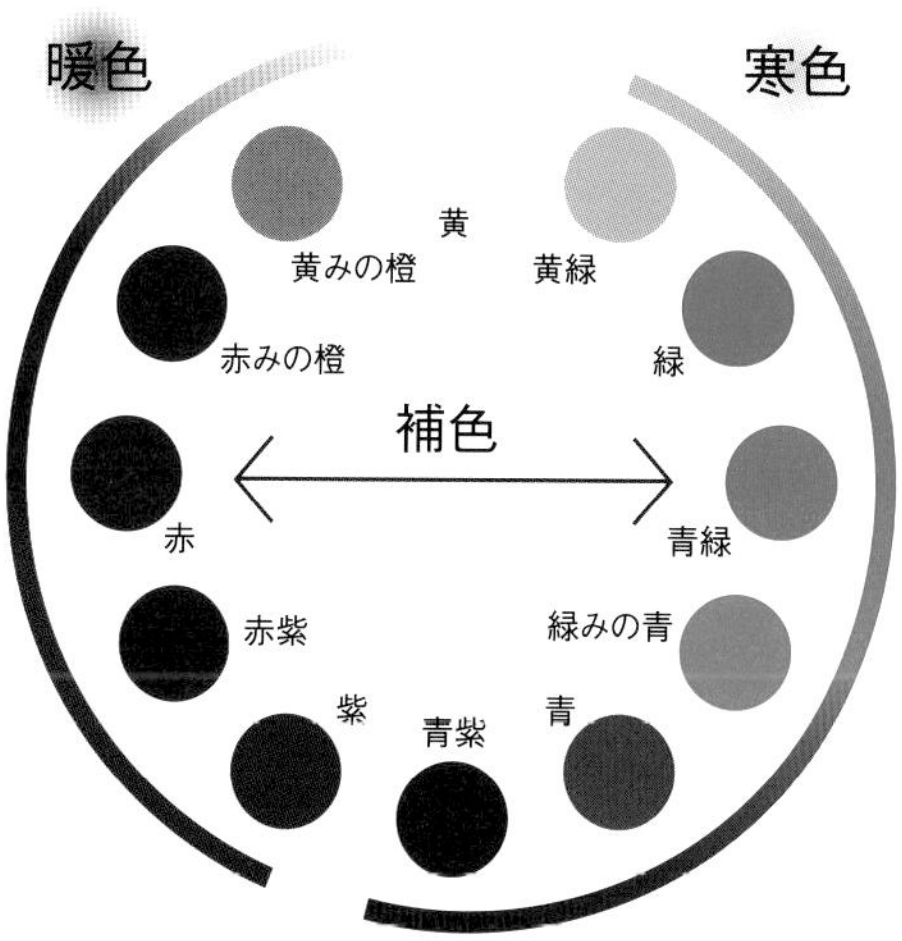
暖色
寒色
黄
黄みの橙
黄緑
赤みの橙
緑
補色
赤
青緑
赤紫
緑みの青
紫
青紫
青

グラデーションの例

ダークトーン（明度と彩度が低い色）
ビビッドトーン（彩度の高い色）
パステルトーン（明度の高い色）

Entrance

玄関前

開花期の長いマーガレットを中心に季節の花で玄関前を彩る

花つきのいい一～二年草が季節感を演出する

開花期の長いマーガレットを中心に構成したプラン。いつもたくさんの花が咲き、玄関前の空間が華やかになります。マーガレットは寒さに強くないので、軒や壁、塀で冷たい風をしのぐことができる玄関前にぴったりです。

一～二年草は一度にたくさん花が咲く、人目を引く華やかなものをチョイス。クリスマスローズは、冬の季節感を出すために選びました。草丈の低いワスレナグサは、マーガレットの茎の下部が茶色くなって見苦しいのを隠すため、手前に配置してあります。

マーガレットは開花期が長いので、花がら摘みをこまめに行なうと美しい状態を保て、病気も防げます。また、マーガレットは数年で草丈が1mほどに生長するので、コーナー全体のバランスが悪くなりがち。まだ花があるうちに葉を残して刈り込むと、脇芽が出てこんもり茂らせることができます。ペンステモンは花が終わったら地上部を刈るといいでしょう。

平面プラン図

①マーガレット
②ペンステモン
③クリスマスローズ
④ワスレナグサ
　またはマリーゴールド
⑤ネメシアまたはコリウス

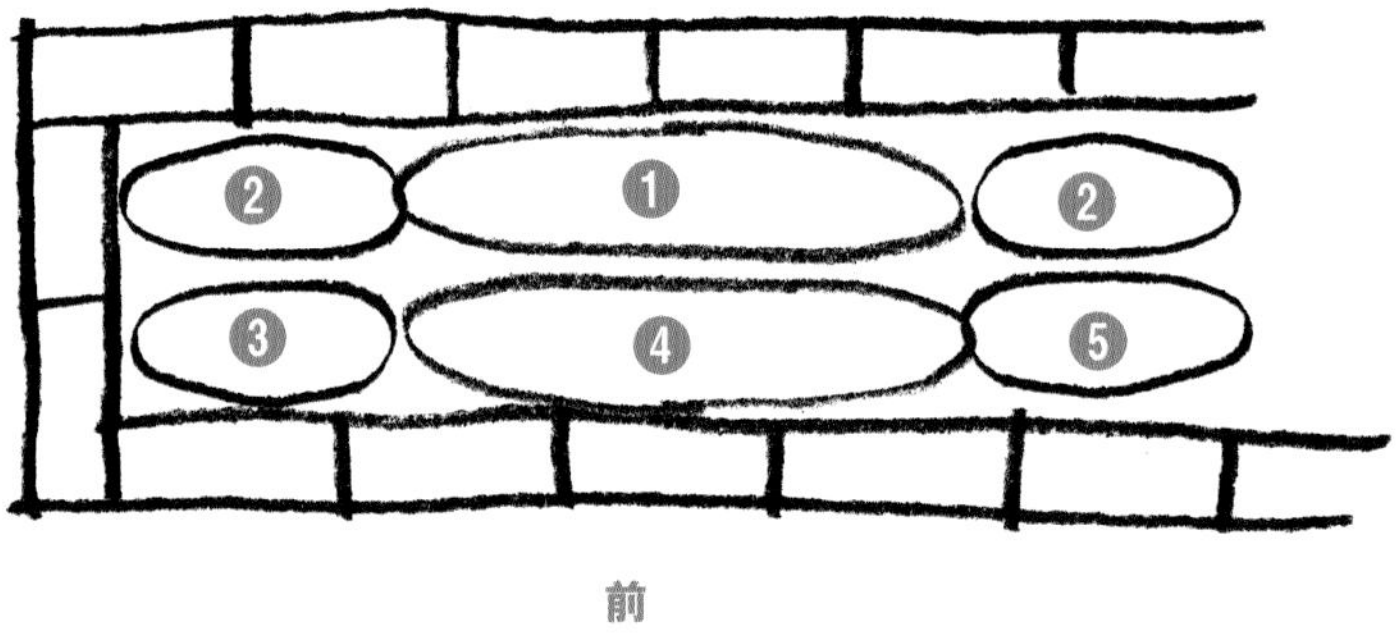

【植物名と開花期、葉の見頃】

	冬～早春	春	夏	秋
多	マーガレット ➔P151	✿マーガレット	✿マーガレット	✿マーガレット
多	ペンステモン ➔P151	✿ペンステモン	ペンステモン	ペンステモン
多	✿クリスマスローズ ➔P148	🍃クリスマスローズ	🍃クリスマスローズ	🍃クリスマスローズ
ー	ワスレナグサ ➔P160	✿ワスレナグサ	✿マリーゴールド ➔P159	✿マリーゴールド
ー	✿ネメシア ➔P157	✿ネメシア	✿コリウス ➔P154	✿コリウス

※表中の✿は開花している植物、🍃は葉を観賞できる植物です。※「多」は多年草、「ー」は一～二年草です。

春
POST
❶マーガレット
❷ペンステモン
❸クリスマスローズ
❹ワスレナグサ
❺ネメシア

夏、秋
POST
❶マーガレット
❸クリスマスローズ
❹マリーゴールド
❺コリウス

Wall side

壁ぎわ

平板な印象の半日陰スペースを一年を通して草花で明るくする

葉が美しいホスタとプルモナリアも見どころ

壁は面積が大きく単調な場所ですが、うまく植物を生かして演出すると見違えるように素敵になります。壁ぎわは日照が不足しがちなので、半日陰を想定して、それに適した植物を選びました。特にジギタリスは日陰のほうが花持ちがいいので好都合です。

このプランの主役は、黄色い花が目立つカロライナジャスミン。緑の葉を背景に、この花によって平板な印象で半日陰の壁を彩って明るく見せることを狙っています。壁ぎわにトレリスやワイヤーを設置して、ツルを誘引するといいでしょう。

ホスタ（ギボウシ）とプルモナリアは、花だけでなく美しい緑色の葉も魅力で、春から秋まで楽しめます。冬から早春にかけては、カロライナジャスミンを背景に咲く、可憐なスノーフレークの花が見どころとなります。

ホスタは葉の時期が終わると葉が茶色くなるので、その部分を取り除きましょう。スノーフレークも夏ごろに葉が茶色くなるので、そうなったら取り除いてください。

平面プラン図

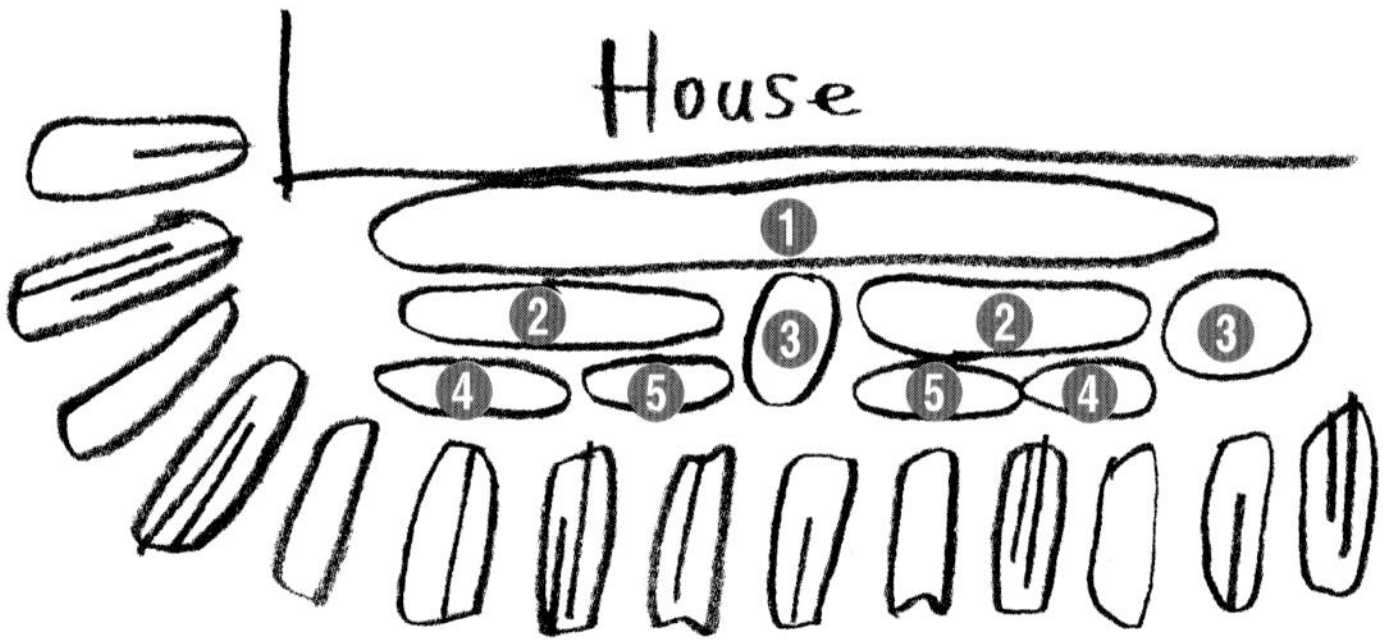

❶カロライナジャスミン
❷ジギタリス
　またはコリウス
❸ホスタ
❹プルモナリア
❺スノーフレーク

【植物名と開花期、葉の見頃】

	冬～早春	春	夏	秋
多	カロライナジャスミン ➡P148	🍃✿ カロライナジャスミン	🍃 カロライナジャスミン	🍃 カロライナジャスミン
多	ホスタ ➡P151	🍃ホスタ	🍃✿ホスタ	🍃ホスタ
多	プルモナリア ➡P150	✿プルモナリア	🍃プルモナリア	🍃プルモナリア
球	✿スノーフレーク ➡P144	スノーフレーク	スノーフレーク	スノーフレーク
一	ジギタリス ➡P155	✿ジギタリス	✿コリウス ➡P154	✿コリウス

※表中の✿は開花している植物、🍃は葉を観賞できる植物です。※「多」は多年草、「球」は球根草花、「一」は一～二年草です。

春
❶カロライナジャスミン
❸ホスタ
❷ジギタリス
❹プルモナリア
❺スノーフレーク

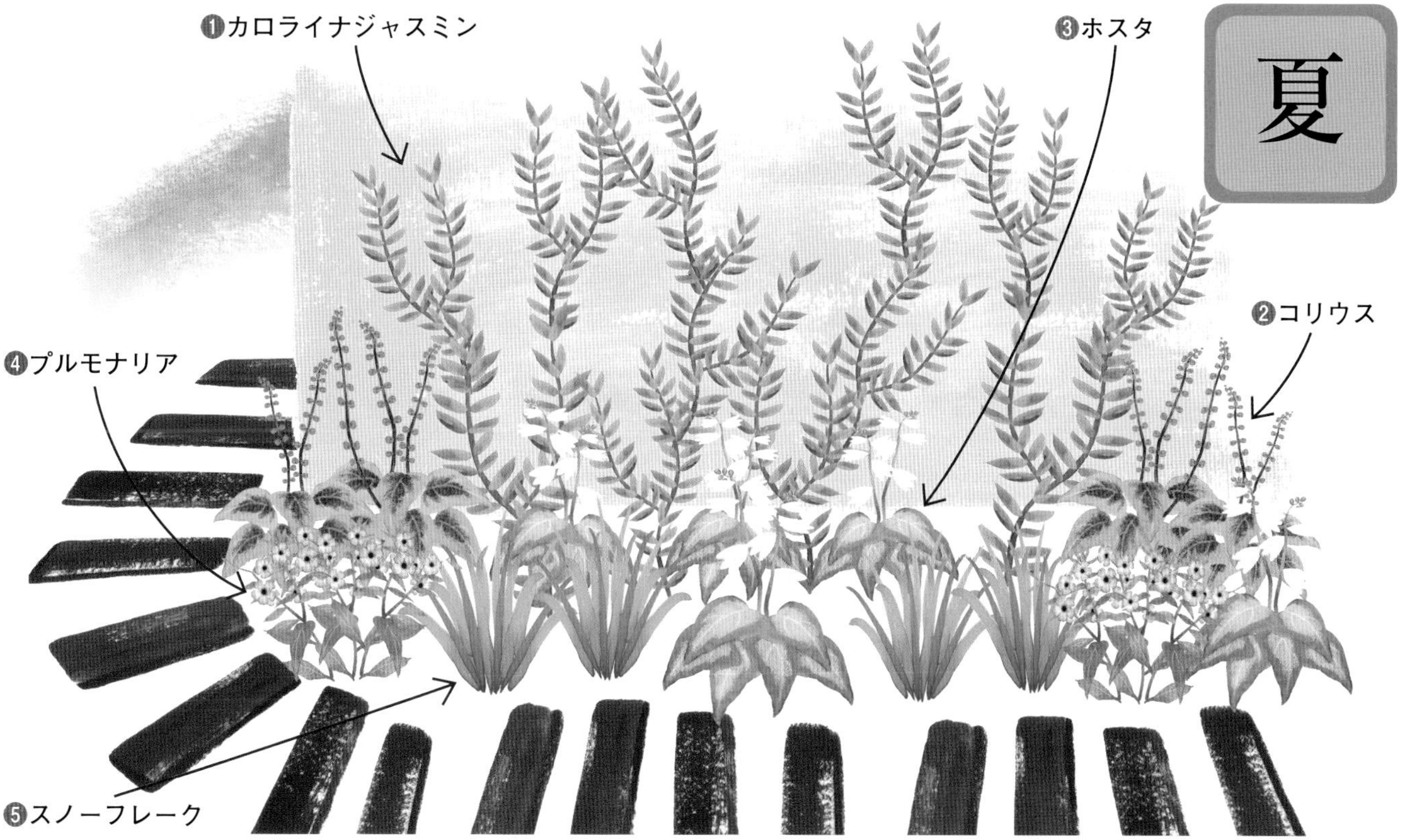
夏
❶カロライナジャスミン
❸ホスタ
❷コリウス
❹プルモナリア
❺スノーフレーク

Approach

通路

可憐な小花で通路脇を埋め歩くのが楽しみなコーナーに

花や葉の色が変わる植物で季節の変化が味わえる

　どれも20～30㎝程度と、草丈の低いグラウンドカバーになる小花で通路の横一面を埋め尽くすプランで、通路を歩くのが楽しくなります。オキザリスとムスカリは開花期が短めですが、季節感が出るように選びました。エリゲロンは長く咲くので、たくさん植えて面積を広めに。寒くなると葉や花の色が変わる様子が楽しめるのも魅力です。ポリゴナムも葉が模様入りで、しかも秋になると紅葉するのでいいアクセントになるでしょう。

　このプランでは、特に中心となる植物はありません。通路ぎわなので、同じ植物を繰り返し配置するパターンにして、リズミカルな印象を作っています。なお、現状ではムスカリ、ビオラ（またはインパチェンス）、オキザリスが通路から見て手前にありますが、プランを反転してエリゲロンとポリゴナムを手前にしてもいいでしょう。

　ポリゴナムは四方に伸びるので、通路の邪魔になるようなら切ってください。

平面プラン図

❶エリゲロン
❷ポリゴナム
❸ムスカリ
❹オキザリス
❺ビオラ
またはインパチェンス

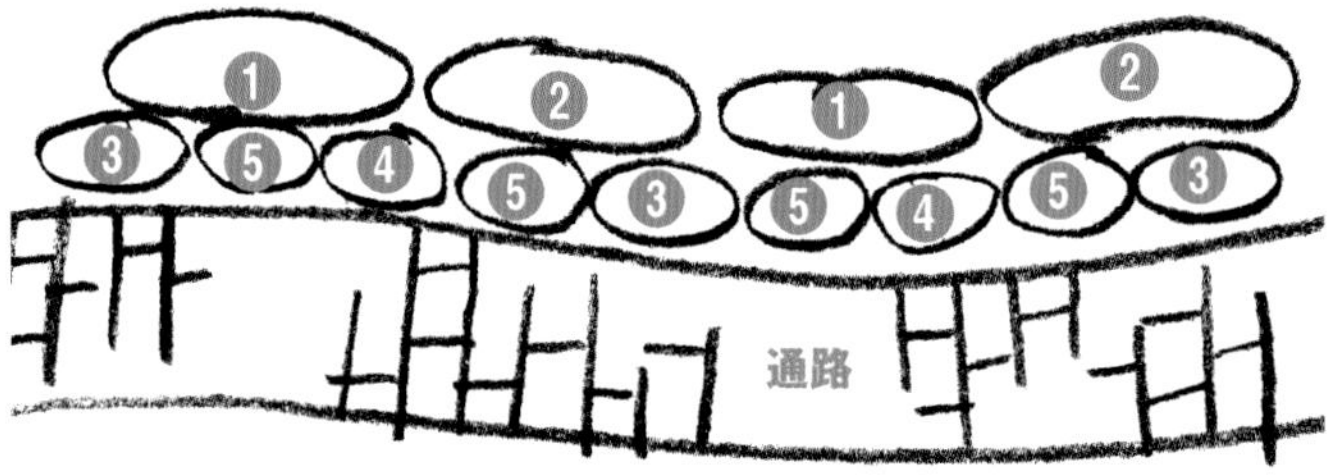

【植物名と開花期、葉の見頃】

	冬～早春	春	夏	秋
多	エリゲロン ➔P147	✿エリゲロン	✿エリゲロン	✿エリゲロン
多	🍃ポリゴナム ➔P141	🍃ポリゴナム	✿ポリゴナム	✿ポリゴナム
球	✿オキザリス ➔P142	オキザリス	オキザリス	✿オキザリス
球	✿ムスカリ ➔P145	ムスカリ	ムスカリ	ムスカリ
一	✿ビオラ ➔P157	✿ビオラ	✿インパチェンス ➔P153	✿インパチェンス

※表中の✿は開花している植物、🍃は葉を観賞できる植物です。※「多」は多年草、「球」は球根草花、「一」は一～二年草です。

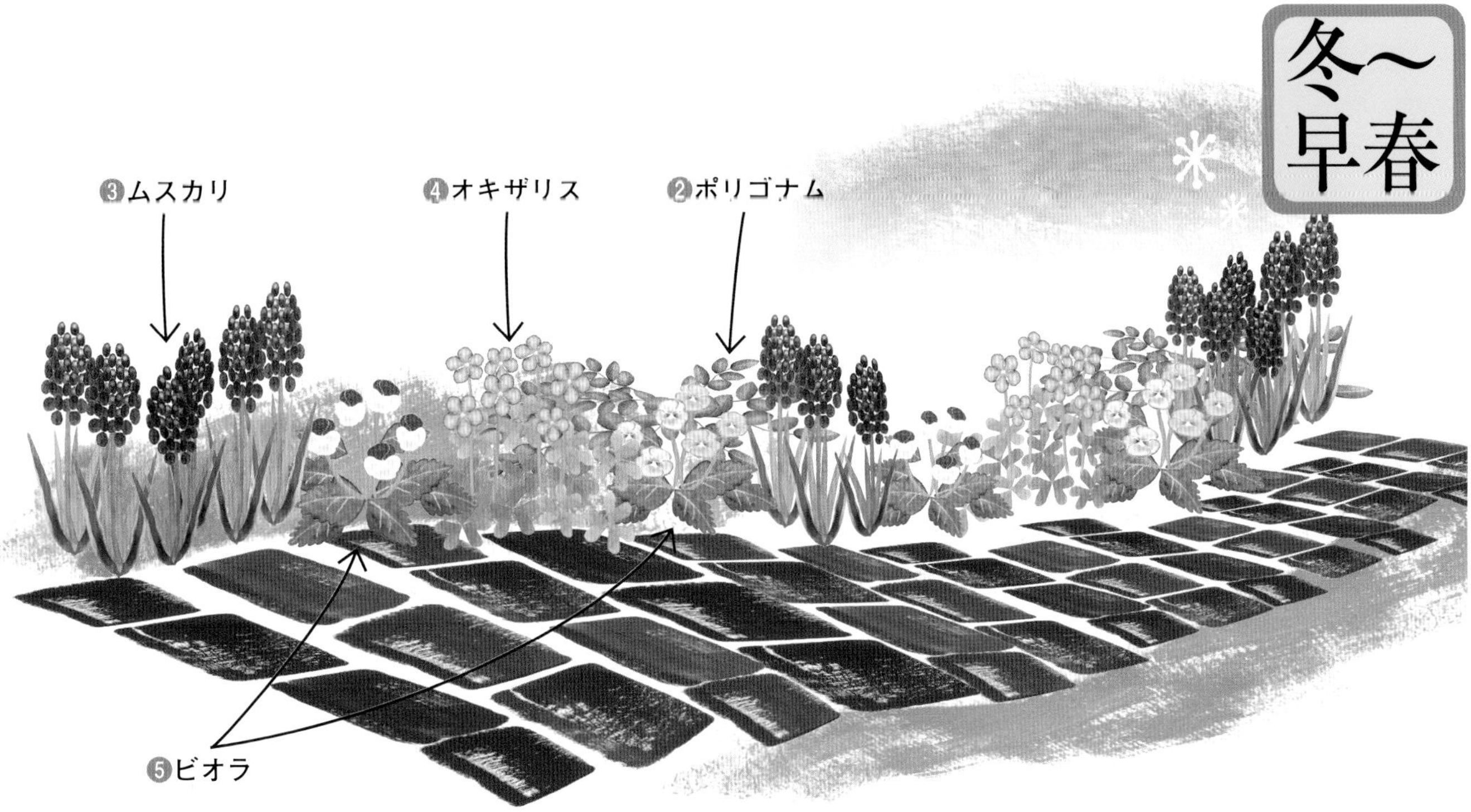
冬〜早春
❸ムスカリ
❹オキザリス
❷ポリゴナム
❺ビオラ

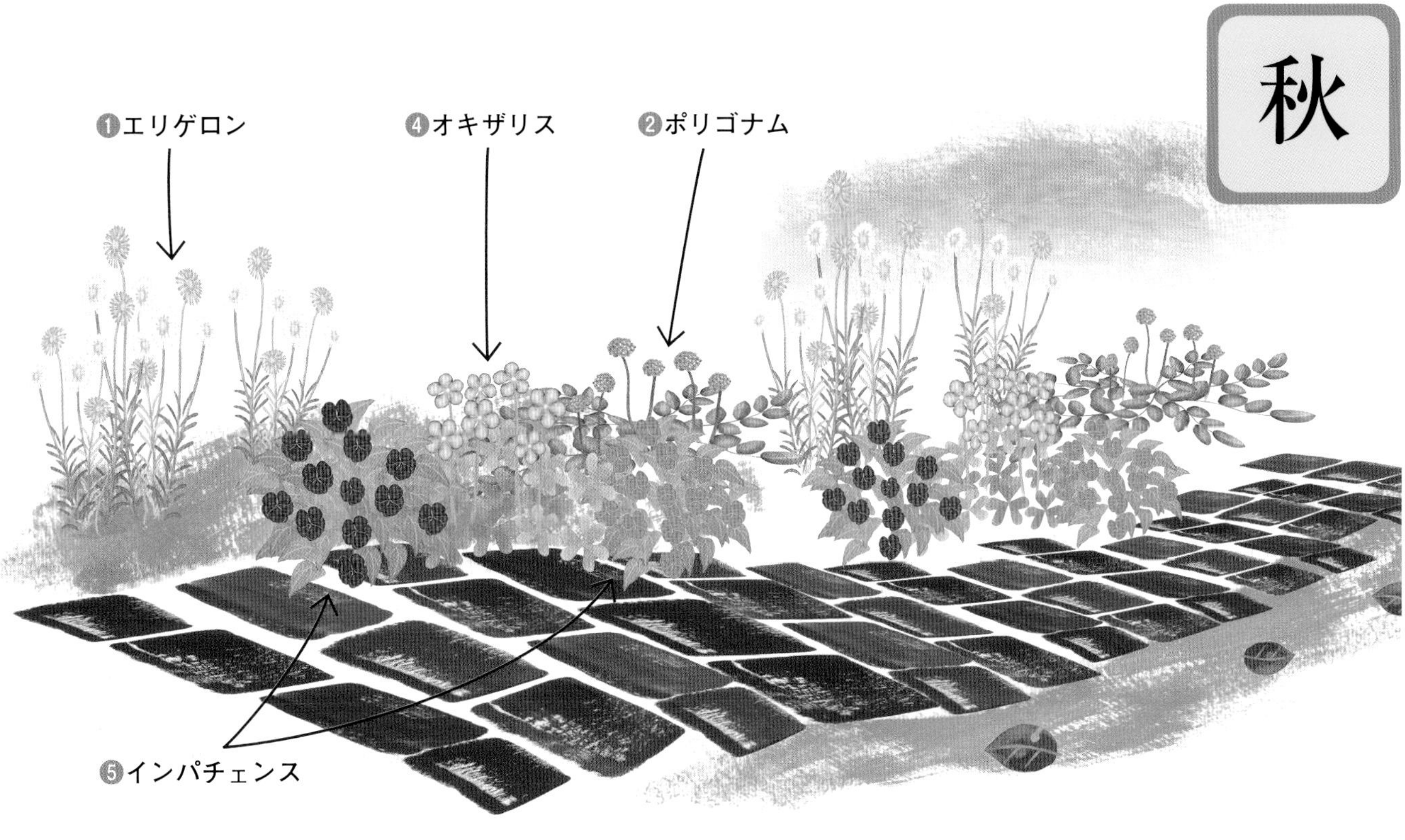
秋
❶エリゲロン
❹オキザリス
❷ポリゴナム
❺インパチェンス

under tree

樹木の下

日陰になりがちなスペースを鮮やかな花や葉で彩る

日陰には花色がきれいになるというメリットも

樹木の下は木の根が張っているので草花には厳しい環境。それに負けない植物を選びました。クロッカスとスイセンは根の伸び方が深くないので、よく樹木の下に植えられる植物です。プリムラはたくさんの品種がありますが、そのなかでも丈夫なジュリアンを選びました。アジュガは花だけでなく、紫色がかった葉も楽しめるのが特徴です。リシマキアも、葉の色が黄色で目につく植物。アジュガとともに、日陰になりがちな樹木の下を明るく彩ってくれます。また、開花期が長く、日陰のほうが花がきれいに咲くインパチェンスも重要な存在といえるでしょう。

樹木の下は樹木の根が草花の生長を妨げるので根の伸びが悪くなり、水を吸い上げる力が弱くなりがち。乾燥に気をつけて、土が乾いているようなら水をあげるといいでしょう。ただし、乾燥しやすいかどうかは日当たりや土質によって変わるので、その場の状況を見て判断する必要があります。

平面プラン図

❶プリムラ・ジュリアン
　またはネモフィラ
　またはインパチェンス
❷クロッカス
❸リシマキア
❹スイセン
❺アジュガ

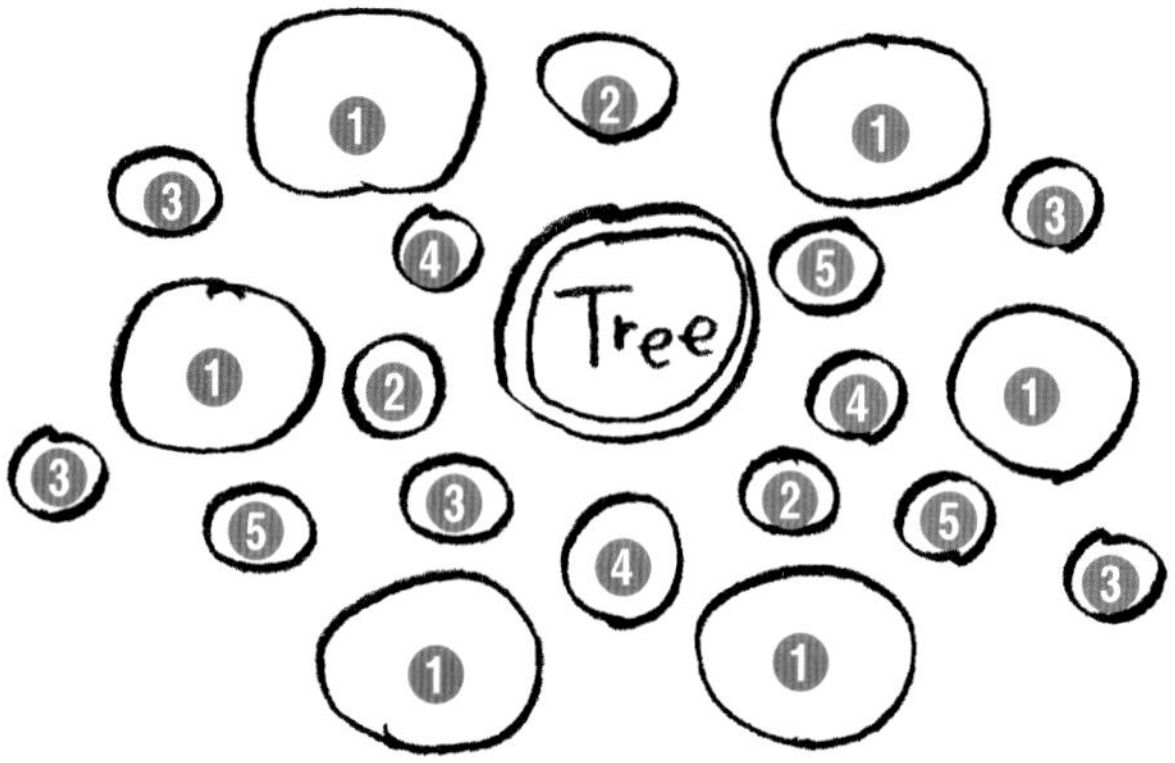

【植物名と開花期、葉の見頃】

	冬～早春	春	夏	秋
多	アジュガ ➔P138	✿アジュガ	🍃アジュガ	🍃アジュガ
多	リシマキア ➔P141	✿リシマキア	🍃リシマキア	🍃リシマキア
球	✿クロッカス ➔P143	クロッカス	クロッカス	クロッカス
球	スイセン ➔P144	✿スイセン	スイセン	スイセン
一	✿プリムラ・ジュリアン	✿ネモフィラ ➔P157	✿インパチェンス ➔P153	✿インパチェンス

※表中の✿は開花している植物、🍃は葉を観賞できる植物です。※「多」は多年草、「球」は球根草花、「一」は一～二年草です。

春
❸リシマキア
❺アジュガ
❹スイセン
❶ネモフィラ

夏、秋
❸リシマキア
❺アジュガ
❶インパチェンス

ゼラニウムなど乾燥に強い植物をプランターに寄せ植えする

枝垂れるアイビーがプランターを覆ってくれる

ベランダでのガーデニングは基本的にプランター栽培になります。地植えに比べて土の量が少ないこと、雨が直接当たりにくいことから、土が乾きやすいのが特徴。そこで、乾燥を好む植物を選びました。アイビーは誘引しないと下に垂れる植物。ロベリアも同様に垂れる性質があり、プランターを目隠しする効果が出ます。

開花期が長く、しかも華やかでパッと目を引くゼラニウムは、草丈が高めなので奥側に。その株元が寂しくならないように、アイビーとガーデンシクラメン（またはロベリア、ペチュニア）を手前に配しました。ガーデンシクラメンは一～二年草ではありませんが、いつも花がある状態を保つためにロベリアに植え替える想定。ロベリアは夏になったらペチュニアに植え替えるというプランです。

アイビーは生命力旺盛で根をよく張ります。2～3年したら掘り上げて根を少し切ってあげると、ほかの植物の邪魔をしません。

平面プラン図

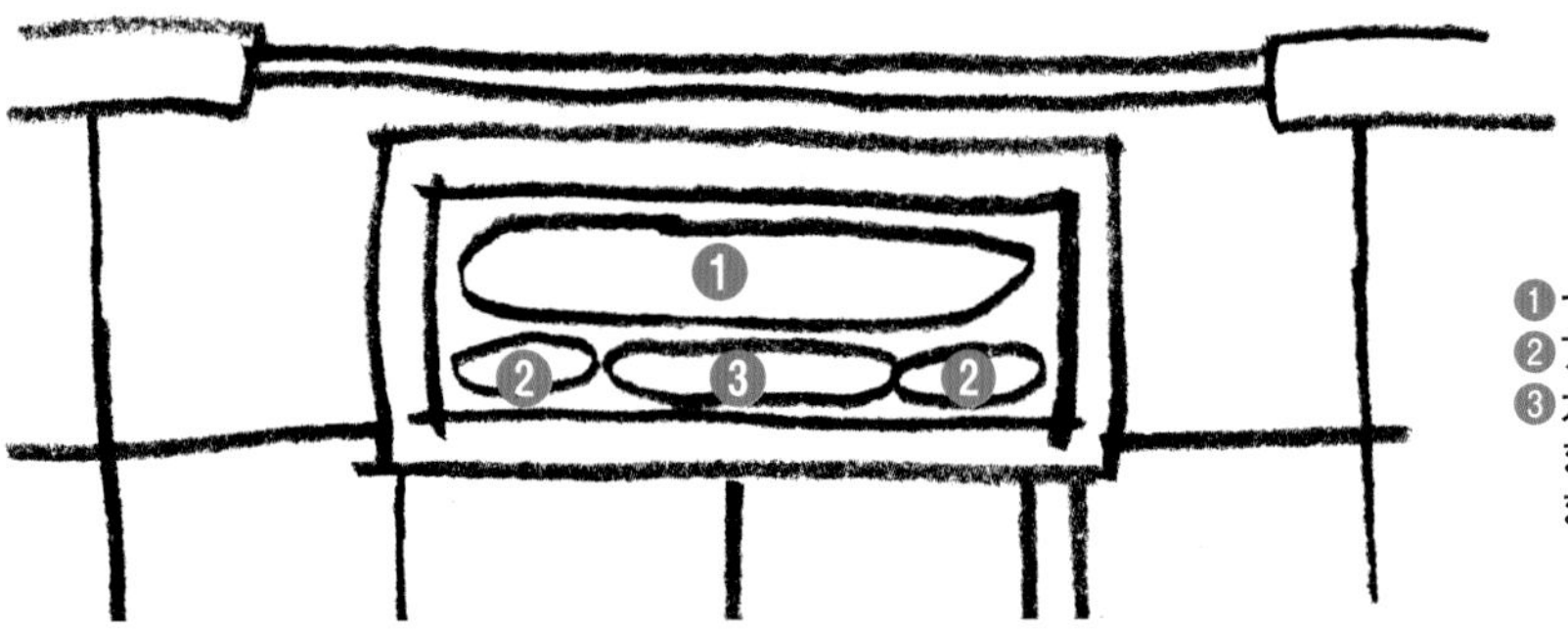

❶ゼラニウム
❷アイビー
❸ガーデンシクラメン
　またはロベリア
　またはペチュニア

【植物名と開花期、葉の見頃】

	冬～早春	春	夏	秋
多	ゼラニウム ➡P149	✿ゼラニウム	✿ゼラニウム	✿ゼラニウム
多	🍃アイビー ➡P138	🍃アイビー	🍃アイビー	🍃アイビー
球／一	✿ガーデンシクラメン ➡P143	✿ロベリア ➡P160	✿ペチュニア ➡P158	✿ペチュニア

※表中の✿は開花している植物、🍃は葉を観賞できる植物です。※「多」は多年草、「球」は球根草花、「一」は一～二年草です。

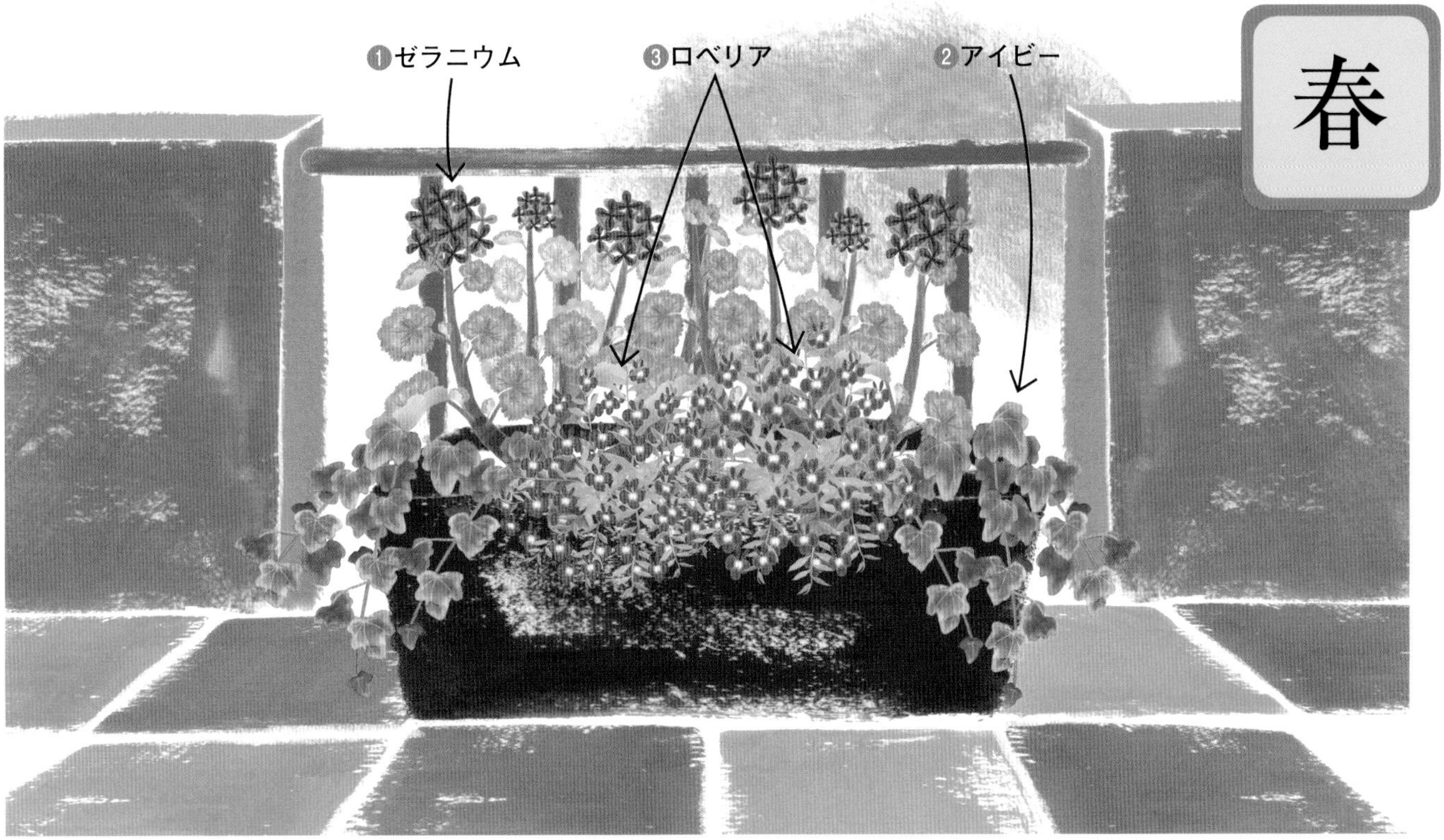
春
❶ゼラニウム
❸ロベリア
❷アイビー

夏、秋
❶ゼラニウム
❸ペチュニア
❷アイビー

番外編 一〜二年草だけのプラン

Entrance

玄関前

季節ごとに植え替えて いつでも花が咲きこぼれる場所に

草丈と花色のバランスで 季節ごとの組み合わせを考える

このプランだけは、番外編として一〜二年草だけで構成しました。

「冬〜早春」の主役は、いろいろな花色があって楽しめるパンジー。全体に草丈は低めですが、立体感を出すために草丈が高めのプリムラを入れています。

「春」の主役はアグロステンマとディモルフォセカ。アグロステンマは草丈が1mほどになり、風に揺れる雰囲気が素敵です。手前の足元には、かわいい小花がコーナーの縁取りになるロベリアを配しました。

「夏」と「秋」は同じ構成で、主役はマリーゴールド。引き立て役のインパチェンスとコリウスは、淡い色にするとメリハリがつきます。

どの植物も、開花期よりもなるべく早めに植えるとボリュームが出るのでおすすめ。「冬」は11月ごろ、「春」は3月ごろ、「夏」は6月ごろに植えましょう。「春」のアグロステンマは大きくしたいので、11月ごろに植えるとベターです。

平面プラン図

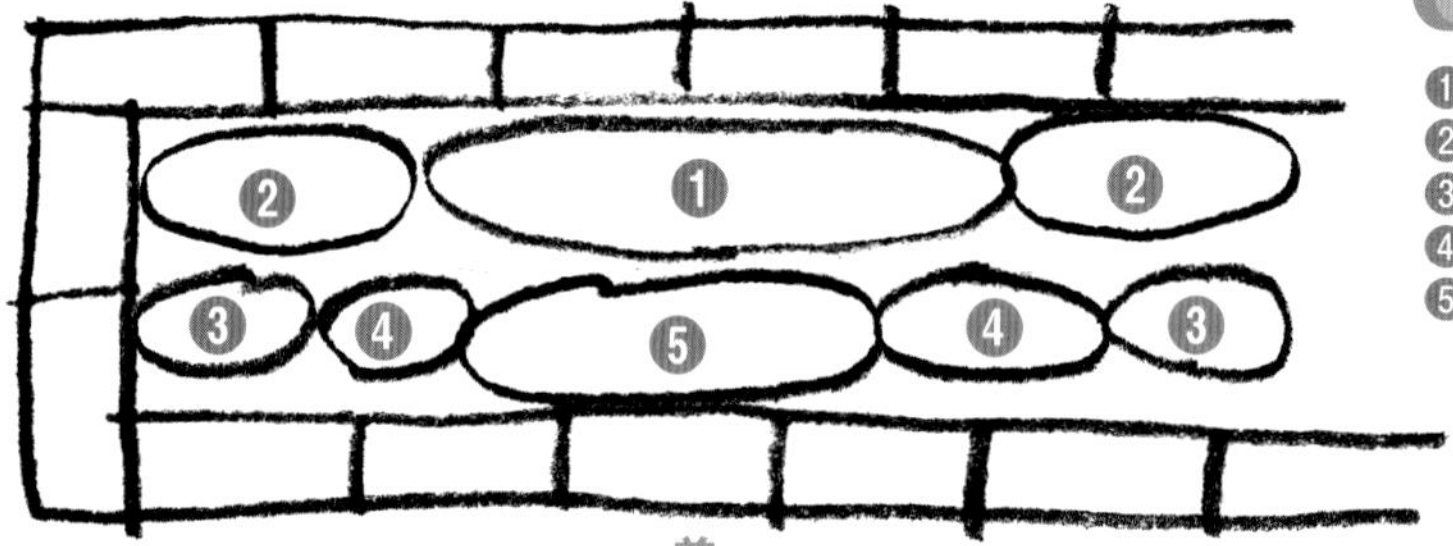

前

冬〜早春

❶プリムラ・メラコイデス
❷パンジー
❸プリムラ・ジュリアン
❹スイートアリッサム
❺ビオラ

平面プラン図

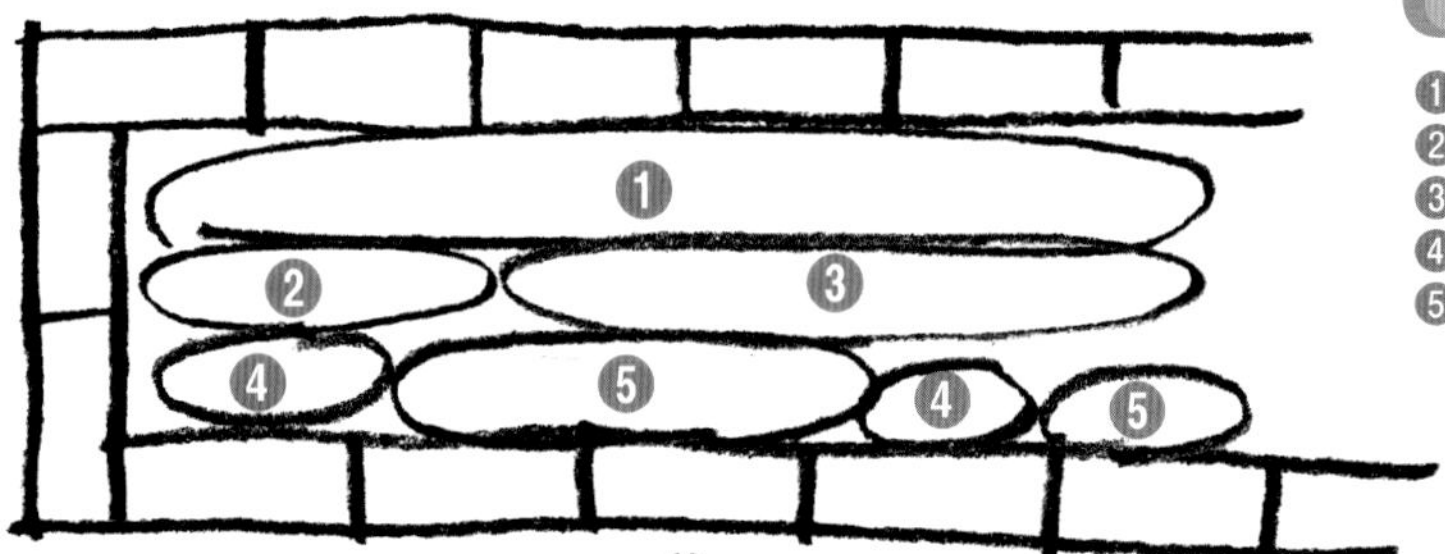

前

春

❶アグロステンマ
❷セリンセ・マヨール
❸ニゲラ
❹ロベリア
❺ディモルフォセカ

平面プラン図

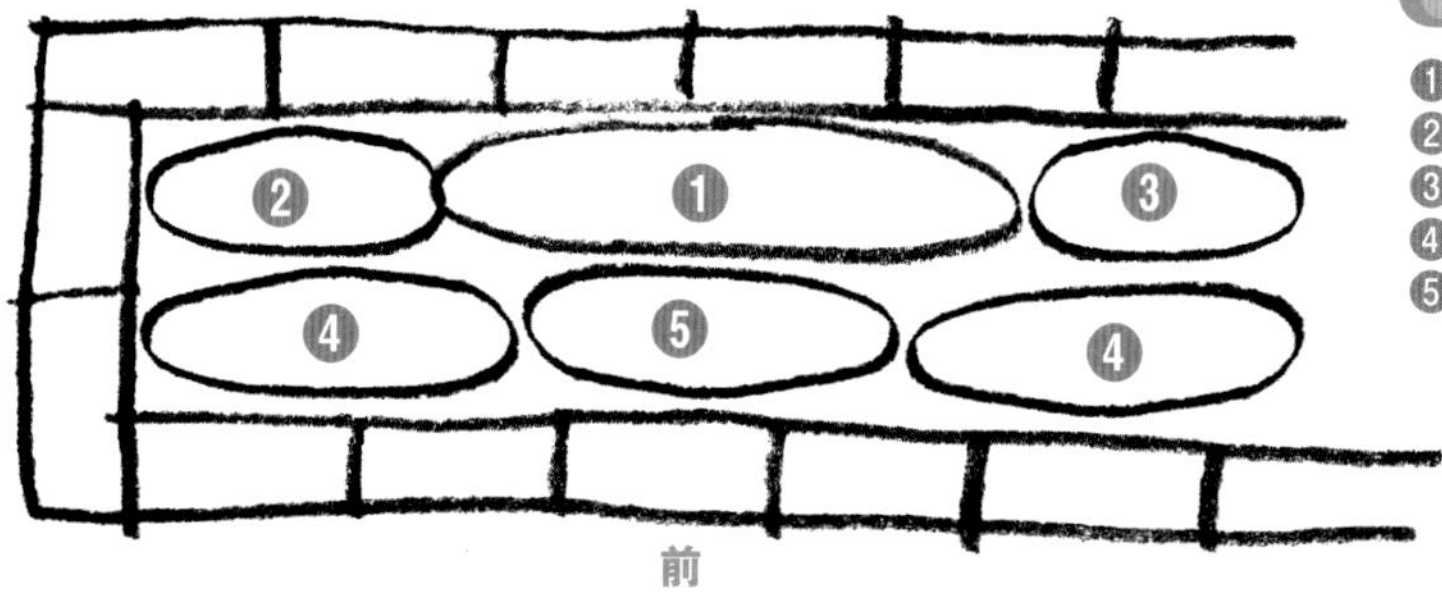

前

夏、秋

❶マリーゴールド
❷コリウス
❸メランポディウム
❹ペチュニア
❺インパチェンス

※「植物名と開花期、葉の見頃」の表はP64にあります。

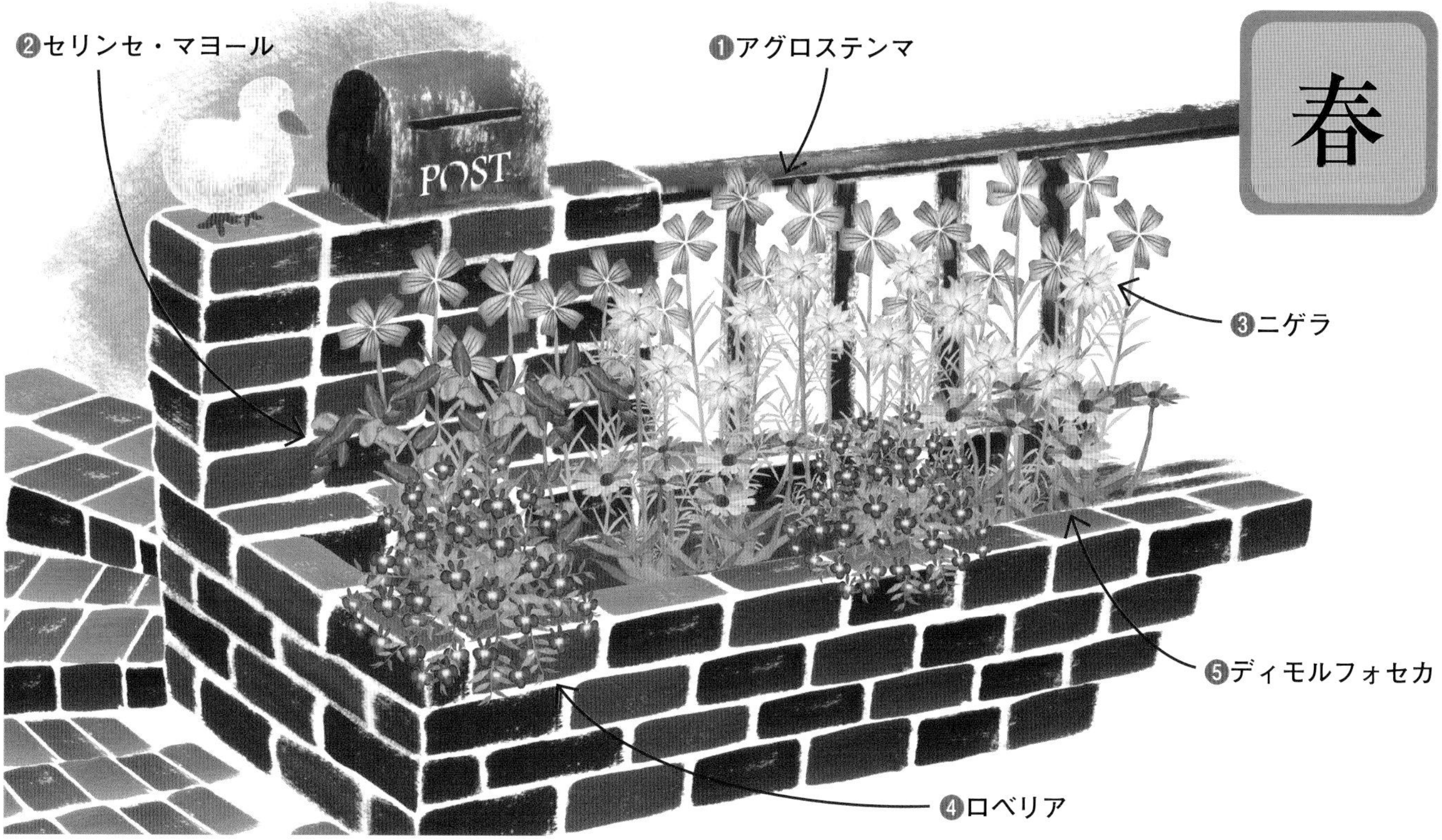
春
POST
❶アグロステンマ
❷セリンセ・マヨール
❸ニゲラ
❹ロベリア
❺ディモルフォセカ

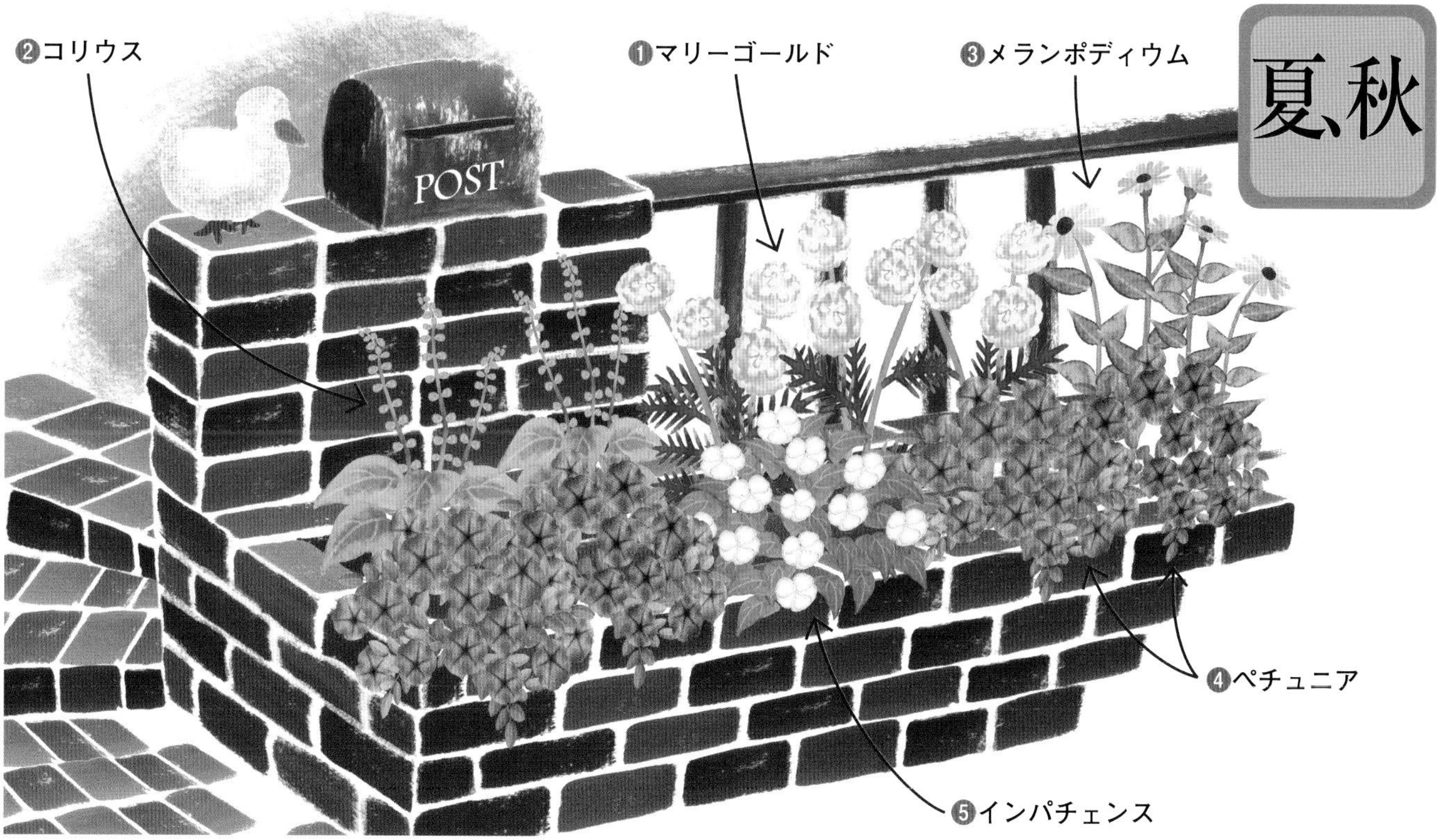
夏、秋
POST
❶マリーゴールド
❷コリウス
❸メランポディウム
❹ペチュニア
❺インパチェンス

【植物名と開花期、葉の見頃】

	冬～早春	春	夏	秋
―	✿パンジー ➔P157	✿アグロステンマ ➔P153	✿マリーゴールド ➔P159	✿マリーゴールド
―	✿ビオラ ➔P157	✿ディモルフォセカ ➔P156	✿メランポディウム ➔P159	✿メランポジューム
―	✿スイートアリッサム ➔P155	✿ニゲラ ➔P156	✿コリウス ➔P154	✿コリウス
―	✿プリムラ・ジュリアン	✿セリンセ・マヨール ➔P155	✿インパチェンス ➔P153	✿インパチェンス
―	✿プリムラ・メラコイデス	✿ロベリア ➔P160	✿ペチュニア ➔P158	✿ペチュニア

※表中の✿は開花している植物です。※「―」は一～二年草です。

寄せ植えをする際は将来の姿を想像することが大切

何種類かの植物をひとつの場所に植える場合、基本的には同じ環境を好むものを組み合わせましょう。日当たりがよく乾燥した場所を好む植物と、日陰で湿った場所を好む植物を一緒にするのは避けたいものです。

「その植物が将来どんな姿になるか」を理解しておくことも重要。こんもり茂るのか、横に広がるのか、枝垂れるのかといった草姿《そうし》や、どのくらいの草丈になるかを考えながら、植えつけの配置や間隔を決める必要があります。たとえば、横に広がりやすいマーガレットは隣の株との間隔をあけ気味に植え、冬の間は葉があまり茂らないパンジーは間隔を狭めて植えると、寄せ植え全体のバランスがよくなります。

また、今回のプランのように多年草と一年草を組み合わせ、一年草を季節に合わせて植え替える場合、根を残さずしっかり掘り出してください。根が残っていると、ほかの植物が根を張るのを邪魔してしまうだけでなく、病気の原因になることもあります。

PART 5
DIYで庭づくり

ここでは自分でできる庭づくりの方法を解説します。レンガや石を使ったレンガ&ストーンワーク、木を使ったウッドワーク、芝生や木を使ったグリーンワークの３つに分け、簡単にできる基本的なDIYテクニックを紹介します。

レンガ&ストーンワーク

ウッドワーク

グリーンワーク

レンガ&ストーンワークで魅力的な庭を作る

レンガやストーン（石）を敷いたり、積み上げることで、わが家の庭が心地いい野外リビング空間に生まれ変わります。キャンバスに絵を描くように魅力的な庭をつくりましょう。

5

4

3

2

6

1

8

7

1乱形石のテラス。奥にコッツオルドストーンで花壇を作った　2骨董のボウルとアンティークな蛇口がかわいい立水栓　3レンガの敷き方を変えてスロープを演出　4レンガ積みによるウォールとアーチで作った花台　5乱張りストーンが鮮やかな三角形のモニュメント　6迫力のペイビングサークルには方位が入っている　7S字型の乱張りストーンがパティオを取り囲む　8レンガとテラコッタを使ったエキゾチックな門柱＆フェンス　9レンガでＢＢＱ炉を作ろう　10芝生からウッドデッキへのステップをレンガで組んだ

9

10

いろいろな敷き方を学ぶ

ひと目でわかるDIYペイビング作業チャート

まずは、DIYで作ることができる代表的な5種類のペイビング（敷き石）を、作業の流れを示すチャートとともに紹介します。ある程度ペイビングに必要な技術を知っている人ならば、このチャートを追っていけば必要なペイビングが作れます。また、各作業でも地面の状態によっては省略できる工程もありますので、それらもチャート内で逐一表示しています。

Case 1

化粧砂利を敷く

もっとも基本的なペイビング。ガーデングラベル、ガーデンストーンなどと呼ばれる砂利はアプローチや、コーナーのペイビングに多用されます。地面の上に砂利をまいただけではしだいに流されてしまうので、砕石で下地を作って、その上に砂利を敷きます。砕石、砂利の厚さの目安は各50㎜です。

作業の流れ

▼ 必要な範囲の地面を掘り込む

▼ 十分に地面を突き固める

▼ 砕石を敷き込み、突き固める

▼ 化粧砂利を敷く

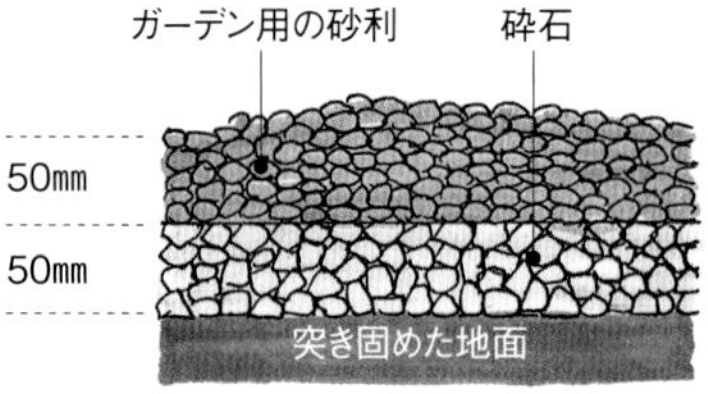

ガーデン用の砂利
砕石
50㎜
50㎜
突き固めた地面

Case 2

砂決めでレンガを敷く

イラストは目地を詰めて、レンガ同士くっつけて並べている例（ねむり目地）。砂目地は下地と目地に砂を使う方法で、この例では目地のすき間に入った砂の摩擦力がレンガ同士を固定します。下地の砂の厚さは40㎜以上あればOK。この方法は必要に応じてレンガの撤去も簡単にできます。（P72参照）

作業の流れ

▼ 必要な範囲の地面を掘り、突き固める

▼ 砕石を敷き、突き固める

▼ 砂を敷き、水平を取る

▼ レンガを敷き、砂を目地に掃き入れる

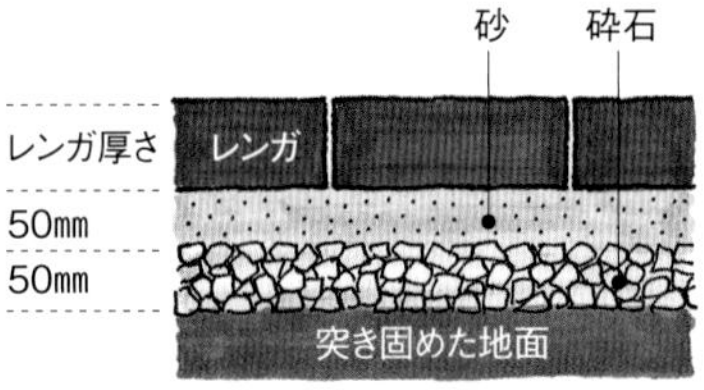

砂
砕石
レンガ厚さ
レンガ
50㎜
50㎜
突き固めた地面

Case 3

玉石の洗い出し風仕上げ

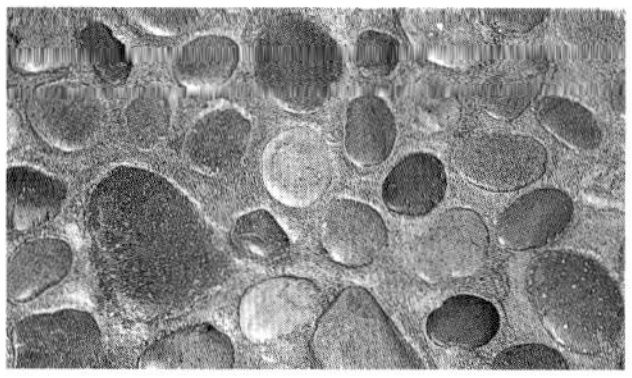

人が頻繁に歩く部分でなければコンクリート下地は省略してもいいでしょう。玉石は水で洗って汚れを落としておきます。モルタルが乾く前に玉石をバランスよく埋めたら、ペイビングの全面に1cm程度の厚さでセメントペースト（ノロ）を塗った上で、玉石の表面についたセメントを拭き取りきれいにします。これでできあがりですが、乾いた玉石はつや出し用オイルやワックスで拭き上げればより完璧です。

作業の流れ

必要な範囲の地面を掘り、突き固める
▼
砕石を敷き、突き固める
▼
下地のコンクリートを敷き、水平を取る*
▼
モルタルを敷き、水平を取る
▼
玉石をモルタルに埋める
▼
セメントを塗る
▼
玉石をきれいに洗う

（*この作業省略可）

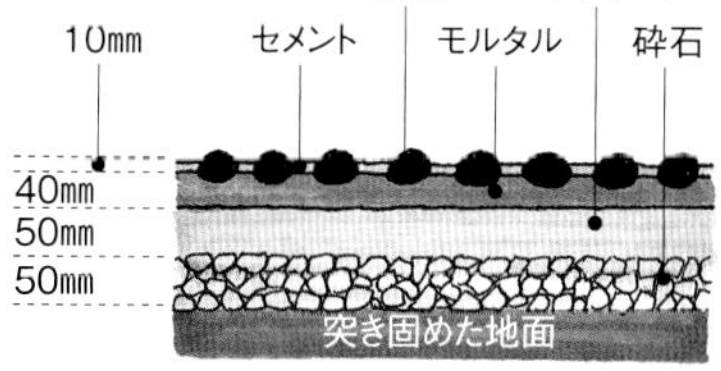
玉石
コンクリート
10mm
セメント
モルタル
砕石
40mm
50mm
50mm
突き固めた地面

Case 4

モルタルでタイルを敷く

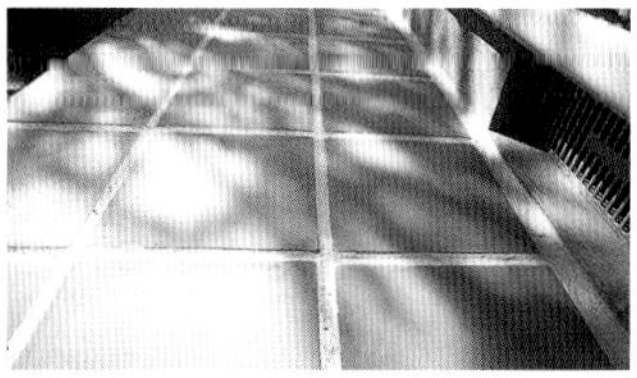

テラコッタや窯業系の製品などタイル類も、モルタルを接着剤として敷き並べることができます。イラストで下地モルタル、接着モルタルとわかれていますが、特別なものがあるのではなく、どちらも普通のモルタルです。基礎はコンクリートのテラスを想定していて、その上に下地をなめらかにするモルタルを敷き、タイルに接着用のモルタルを盛って張りつけていきます。目地は色セメントなど使い、最後に仕上げます。

作業の流れ

コンクリートのテラスを洗浄する
▼
下地のモルタルを塗る
▼
タイルを張る位置の墨線を入れる
▼
接着用のモルタルをタイルに塗る
▼
タイルを下地モルタルの上に張る
▼
仕上げの目地を入れる
▼
タイル表面を洗浄する

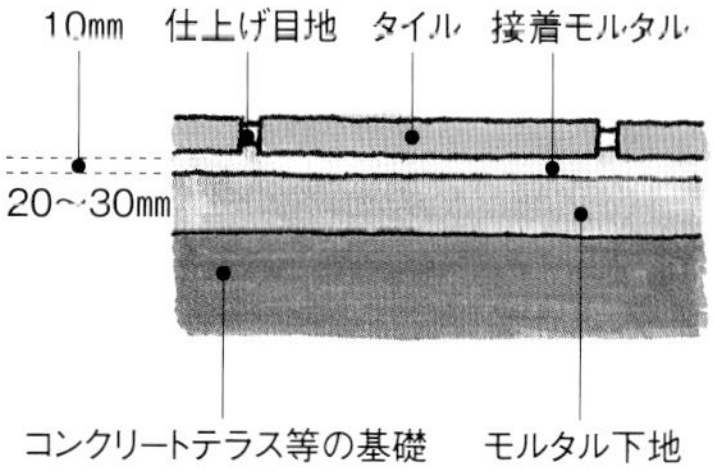
10mm
仕上げ目地
タイル
接着モルタル
20~30mm
コンクリートテラス等の基礎
モルタル下地

Case 5

枕木を設置する

枕木の場合を紹介します。枕木はそのまま1本で使うなら、十分な重さがありますので、モルタルなどで補強せずに設置できます。枕木は深さ100㎜以上埋めるとより安定します。埋め戻す土には水を加え、ドロドロにしたものを突きいれながら固定すると、乾いてから土が締まり安定します。ガーデンのペイビングなら、地面が固い場合、砕石は省略しても大丈夫です。砂は十分な厚さになるようにいれると水平の調節がやりやすいです。

作業の流れ

枕木よりひと回りほど大きい溝を掘る
▼
十分に底を突き固める
▼
砕石を敷き、突き固め、水平を取る*
▼
砂を敷き、水平を取る
▼
枕木を置き、水平を調節する
▼
枕木の周囲を水で練った土で固定する

（*この作業省略可）

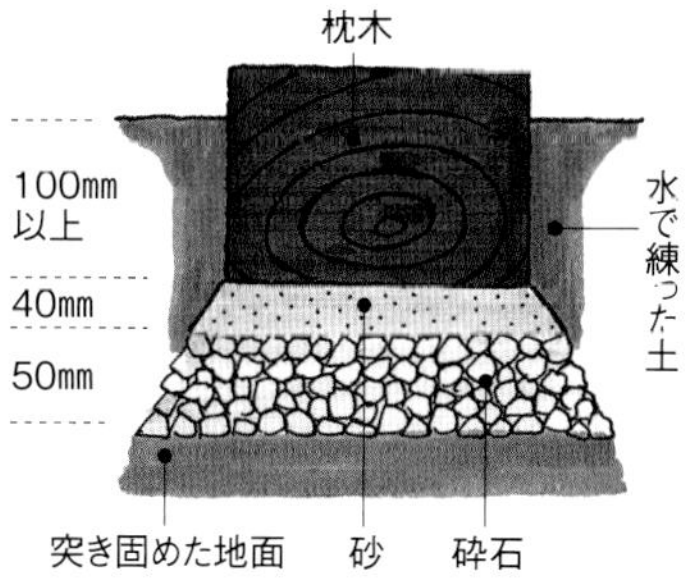
枕木
100mm
以上
40mm
50mm
水で練った土
突き固めた地面
砂
砕石

DIYでガーデンを飾る重要アイテム

レンガワークの基本テクニック

花壇からアプローチ、フェンスなどガーデンエクステリア作りに欠かせないのがレンガを使った作品づくり。モルタルと組み合わせることで、多彩なフォルムを作ることができるレンガワークはエクステリアの花形ともいえます。基本テクニックを身につければ、自分だけのオリジナル作品づくりへ、夢も大きくふくらんでいきます。

必要に応じた形にレンガを加工する

レンガを切る

ディスクグラインダーと平タガネを使ってレンガを切断する

レンガ作品は、積むにしても敷くにしても、作っている間に余分が出てしまうので、これらを加工する必要があります。作品によっては角度切りや斜め切りといった加工も必要になります。

これらの切断はディスクグラインダーにダイヤモンドホイールというレンガ・石材切断用の刃をつけて加工します。ディスクグラインダーには砥石（ホイール）径が１００㎜、１２５㎜、１８０㎜などのモデルがありますが、ＤＩＹなら一般的かつディスクグラインダーの中では安全度の高い１００㎜径ディスクグラインダーを使うのがいいでしょう。多くのプロもレンガ切断には１００㎜径ディスクグラインダーを使っています。１００㎜径のディスクグラインダーはホームセンターでは格安価格で販売されていることも多いので、機会を狙って購入すると安あがりです。ただし非常に危険な工具なので、十分に注意して使用しましょう。

またレンガを使ったエクステリアは、決めた寸法にこだわらず（材の性質上こだわれない）に組み立てたほうがうまくいきます。レンガの切断加工も同様に５㎜程度のずれは全然気にしなくてＯＫ。たとえばレンガ積みの場合、この程度の誤差は目地のモルタルのかさで吸収されてしまうからです。

レンガの切断は左ページの写真のように、鉛筆でレンガに墨つけしたら、取りつけたディスクグラインダーで切り込みを入れ、最後に平タガネを当て、石工ハンマーで叩き割ります。切断作業時は必ず防塵メガネ、ゴーグルを着用しましょう。

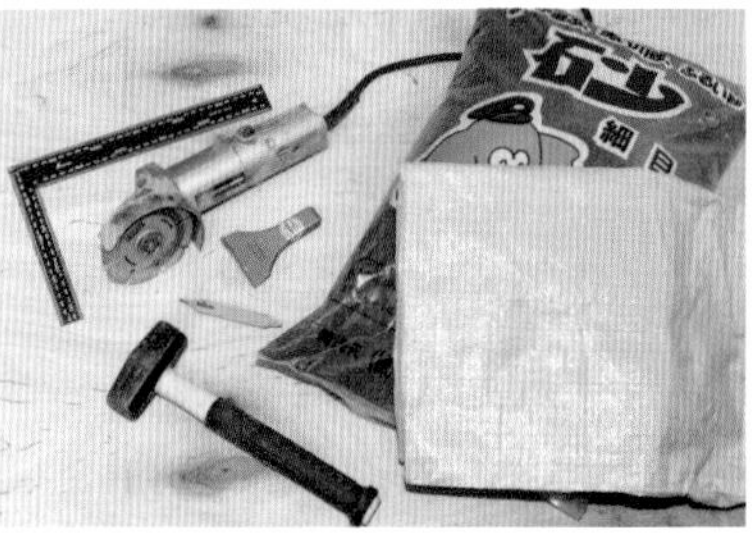

レンガ切りに使う道具一式。右からガラ袋、砂、平タガネ、鉛筆、石工ハンマー、ディスクグラインダー（ダイヤモンドホイールつき）、スコヤ

色違いのレンガを組み合わせてセンスのよい作品を作る。エクステリアの醍醐味だ

ディスクグラインダーの刃の交換

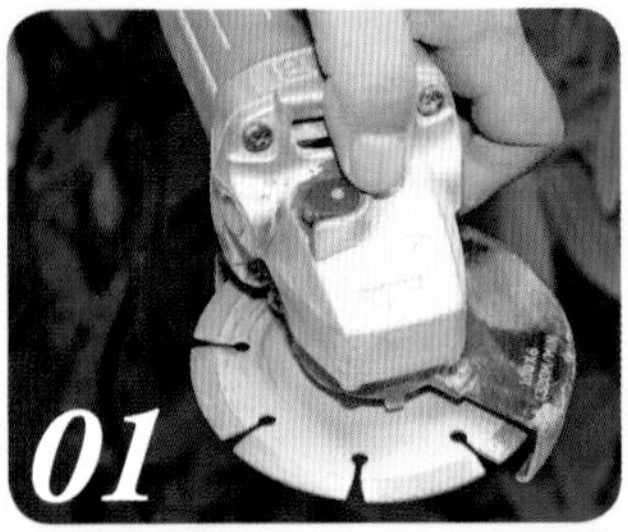

ディスクグラインダーのホイール着脱は、まず親指の位置のスピンドルロックを押し、まわり止めをする

ロックした状態でカニ目スパナをナットにかけてまわし、締め緩めする

ディスクグラインダーでレンガを切る

サシガネやスコヤを使い、鉛筆で正しい墨線を引く

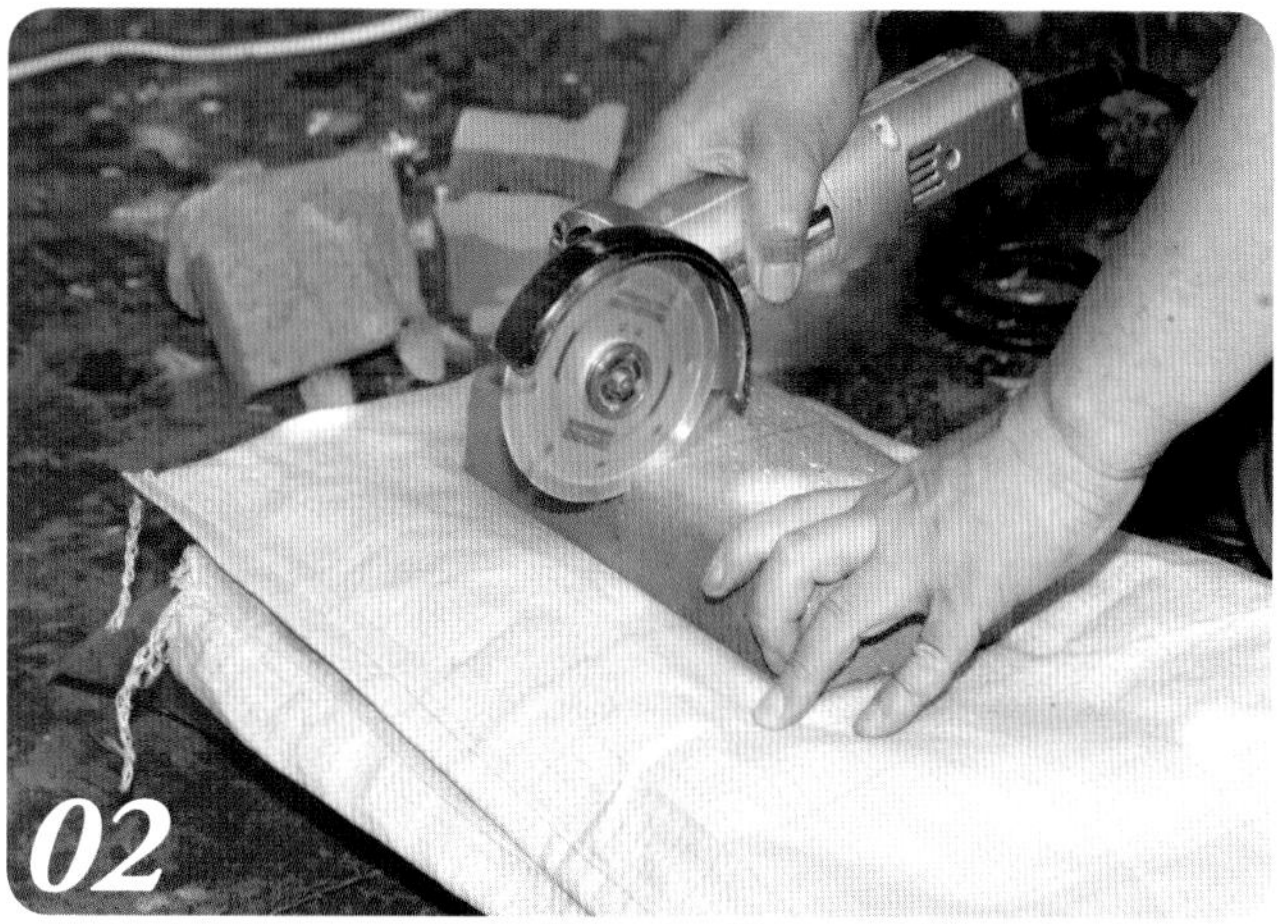

レンガを押さえ、奥から手前に引くように動かして墨線に沿って切断する

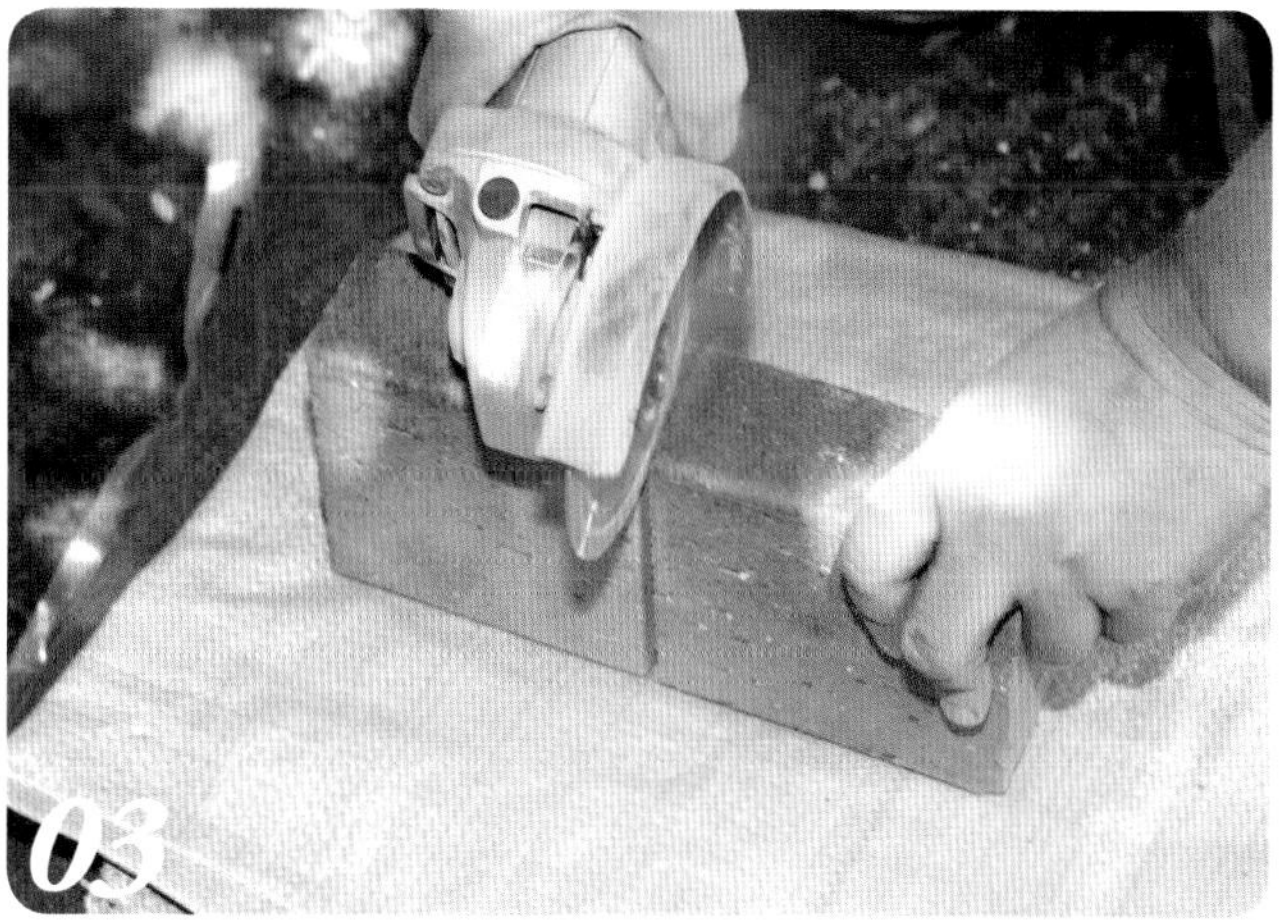

レンガへの切れ目は1面だけでなく、4面すべてに切り込みを入れる

全面に切れ込みを入れた状態。きれいに切れ目を入れておく

砂袋の上にレンガを乗せ、切れ目に平タガネを当てて石工ハンマーで叩く

全面に切り込みを入れておくと、ぱっきりと半分に切ることができる

誰でも簡単にできるDIYの基本テクニック

レンガを敷く

レンガで囲いを作り突きつけて並べる

レンガ敷きのペイビング（舗装）は、単純に地面の上にレンガを敷き並べるだけではレンガが流れたり、沈んだりして、そのうち全体が崩れてしまいます。

そこで、この作例ではレンガ敷きの周囲にエッジングという囲いを作ってレンガ敷きが崩れないように敷いています。

この作品のエッジングは写真のように、レンガを横に立て、モルタル（作り方はP76参照）で固定し、並べたレンガが崩れないようにしています。

作業のポイントは、レンガの寸法の個体差を見こんで、エッジングの内側寸法に余裕を持たせておくこと。写真の作品ではレンガ3列の実寸に余裕を2㎝プラスした幅でエッジングの内側寸法を決めています。

レンガ敷き自体は、もっとも基本的な、レンガ同士を突きつけて並べる砂決めと呼ばれる方法で敷いています。この場合、一見目地がないように見えますが、実際は筋として目地は存在しています。こうした突きつけの目地を眠り目地と呼びます。

砂決めはレンガを並べる基礎に砂を敷き、レンガを並べ終わったら目地のすき間に珪砂《けいさ》を充てんしてレンガを固定する方法です。珪砂の摩擦で、レンガ同士が動かないようにする仕組みなので、珪砂の充てんは忘れないようにしましょう。

エッジングをする

レンガを仮置きして寸法を測る。この寸法にエッジングの寸法を足し、余裕を2cm足す

測定した寸法を元に基礎部分を掘る。完成時のレンガ面が地面と同じになるよう配慮する

完成寸法に切った板を定規にしておくと便利だ。エッジング部分はレンガを立てるので、深さを15cmにしている

基礎のモルタル（厚さ5cm幅10cm）を敷き、その上にエッジングのレンガを並べる

左右のエッジングが水平になるように水平器を使って測りながら作業する。手元には定規の板も置かれ、一定の幅を崩さないようにしている

端の部分もレンガが同じ高さで真っすぐ並んでいるか、水平器を使って確認する

エッジングを並べた状態。ここで縦目地を入れてもいい。今回は最後に目地を入れている

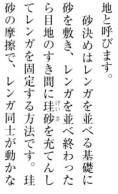

伝統的敷きパターン

ランニングボンド

バスケット

ハーフバスケット

ヘリンボーン

フレンチヘリンボーン

レンガを敷く

レンガ敷きの基礎とクッションの役をする砂をレンガ敷きの下に敷く

レンガを敷いたときにエッジングと敷きレンガの面が同じになるように砂を均等にさばく

敷きレンガを置き、高さを見ながら砂の調整をする

下地の砂に叩き沈める感じでレンガを敷いていく

余った部分は、レンガを切って敷き、上手に調節する

縦目地にモルタルを充てんする。これで崩れにくい強度が得られる

珪砂を目地に充てんする

周囲を元のように埋め戻してできあがり

サーモン色の敷きレンガに、黄色いレンガをエッジングとした作例。エッジのレンガは横に立てて使っている。レンガ敷きはランニングボンドという目地が互い違いになる敷き方

花壇にもフェンスにもなる

レンガを積む

モルタルを毎回均等に同じ分量のせる

ここでは、庭を彩るガラスブロックを組み合わせた少しカーブしたレンガウォールを積んでいきます。ガーデンの隅などに作ると敷地の四角さを緩めることができます。

レンガ積みのポイントは、モルタル（作り方はP76参照）を均等にレンガの上に、毎回同じ分量をのせていくこと。モルタルを毎回同じ分量でのせることができれば、目地の厚さは一定になり、長いレンガの列も高さがずれず、水平も保たれ、傾きません。

カーブは目地幅を調節することで曲げていきます。この作品程度なら、レンガを加工する必要はありませんが、もっときついカーブで積む場合はレンガの端を斜めに加工して曲線にあわせていくといいでしょう。

左右方向の目地はレンガを積むことで自然にできていきますが、縦目地はレンガを積むごとに縦目地分のすき間をあけて並べ、1列レンガを並べるごとに絞り袋（目地バック）を使って縦目地にモルタルを充てんします。またレンガ積みとガラスブロックの高さの差は、モルタルの量で調節します。

敷地内で高さもそれほどないレンガ積みでは、鉄筋を仕込んで積むほどのこともありませんが、やはりこの作品（基礎を含めて7段積み）より背が高くなる作品づくりでは、鉄筋を組み合わせたほうがいいでしょう。

Point

施工前にレンガを湿らすと
モルタルとの密着力アップ

レンガは湿らせることで、モルタルとの接着力を得るので、施工の前にレンガは水に浸けて湿らせてから使うのが鉄則。水を吸わないレンガでも表面を十分濡らしておくことが大切です。

1段目を並べる

およそ10cmの深さで基礎モルタルを敷く溝を掘る。溝幅はレンガ幅の2倍にし、底は突き固めてならしておく

レンガ幅よりひとまわり広く、厚さ5cm目安でモルタルを敷き基礎とする。溝の端には1段目が仮置きされている

モルタル基礎の面が完全に水平になっているか水平器で確認する

基礎の上にレンガを置き水平器で前後左右の水平を取る

それぞれ縦目地の幅1cmをあけて並べた1段目

1段積んだら縦目地にモルタルを充てんする。ここでは目地バッグ（モルタルバッグ）を使っている

片方の目地を埋めたら反対側の縦目地も埋める

最後に真ん中のすき間をモルタルで埋めれば縦目地のできあがり。すべての縦目地はこうして埋める

ガラスブロックを組み合わせながらレンガを積む

01

縦目地を埋めた1段目から積みスタート！

02

2段目以降のレンガ積みでは、写真のようにブロックゴテを使いモルタルを2列になるように置いていく。均等に同じ分量をのせる

03

モルタルを置き終わった状態。すべての段で、モルタルはこのように置く

04

2段目以降も縦目地のあきを取りながら、下の段の縦目地がレンガの中心にくるように積んでいく。常に水平を確認しながら積む。ハンマーの柄でレンガを叩いて、高さと傾きを確認する

05

レンガ積みの途中にガラスブロックを組み合わせる。大きさの差はモルタルで調節して、つじつまをあわせる

06

目地のずれがないようにレンガを加工したり、縦横の目地幅を調節しながらガラスブロックを見た目よく取りつける

07

ふたつめのガラスブロックもバランスよく積んでいく

08

ウォールの端にレンガが飛び出した部分が残るので写真のように板で支えてすき間を残しておく

09

一番上になるレンガを積んでいるところ。水平器はいつも手放さず、測定を繰り返しながら積むことが大切

10

レンガを積み終わったら目地ゴテを使って、目地をならして仕上げる

11

レンガの面にはみ出したり、残ったモルタルは濡らしたスポンジで拭き取る

12

レンガウォールが積み上がって半日ほどしたら、レンガの飛び出しの支えをはずす

13

全体に緩くカーブしたレンガウォールの完成。長さ約1.3m、高さ約50㎝

石やレンガを使った本格ガーデン作りを楽しむ

左官&外構ワークの基本テクニック

モルタルやコンクリートといった左官材料を使った作業ができるようになると、エクステリアの作品づくりは、バリエーションも多彩になり、より楽しくなります。コツをつかんでしまえば、思いのほか簡単なのが左官のテクニック。ぜひ身につけてDIYライフの幅を広げましょう。

DIY左官を支える基本の素材

セメント・モルタルワーク

セメント

DIYの左官作業で中心となるモルタルのベースとなる素材。接着剤の役目をする資材。粉砕した石灰石、粘土、酸化鉄、シリカ、アルミナなどが配合された粉末の材料。水で練って置いておくと化合して硬く固まります。セメントそのものだけでは十分な強度が得られなかったり、かさがないので、ほとんどの場合、砂（骨材と呼ぶ）を混ぜてモルタルとするか、砂とコンクリート用砂利を混ぜてコンクリートとして使用します。セメントだけを水で薄めて練ったものはノロ（トロ）と呼ばれて、すき間や表面の補修に使われます。

多くの種類がありますが、DIYでは普通セメント、ポルトランドセメントが使われます。

基本となる資材が砂とセメント。セメントは袋に普通ポルトランドセメントと明記されたものを選ぶ

セメント、モルタル、コンクリートは使用後すぐに硬化をはじめて道具についてはがれなくなる。道具はすぐその場で水洗いしておくことが重要だ

モルタル

エクステリアのDIY左官で中心となる資材。セメントに砂を混ぜて、よく混ぜ合わせたものに、水を混ぜてよく練ったもの。水を加えないものは空練りモルタルと呼ばれます。

セメントと砂の配合は、セメント1に対して、砂3が一般的。この配合率は重量ではなく、容積ということに注意。つまり1対3の比率は、セメント1kg対砂3kgではなく、セメントをバケツ1杯対砂をバケツ3杯というように混ぜることです。

セメントと砂を混ぜて、水を加えてよく練ったモルタルは、それ自体を構造物の資材として使ったり、レンガ積みや石積み、ブロック積みの基礎、目地、柱やエクステリア作品の基礎、土間やたたきなど広範囲に活用できます。空練りはレンガ敷きや乱張り石の目地にまき、目地として利用されます。

使用箇所によって水の量を加減することでモルタルの硬さを調整することも、現場の判断で適宜コントロールすることもできます。

モルタルは需要が多いので、セメントと砂を配合して、あとは水を加えるだけという製品がホームセンターなどで市販されています。

コンクリート

強固な構造の代名詞にもなっているコンクリートは、セメントと砂にさらに砂利を混ぜたもの、配合の比率はセメント1、砂3、砂利6の比率です。モルタルに比べてセメントの比率が少なく見えるかもしれませんが、あくまでもセメントは接着剤としての役割で、砂と混ざり砂利と砂利のすき間を埋め、全体を固めてコンクリートになるのです。

コンクリートは建築用資材として鉄筋と組み合わせて使われることが多く、DIYでは大掛かりな施工で使われる程度です。

補助的な資材

モルタルを主体とするエクステリアでは、作品の強度を増したり、自由な造形を作るために、鉄筋、ワイヤーメッシュ、金網、それらを束ねる番線（1㎜なまし線）などが使われます。

鉄筋は表面に凸凹のリブがついた異形（異型）鉄筋と呼ばれるもので、10㎜径から20㎜径以上まで色々な種類がありますが、エクステリアのDIYではもっぱら10㎜径か13㎜径のものが使用されます。軽量なレンガ積みで10㎜径、大型のブロック積みで13㎜径といったような使い分けです。

ワイヤーメッシュは3㎜径程度の鉄棒を15㎝程度の間隔で格子状に組んだもので、カーポートなどを作るとき車の重みで土間が割れないように、コンクリート敷きの内部に包み込まれるように設置されます。

金網は鳥小屋に使われるより太い1～2㎜径の金網を色々な形に加工して骨組みにかぶせ、ちょうど張りぼてのようにして装飾的構造の下地として使ったりします。

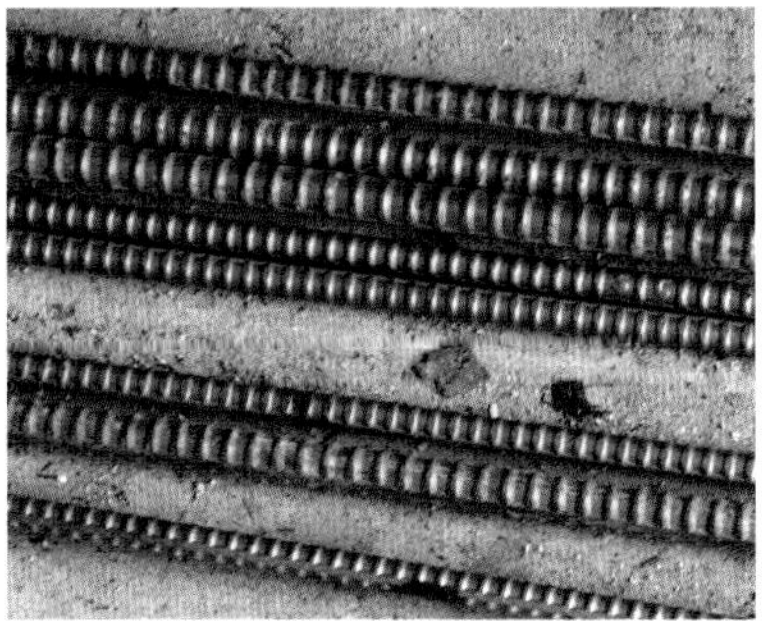
表面にリブのついた異型鉄筋。太いものが13㎜径、細い方が10㎜径

モルタルの作り方

セメントと砂をかき混ぜる、トロ箱（トロフネ）、レンガコテ、混ぜクワなどを用意する

トロ箱（トロフネ）にセメント1、砂3の容積比率で入れ、よく混ぜ合わせる

セメントと砂が完全に混ざるまで丹念に混ぜることが大切

全体の3割程度の水を混ぜる。全部一度に混ぜず、少しずつ水を足しながら混ぜる

ここではクワに持ち替えて、ていねいに混ぜる。だまなどできないように、様子をよく見ながら混ぜる

一度に使う量が多くなるような場合や、コンクリートのように骨材が増える場合、大きなトロフネを使用する

モルタル・コンクリートの配合例 ※少しずつ水を足しながら混ぜる

	セメント	砂	砂利
コンクリート	1	3	6
モルタル	1	3	不要
目地モルタル	1	2	不要
セメントペースト（ノロ）	1	不要	不要

左官道具の基本 コテの選び方

適材適所でコテを使い分ける

基本的なコテ選び

セメントやモルタルを使いこなすために欠かせない道具がコテ。左官を象徴する道具です。

細かく見ていけば数百に分類できるというコテですが、なにごとにも基本になるものはあり、庭づくりのDIYでは、基本的なコテを自分の作業にあわせてそろえておけばいいでしょう。

積み作業のコテを選ぶ

まず、塗りと積み、それに敷きではコテのセットアップが少しずつ違ってきます。レンガやブロックを積むならまずブロックゴテ、レンガゴテ、目地ゴテ、それにモルタルなど材料を入れておく小型のトロ箱が必要になります。これらコテはそれぞれ大中小があるので、はじめは使いやすい大きさを選べばいいでしょう。コテのサイズは大きくなるほどアマチュアにはさばきにくくなります。

ブロックゴテは直角三角形状のコテ刃をした道具で、ブロックやレンガを積むとき、モルタルを帯状にすくいとって、レンガ、ブロックの上に並べていくのに適しています。レンガゴテはハート型をしたコテで、すくったり、運んだり、広い平面をならすのに最適です。目地ゴテは目地をならすための専用コテで、色々ある幅から必要な幅のコテを選べばいいでしょう。

ブロックゴテならトロ箱の壁を使って一定量のモルタルをさばくことができる

目地ゴテは目地に沿わせて、目地をならすためだけのコテだ

レンガゴテ

ハート型が特徴的なレンガゴテ。モルタルをすくって運ぶのに適している

小型のブロックゴテ

先端でひっかいたり、ほじったりという場面に便利

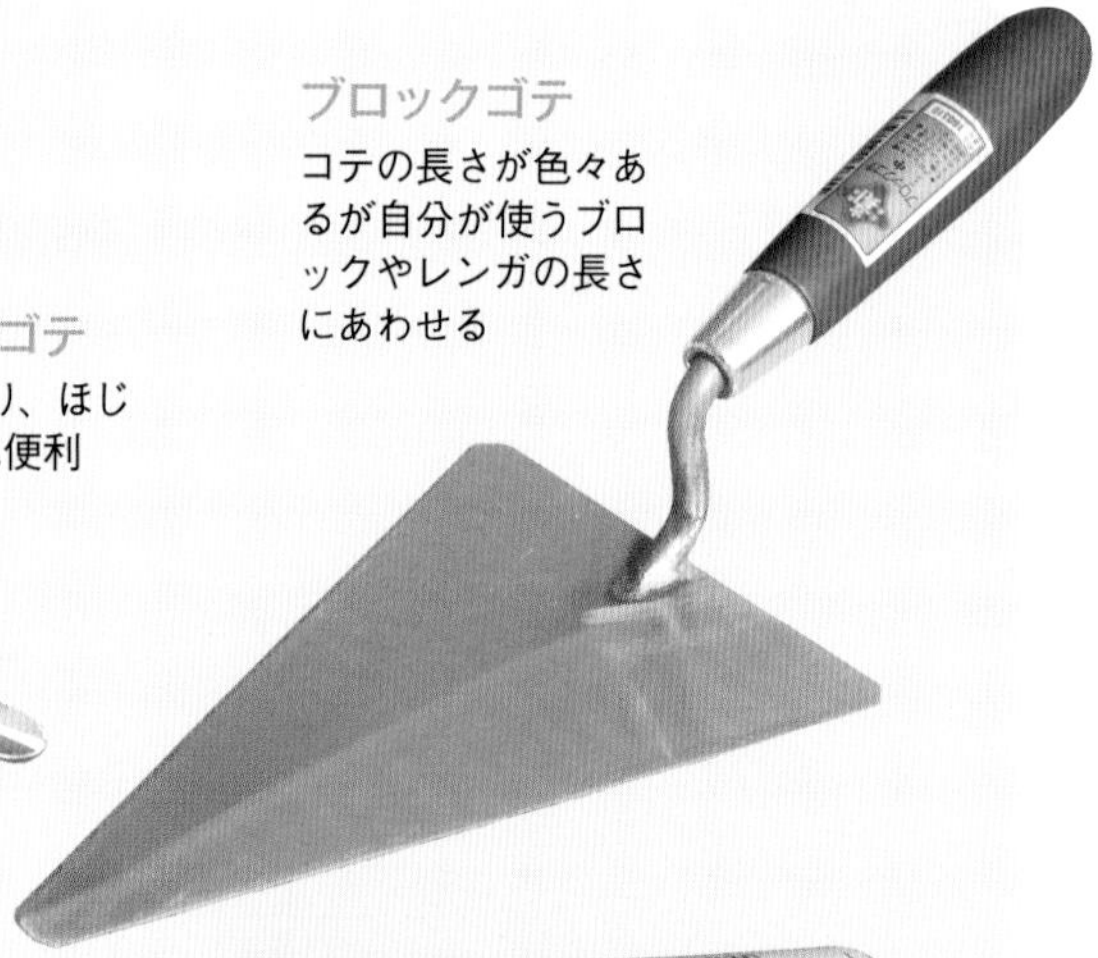

ブロックゴテ

コテの長さが色々あるが自分が使うブロックやレンガの長さにあわせる

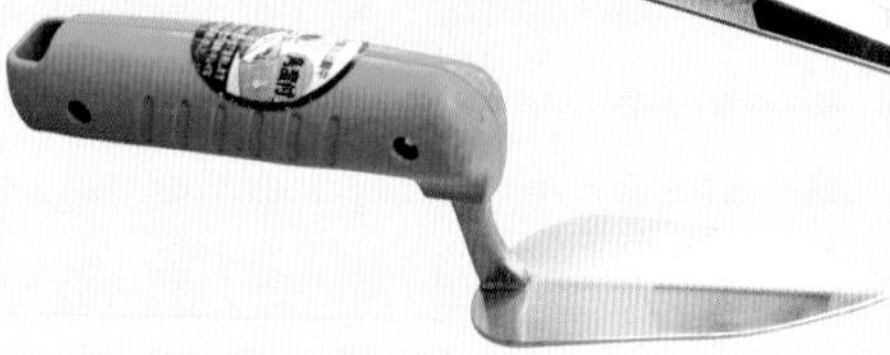

小型のレンガゴテ

小型のコテはあれば何かと役立つ

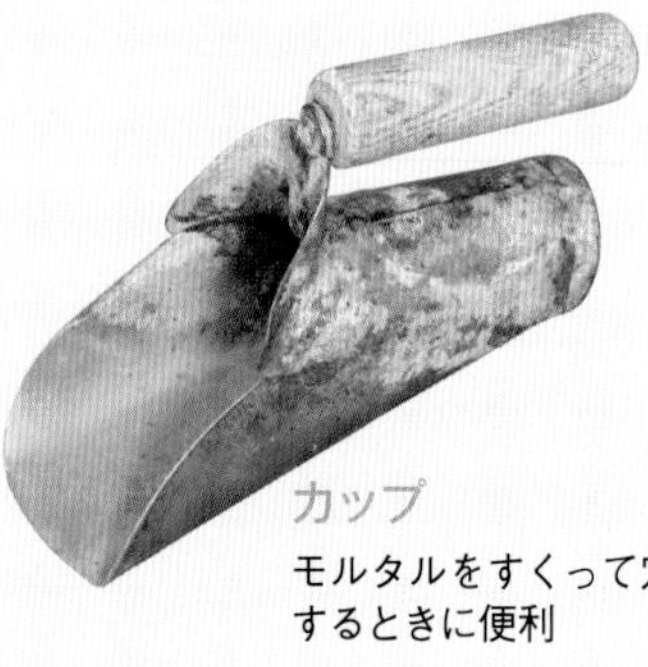

カップ

モルタルをすくって穴に注入するときに便利

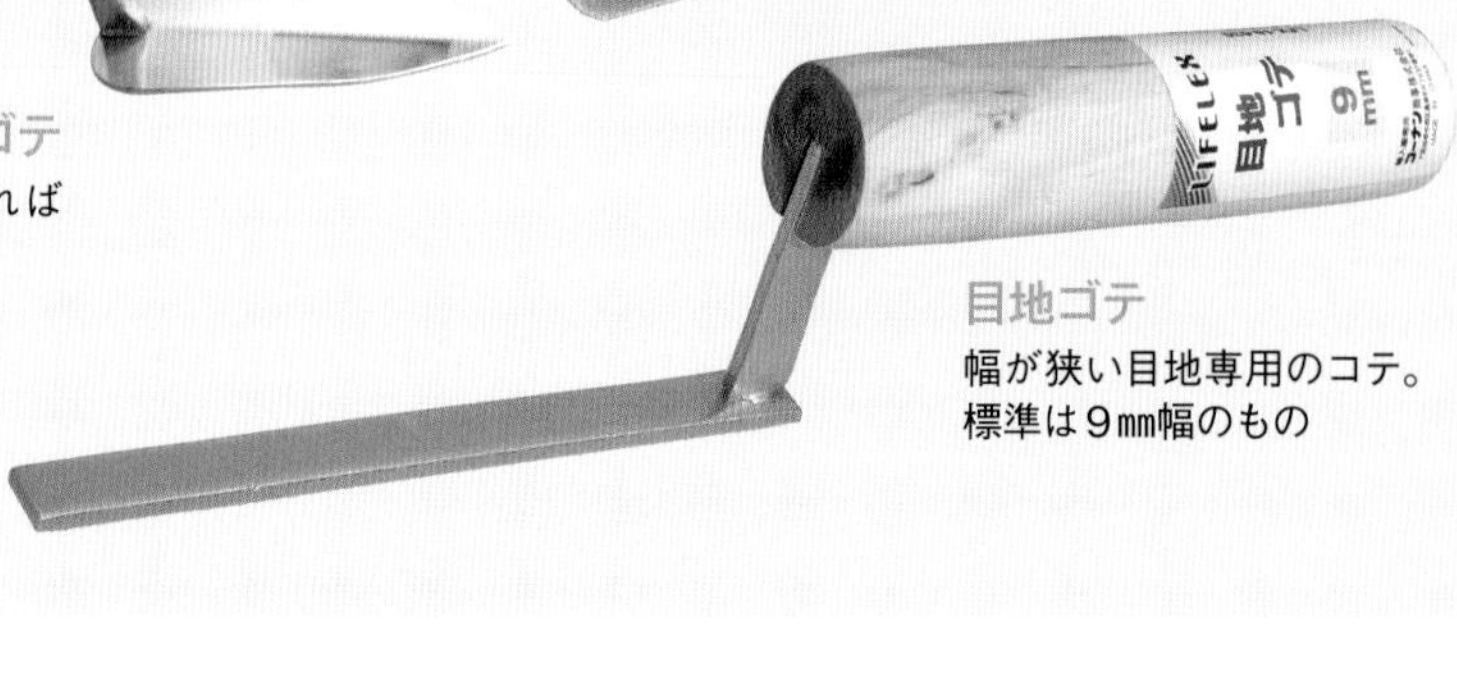

目地ゴテ

幅が狭い目地専用のコテ。標準は9㎜幅のもの

塗り作業のコテを選ぶ

壁を塗るなら塗りゴテとコテ板の組み合わせになります。塗りゴテはコテの中でも一番種類が多いもので、こだわる職人は特別に鍛冶屋であつらえるほどのもの。ＤＩＹで使う塗りゴテは中塗りゴテという、まさに基本的なコテです。

塗りゴテは大きさ（長さ）と同時にしなり具合も硬軟があります。上級者ほど軟らかいコテを選びますが、軟らかいコテは鏡のように仕上げるしっくい壁の塗り作業で威力を発揮するものの、ラフな感じを狙うエクステリアではかえって使いにくいかもしれません。

コテ板に乗せたモルタルを上から押さえつつすくい、すばやく手首を返してコテに乗せる。経験が必要になるテクニックだ

塗りのコテさばきは進行方向を少し持ち上げ、コテの反対側は塗り厚さで押さえて進める。（写真のコテは右から左下に進行中）

ＤＩＹで左官壁塗りの中心的コテが中塗りゴテ

塗り作業は塗りゴテとコテ板がセット

敷き作業のコテを選ぶ

ペイビングのための基礎を作ったり、レンガ敷きでは、地面をならしたり、掘ったり、削ったりするコテが必要になります。

地面をならすなら、ナラシゴテを使います。このコテは大きめが使いやすく、溝幅など寸法に切った板もナラシゴテと同様に使えて、けっこう便利なものです。

広い範囲にコンクリートを流したときは、上から軽く押して平らにする金網状のコテも使います。

敷き作業で必要なコテ類は、積む作業で、地面に基礎を作る場合にも必要になります。

ちなみにスコップで基礎の範囲を掘ったあと、細かな部分を削り整えるには、ネジリガマという小型のクワのような道具が便利です。

樹脂製のナラシゴテはモルタルをならし広げる作業でも活躍する

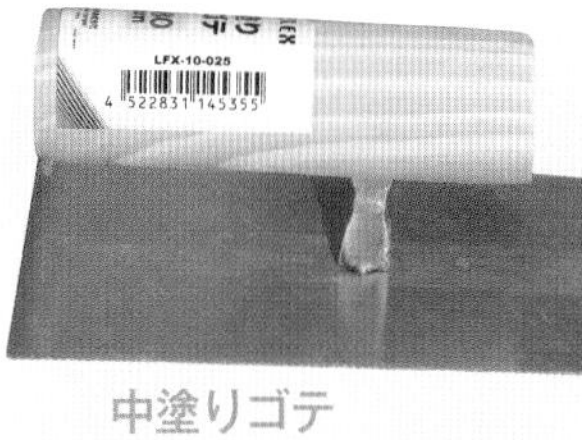
中塗りゴテ
DIYで基本的なコテ。大きさ（長さ）やしなり具合に硬軟がある

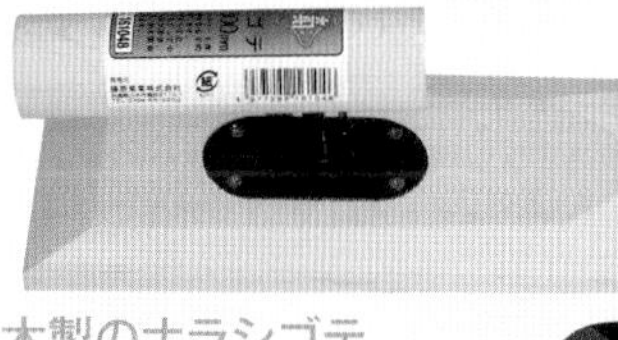
木製のナラシゴテ
地面や基礎の底などのならしで使用されることが多い

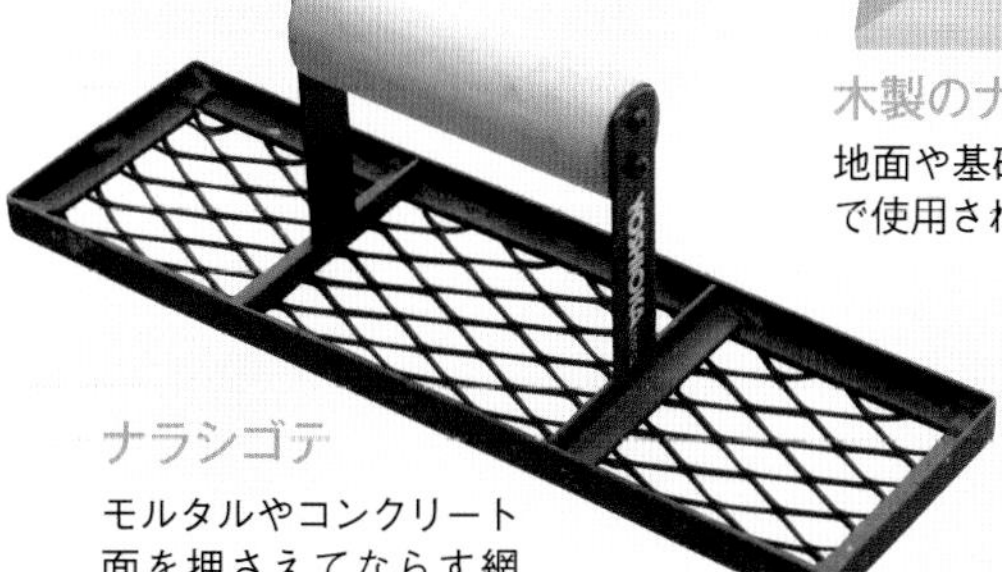
ナラシゴテ
モルタルやコンクリート面を押さえてならす網状のコテ

ネジリガマ
地面を細かく成形するときにとても重宝する

レンガ、枕木の敷き方もわかる！

乱張りストーンを使った
アプローチを作る

四角いレンガと異なり、乱張りストーンは形がふぞろいなため、目地をそろえる苦労はありません。しかし、効率のよい並べ方を考えるのがポイントになります。レンガ敷きの復習とともに、ポイントをつかんで乱張りストーンを敷いたおしゃれな庭を作りましょう。

使用する材料

古耐火レンガ、乱張りストーン、古枕木、砕石、砂、セメントなど

主な使用道具

ディスクグラインダー、電動チェンソー（丸ノコ）、ハンマー、ゴムハンマー、ブロックゴテ、木ゴテ、シャベル、移植ゴテ、クワ、スポンジ、バケツ、トロフネ、水平器、メジャー、水糸

作業ごとに水平を確認する

乱張りストーンが主体のアプローチをペイビングで作ります。家の玄関から門扉に向かうスペースで長さにして約5・2m、幅は広いところで約3mです。

乱張りストーンのほか、枕木を組み合わせ、ペイビングの片側はレンガをモルタルで固定して並べ、エッジングします。

まず、整地を行ない、基礎面を作ります。基礎は、施工場所の地面がかなり固く、車が上に載ることもないため、基礎や敷材などの各厚みの合計7cm程度を掘り込みました。

基礎面が完成したら、レンガのエッジング作り、枕木の埋め込みを行ない、乱張りストーンを張っていきます。乱張りストーンは、ばらばらの形状で厚みも微妙に違っているので、モルタルで接着する前に仮置きしました。

うまくまとまったところで、基礎作業の開始。まず、平らな下地をモルタルで作り、その下に接着用のモルタルで乱張りストーンを張っていきます。モルタルがやわらかいうちに石板を押さえつけ、微妙な高さはプラスチックハンマーなどで軽く叩き、水平に修正します。

最後に、目地をきれいに埋めます。この作品では、目地にはモルタルを使います。目地の線は直線になったり、十字のように交差したりしないように注意します。

これで、乱張りストーンのアプローチの完成。工程ごとに水平をチェックするのが重要な作業になってきますが、目地の処理などは比較的ラフでかまいません。

Step 1　予定地を測量して プランニング&基礎作り

玄関ポーチに完成時の基準線をマーク。写真左手に向かってわずかな勾配をつけ、同手前側に向かって水糸を張る

プランに沿ってアプローチのラインにマーキングして（写真中央の赤い糸）、予定地を掘り下げる

掘った地面をならしたら、水平を見ながら深さを確認した。この作品では、水糸から17cm下まで掘り下げることになっている

整地作業でずれる可能性があるので、もう一度水糸の水平を確認しておく

Step 2　レンガのエッジングを作る

数や色味の組み合わせ加工の有無などを判断するため、マーキングしたラインにあわせてレンガを仮置きする

仮置きしたラインにあわせてモルタルを敷く。ここで、1本のラインにしておくと丈夫なエッジングになる

水糸から10cm下ができあがりのラインなので、レンガの高さを確認しながらレンガを並べていく。レンガはあらかじめ水に浸しておくと密着性が高くなる

目地を埋めたら、最後にレンガの表面を拭く

Step 3

枕木の設置

01

枕木の位置を決めて、予定地を枕木の厚みよりやや深めに掘っていく

02

枕木の溝に砂を敷き、平らにならす。この後、枕木を置く前に水平を確認するといい

03

枕木を設置する。エッジングのレンガと高さがそろっているかも見ておく

04

水を混ぜた土で埋め戻して、よく突き固める

Step 4

乱張りストーンを張る

乱張りストーン敷設の要領

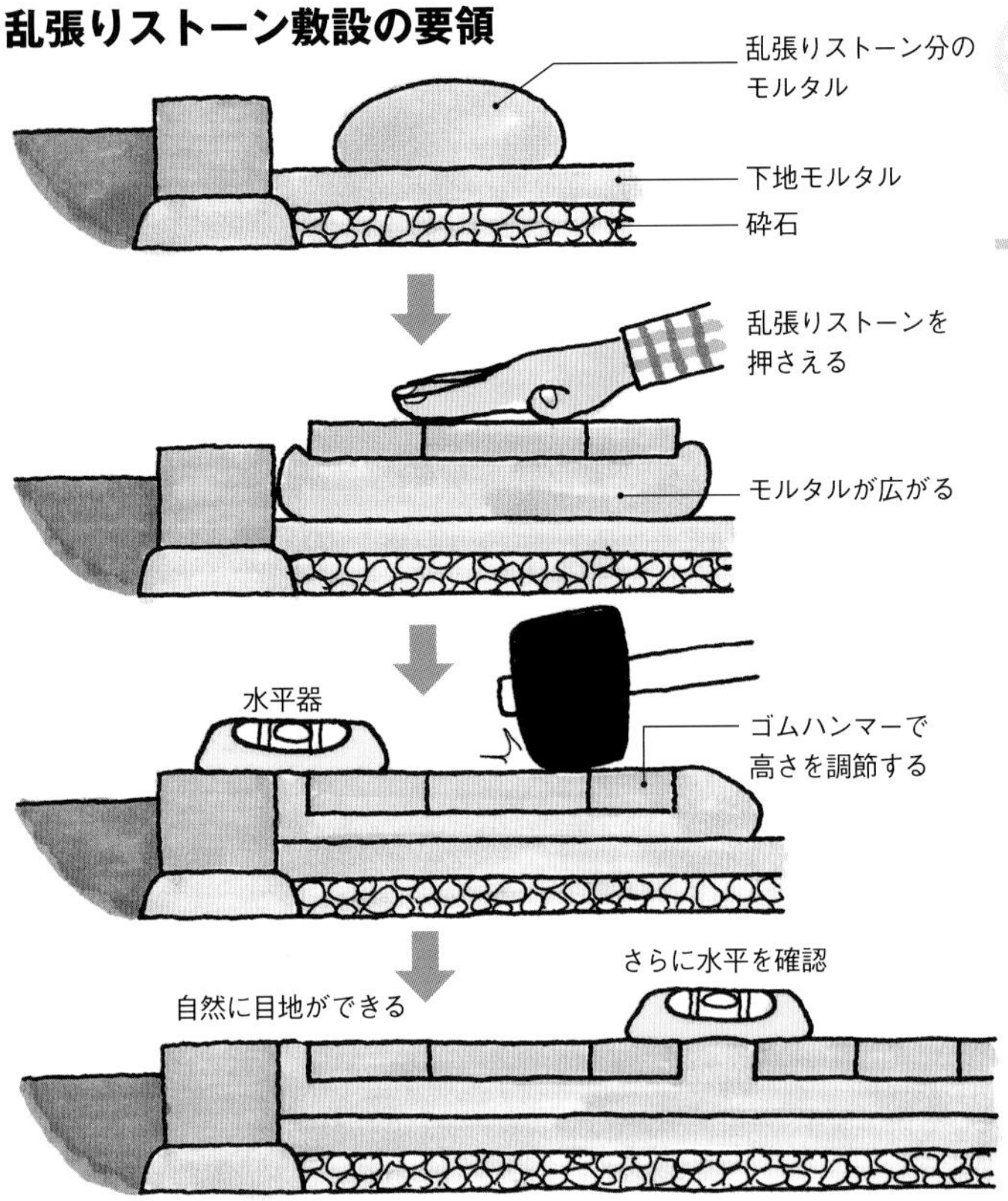
乱張りストーン分のモルタル
下地モルタル
砕石
乱張りストーンを押さえる
モルタルが広がる
水平器
ゴムハンマーで高さを調節する
さらに水平を確認
自然に目地ができる

Point

乱張り用の石をナチュラルにカットする方法

乱張り用の石も、レンガと同様にディスクグラインダーでカットできます。ただ、できるだけ乱張りの雰囲気を失わないように、切り口を自然な感じにするならば、石の裏に鉄材を当てて、石割り用のハンマーで叩き割るといいでしょう。

乱張りの鉄則は三つ又

美しい乱張りに仕上げるコツは、目地を十字にしないことです。必ずＴ字やＹ字などの三つ又になるように意識して並べば、違和感のない仕上がりになります。

01
砕石をまいてよくならし、よく突き固める

02
乱張りストーンを仮置きしてみる

03
小さいエリアから作業をはじめていく。下地のモルタルは、厚さ2㎝程度になるように敷く

04
接着用のモルタルを置き、乱張りストーンを張っていく。軽く叩いて高さや傾きを調整して、水平を確認する

5 目地を埋めて仕上げる

01
モルタルを乱張りストーンの表面と同じ高さになるように、目地に詰めていく

02
余分なモルタルをスポンジで拭き取る。水の入ったバケツを用意して、こまめにスポンジを洗いながら進めていく

03
エッジングしていない側は、コテではみ出したモルタルを切り取り、土をかければOK

04
最後に、ポーチと接する目地のラインを真っすぐに整える

完成！
05
乱張りストーンのアプローチが完成した。枕木がアクセントになり、おしゃれな雰囲気に仕上がっている

BRICK WORK WATCHING

レンガ敷き＆積みで作る 立水栓 ウォッチング

レンガを敷いたり、並べたり、積んだりすることで、立水栓がおしゃれに生まれ変わります。

花台兼用の円筒形立水栓

水栓の立ち上がりはレンガを円筒形に積み上げ、花台としても使えるようになっています。洗い場は乱張りストーンで化粧してあります。思いきって目地を広くとってあるのもポイント。

ウォールに仕込まれた背の高い立水栓

レンガ積みのウォールに蛇口(ウサギ)を取りつけ、周囲を枕木で囲んだ立水栓。腰をかがめずに水を使うことができる高さまで蛇口を上げて、使い勝手もよさそうです。

レンガウォール風立水栓

アンティークレンガをウォール風に立ち上げ、洗い場は乱張りストーンで化粧してある。アンティークレンガを使うなら、目地幅を広く取り、比較的ラフに仕上げたほうが味が出ていい。

玄関前のおしゃれな水場

玄関前のテラス脇に作られたおしゃれな立水栓。洗い場の縁取りは、シンボルツリーの根もとのエッジにS状に連続していて、実にナチュラル。立水栓そのものも花台として使えます。

レンガと乱張りストーンのコンビネーション立水栓

隣家との境のブロックフェンスを背に立ち上げた立水栓。乱張りストーンの敷石やレンガウォールとの相性も素晴らしい。蛇口から出た水がはねないように置かれた、玉砂利の水受けもグッドアイデアです。

目地をラフに仕上げた野外水栓

アンティークレンガを積んだ重厚なフェンスの一部を、野外水栓として利用した例。重厚な風合いを生かすために、目地は広く、ラフに仕上げ、真ちゅうのうさぎ型蛇口も効果的です。

ウッドワークで居心地のいい庭を作る

庭に、リビングから続くウッドデッキやウッドフェンスを設えることで、そこは、木の香りに包まれた空間になります。

ウッドフェンス、ガーデン収納棚、ガーデン物置、ウッドデッキの作り方を紹介します。

1ウッドデッキだけでなくフェンス、パーゴラも魅力的　2ウッドデッキからシンボルツリーが登場　3ウッドフェンスでセパレートしている　4ウッドデッキ、ベンチ、パーゴラが一体になった　5ウエスタンレッドシダーの2×材で作ったウッドデッキ　6ウッドデッキとフェンスを白で統一　7ウッドデッキの下には野外囲炉裏が隠されている　8ウッドデッキのパーゴラ（藤棚）にシェードもついている　9ラティスがウッドフェンスのポイントになっている

ウッドワーク① 木工、土木、塗装の基本テクニックで作れる

ウッドフェンス

**ピーターラビットがひょっこり顔を出しそうな
英国風の白いガーデンフェンス。
1×4材の柵板のフェンストップは伝統的なジンジャーボードデザインを採用。
ガーデンの仕切りや駐車場の境界線をおしゃれにしてくれる作品です。**

DIYの基本テクニックで作ることができる真っ白なフェンス

1 フェンスの基礎を作る

木取りや墨つけを正確にこなすのが大切

フェンスやゲートといった広い面で組み立てられる作品は、想像以上に風の影響を受けるので、しっかりした基礎の設置が最初のポイントになります。ここでは4×4材を差し込めるタイプの束石を使用。長さは450㎜のものを埋めれば、がっちりとした基礎になります。

フェンスはジンジャーボードというデザインを採用。厚さ4㎜程の合板にフェンストップのデザインを実寸で書いて切り抜き、型紙を作ります。この型紙から1×4材に1枚ずつデザインを移し、ジグソーで切り抜いていきます。

骨組みは、支柱の間に2×4材の横木を渡して、しっかりつなぎます。上の横木と下の横木が水平になるように取りつけます。下の横木はビスで固定せず、支柱側に深さ10㎜の溝を掘り込み、2×4材を差し込んで支えています。

骨組みができたら、デザインどおりに50㎜間隔をあけ、柵板を張っていきましょう。横木に正確に墨つけをしておけば、仕上がりがきれいになります。

また、柵板の下端をそろえるため、一枚柵板を張り、位置を決めたら、長い角材などを利用しガイド板を取りつけます。あとは柵板の下端をガイドにあわせて張っていけばOK。きれいなフェンスが完成します。

木取り表

材の種類	長さ	数量
1×4	740～950㎜	29（柵板）
2×4	4010㎜	1（上横木）
2×4	1890㎜	2（下横木）
4×4	880㎜	3（支柱）

使用する材料

1×4材、2×4材、4×4材、コンクリート束石（3本）、モルタル、塗料

主な使用道具

ドライバードリル（インパクトドライバー）、丸ノコ、ジグソー、ノミ、カンナ、カナヅチ、ヤスリ、シャベル、水平器、水盛り缶、水糸、サシガネ、スコヤ、メジャーなど

基礎の構造

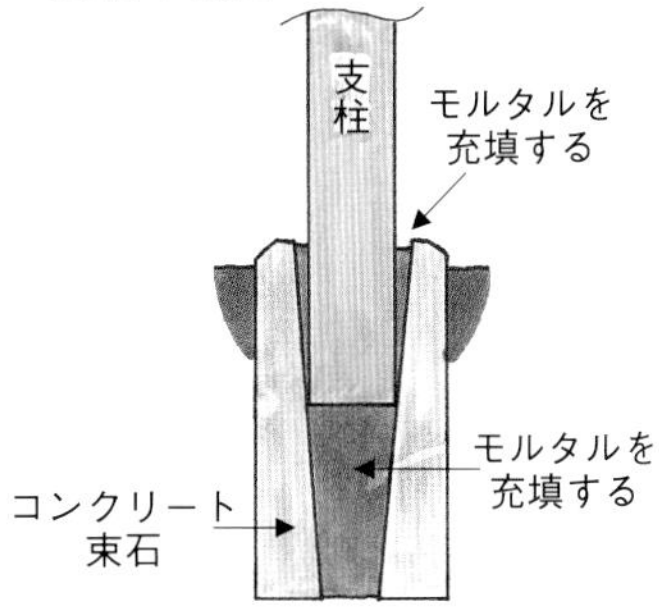
支柱
モルタルを充填する
モルタルを充填する
コンクリート束石

フェンスの構造

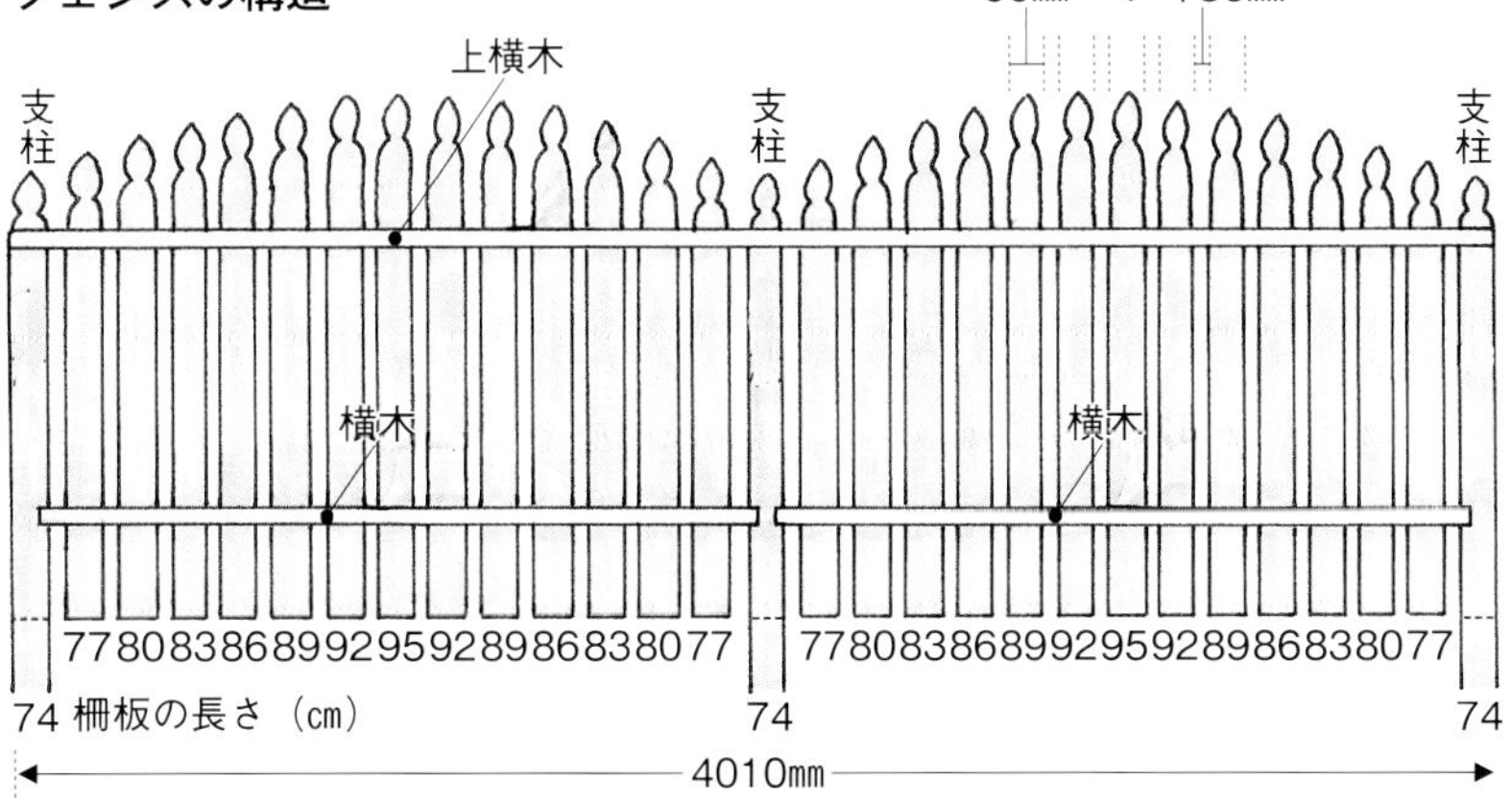
90㎜
アキ50㎜
上横木
支柱
支柱
支柱
横木
横木
77808386899295928986838077
77808386899295928986838077
74 柵板の長さ（cm）
74
74
4010㎜

01

基準となる水糸にあわせて基礎を真っすぐに配置する。束石は地面から5cm程度出るようにすると、泥はねの防止になる

02

束石の穴にモルタルを充てんして、支柱が土中の湿気にさらされないようにする。モルタルで底を塞ぐことにより、支柱が腐ることを防ぐのだ

Step
2
フェンスの柵板を加工する

フェンストップの型紙を手ごろな合板で作り、柵板にデザインを写していく。今回はジンジャーボードのデザインを採用した

フェンストップのデザインはジクソーで切り抜く。単純だが、大量の切り抜き作業になるので根気がいる

切り抜きが終わったら、組み立てる前に材を塗装する。写真のようにまとめて塗装すれば簡単だ

Step
3
フェンスの骨組みを組み立てる

支柱に下の横木を差し込む溝を掘る。幅は40㎜、深さは10㎜に設定した。墨つけしたら、ノコギリで溝幅に2本、切り込みを入れる

2本の線の間にノミを当て、溝部分を欠き取る。欠き取った溝の底は、ノミできれいに整える。支柱はこの段階で塗装しておくと作業が楽になる

支柱となる4×4材の高さは880㎜。これは基礎にはまる部分の長さも含まれる

基礎に塗装した支柱を差し込み、垂直を確認したら、柱のまわりのすき間にモルタルを流して固定する

柱同士を横木でつなぐ。まず下に入れる2×4材の横木を、掘っておいた溝にはめて固定する

上に渡す横木は長さ4010㎜、14フィートの2×4材をほぼ1本分使う長さになる

4 柵板の取りつけと仕上げ

柵板を均等に張っていくため、上下の横木に薄くかつ正確に割りつけの墨つけをしておく

柵板の下端をそろえて張るためのガイド板を準備する。柵板の下端が乗っている角材がガイドだ

ガイドは長く真っすぐな角材を使う。写真のように仮留めし、柵板を張り終えたら取りはずせるようにしておく

ひととおりビスを打ち終えたら、ビスの頭を隠すように塗装すると仕上がりがきれいになる

完成したガーデンフェンス。英国ガーデンを思わせるデザインがかわいらしい

Point フェンスのメンテナンス法

フェンスなどガーデンに置かれる木部の塗装部分は２～３年すると、だいぶ傷みが見えてきます。そこで、最低３年を目処に塗り直しましょう。塗り直しに使う塗料は、はじめに塗ったものと同じ色か、濃いものを選ぶのが原則です。水性塗料なのか、油性塗料なのかも含め、メモなどに記録しておきましょう。

塗料が浮いたり剥げかかっている部分の塗料をサンダー（電動カンナ）などできれいに研磨して塗料の粉を拭き取ってから再塗装します。

塗装が地面に落ちないように、フェンスの下にはシートを広げて作業する

電動サンダーは木ネジ頭のサビまできれいに研磨してくれる

スポンジ状のヤスリは、カーブや入り組んだ部分を研磨しやすい

FENCE&GATES WATCHING

フェンス&ゲート ウォッチング

庭を彩るときポイントになるのがフェンスとゲート。
気候風土によってもその趣は異なります。
そこで、国内外のフェンス&ゲートを紹介しましょう。

グリーンのウッドフェンス

ブロック積みの白いポストとグリーンのウッドフェンスの組み合わせ（オーストラリア）

グリーンと白が美しい

グリーンポストに白いフェンスの対照が美しい、典型的なウッドフェンス（オーストラリア）

ルーバー利用の目隠しベンチ

枕木を支柱＆基礎とし、２枚のルーバーを金具で挟んだ。これを外からの目隠しとしています

デザインがおしゃれなゲート

ゲートのデザインに注目。レンガの門柱との相性もいい（オーストラリア）

編み込みフェンス

丸太の支柱を立て、横板（１×４材）を交互に挟みこんだ編み込みフェンス。フェンスにリズムが生まれるアイデア

斜め張りのウッドフェンス

ウエスタンレッドシダーの1×4材を無塗装のまま斜めに張り巡らせた。経年変化によって灰色に変わっていく楽しみもあります。木とグリーンと花の相性がいい

枕木フェンス

ふぞろいに立てられた枕木の上にプランターが並べられ、植栽を楽しむことができます

レンガ花壇を組み合わせたウッドフェンス

シンプルなウッドフェンスですが、トップを丸く加工し、緩い曲線に並べ、さらにレンガで縁取りされた花壇が組み合わさっています

典型的なクロスフェンス

背が低く、平屋の家とよくあっているクロスフェンス。出入口のガーデンライトとのバランスもいい（ニュージーランド）

フェンスの形に注目

上・シンプルなデザインですが、ポストヘッドをフェンストップと同じデザインにしています（アメリカ）

下・遊び心が感じられる放射線状デザインのウッドフェンス（ニュージーランド）

ウッドワーク②

ガーデン収納棚

ガーデニング小物をまとめて整理する

庭の隅、軒下などに置くのにぴったりな収納棚。特別な継ぎ手はいっさい使わず、突き合わせのみの加工。大きさは材の幅に合わせることで、材を割く必要がなく簡単にできます。

主な材料
ＳＰＦ材／１×４材、１×６材、２×３（38×63㎜）材、1×２（18×38㎜）材、木ネジ（40㎜、65㎜）

主な使用道具
スライド丸ノコ、ジグソー、メジャー、ドライバードリルなど

スペースに合わせて1×6材と1×4材を選択する

ガーデニングをしているとスコップやジョウロ、バケツやホウキといった道具類や、大小の植木鉢などがどんどん増えてきて置き場に困ります。

そこで道具を整理して収納し、庭をすっきりと見せるアイテム、ガーデン収納箱を作りましょう。

高さは１１００㎜と小柄な女性でも出し入れが簡単にできるサイズ。棚はメインが3段で一番上に奥行きが少し狭い棚をつけて、計4段にしました。

棚板は作りが簡単になるように固定式を採用し、同じ理由から部材の接続もホゾ組みなどの継ぎ手加工を一切加えない、突き合わせにしました。

材料はＳＰＦ材。４本の脚には２×３（38×63㎜）材を使用し、奥行きは１×６材2枚分とするなど、長さ以外は材を切断せずに組み立てられるように設計しました。

ベランダなどスペースが十分にないという場合は、棚板の１枚もしくは両方を１×４材にするなどしてカスタマイズしてもＯＫです。

1 木取りと側板の組み立て

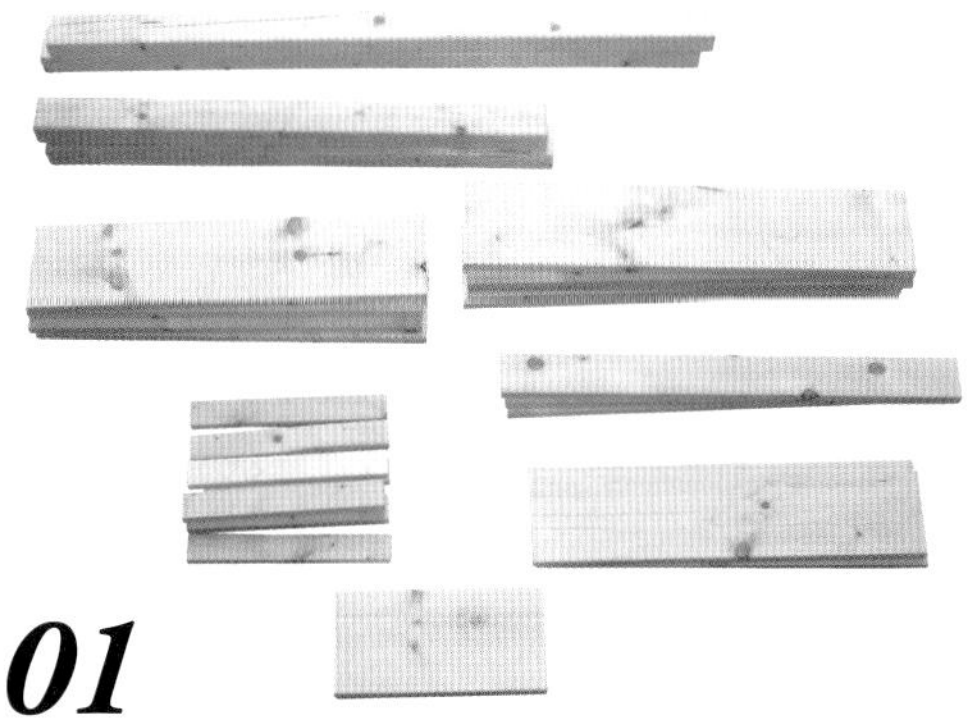

01
全部で8種類に切り分けられた材（P96イラスト参照）

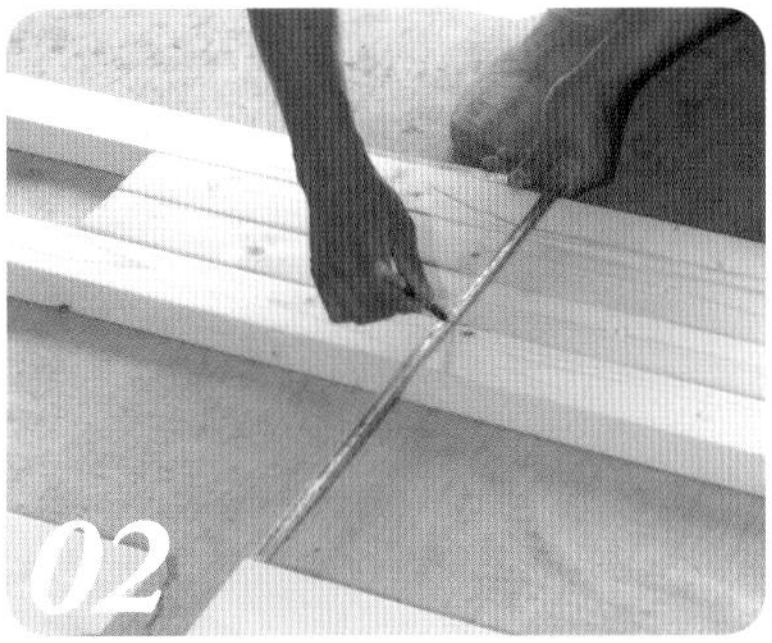

02
脚になる4本の材を並べて棚板を支える横木の位置を墨つけする。高さがバラバラにならないように下をしっかりとそろえておく

03
木ネジで横木を取りつけていく。左右で取りつける側が逆になるので間違えないようにする

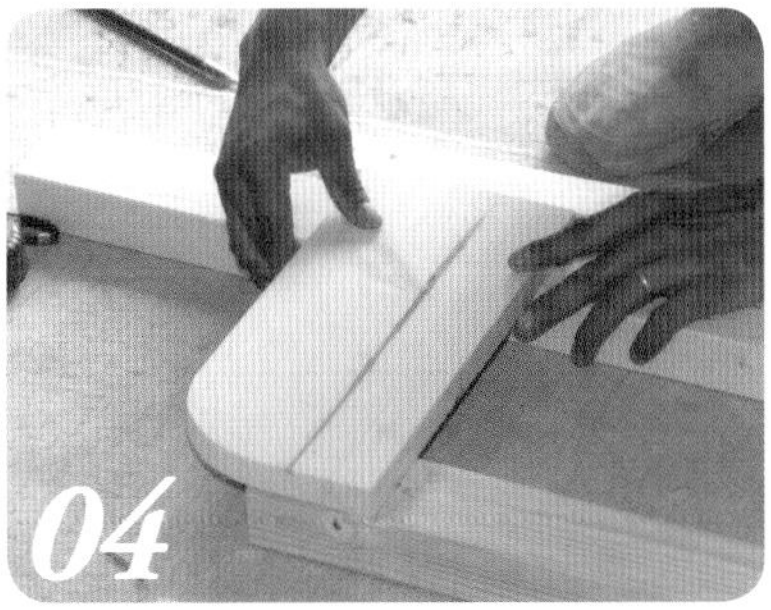

04
3段目の棚は側板を取りつける。ちょうどカーブがはじまる部分が前の支柱の先端と同じ高さになるようにした

05
左右の側板が完成した

2 背板を取りつける

01
側板に背板を取りつけ、ふたつの側板をつなげる。背板は棚全体ではなく棚板の部分だけ取りつける

02
3段目の棚板を受ける横木を取りつける

03
棚板の前の部分に板を取りつける。棚に置いた物がすべり落ちないように棚板よりも5㎜程度高くしている

04
棚板を取りつければ完成というところまできた

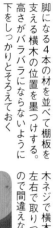

3 棚板をつけて完成させる

棚板は横木にかけるように置いて上から木ネジで固定する

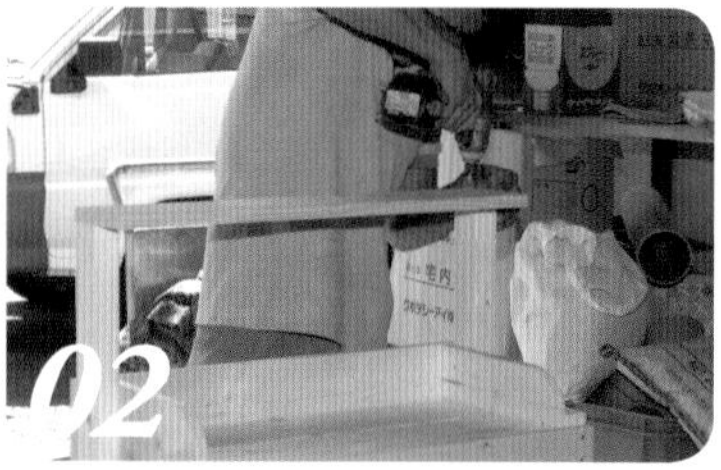

シェルフの一番上にも棚を作る

メジャーで測りながら背板の高さをどの程度にするかを決める

背板を固定する

05

あとは塗装をすれば完成だ

木取り表

材の種類	サイズ	数量
1×2（19×38㎜）	290㎜	8
1×3（19×63㎜）	680㎜	3
2×3（38×63㎜）	1100㎜	2
2×3	820㎜	2
1×6（19×140㎜）	680㎜	5
1×6	600㎜	4
1×6	560㎜	2
1×6	290㎜	2

ガーデン収納棚の平面図

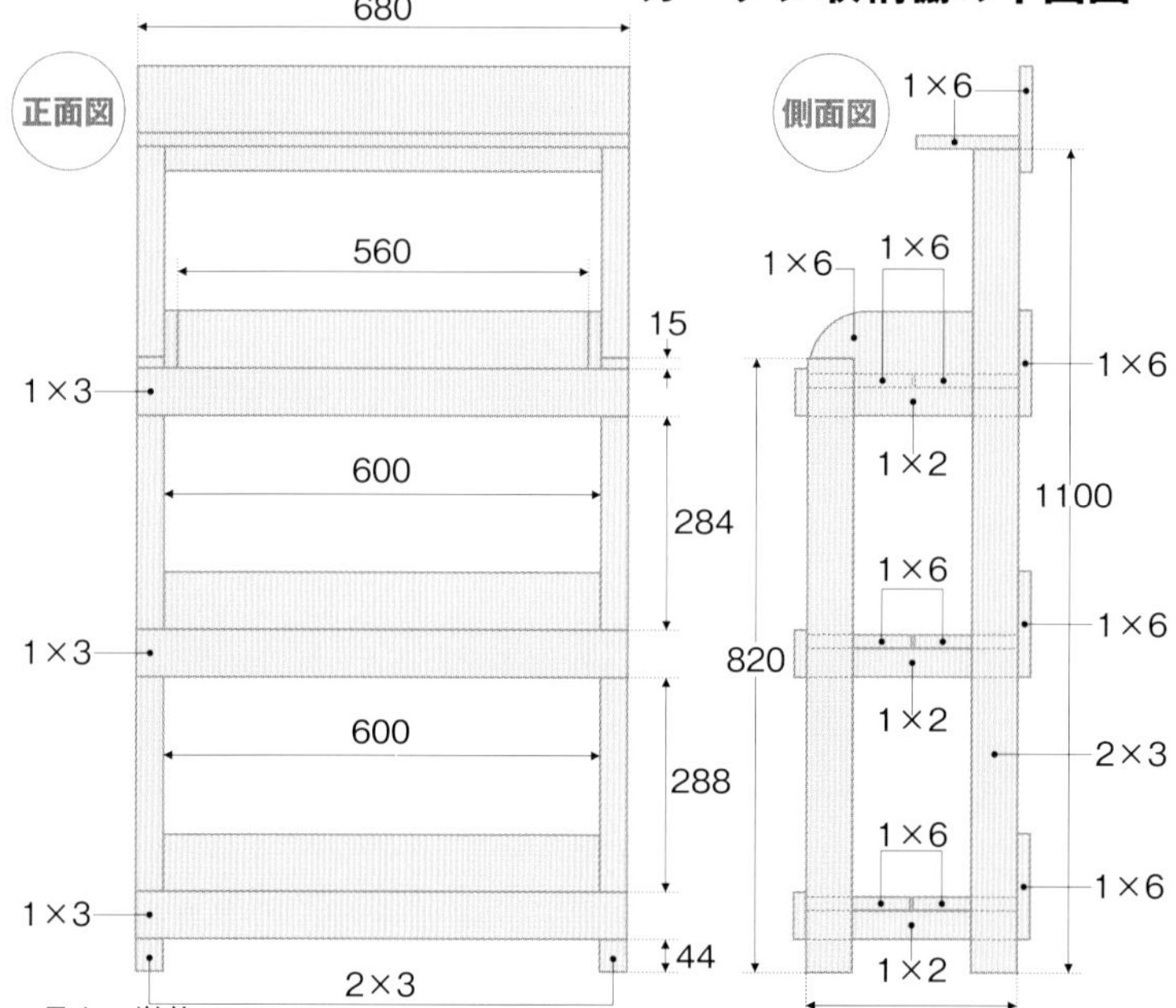

＊長さの単位は㎜

Point

カーブをきれいに墨つけする方法

曲線を切るためには曲線をきれいに墨つけしないといけません。コンパスがあればいいですが、現場では用意されていないことも。そこでカーブのあるものを定規代わりに使います。ここでは塗料のフタを使っていますが、他にも空き缶やスプレー缶なども使えます。墨線がきれいに引ければ、あとはジグソーを使って切断します。

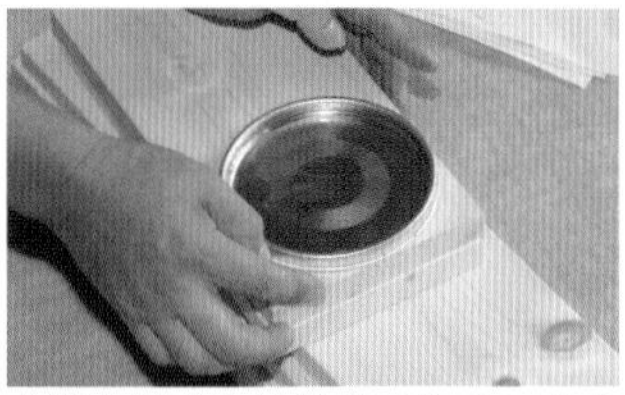

曲線を引くのに塗料の缶のフタを使う。どのぐらいの大きさに切るか、実際に置きながら位置を決める

フタが動かないように左手でしっかりと押さえて鉛筆で墨線を引く

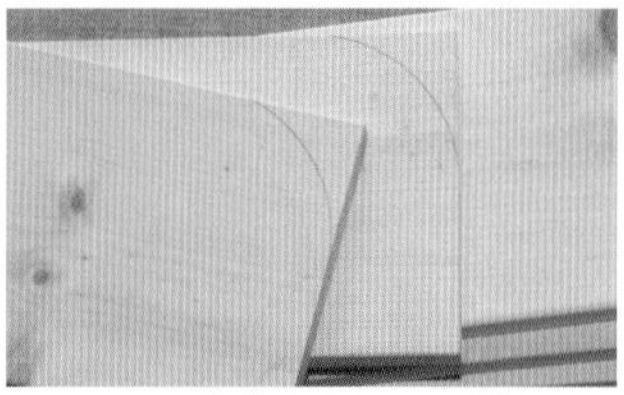

このように曲線をきれいに引くことができた

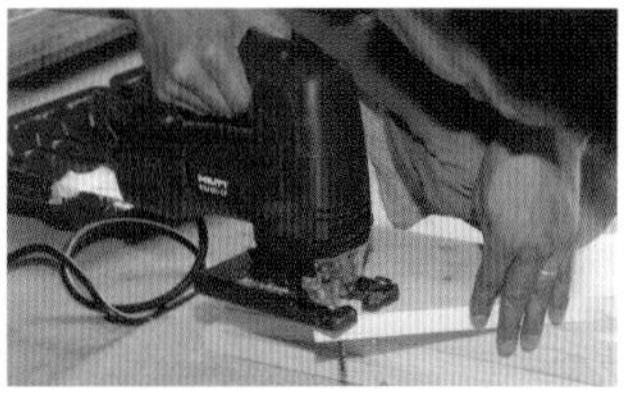

ジグソーを使って切断するときは、上から墨線を見ながら作業をすると墨線に沿って切ることができる

ウッドワーク③

ガーデン物置

雨に強くて頑丈なのに簡単

ガーデン木工などで余った屋根材や壁材を利用したシンプル構造の小さな物置。家の横の狭い通路に置いておくとなにかと便利。雨水対策としてルーフィングや本格的な屋根材を使うのがポイントです。

主な材料
2×4材（SPF）、1×4材（SPF）、杉板（厚さ12㎜、幅180㎜）、針葉樹ベニヤ（厚さ9㎜）、OSB合板（厚さ13㎜）、ルーフィング、屋根材（オンデュリン社メタリン・プラスタイル）、蝶番、ラッチ、ビス（38㎜、75㎜、90㎜）など

主な使用道具
インパクトドライバー、サシガネ、メジャー、ノコギリ、カナヅチ、カッター

接合はビスによる突きつけ

敷地の都合で大きなガーデン物置が置けない場合があります。そんなときは家の裏手の狭い通路にも置ける小さな物置があると便利です。ガーデニング小物や掃除用品、あるいは空き瓶などをしまっておけるスペースになります。

ここでは頑丈で、雨にも強く、しかも簡単に作れるものを紹介します。家の裏手や横の通路に置くものなので、見た目は強くこだわっていません。

2×材（SPF）を組んだ骨組みに合板を張り、屋根材をつけ、さらに簡単なドアをつけるというシンプル構造のミニ物置です。接合はすべてビスによる突きつけ（一部下穴あけやザグリ&ネジ打ちを行なった）で、木取りさえ終われば、キット家具を組み立てる感覚で作業が進みます。

屋根は雨に備えてルーフィングを張り、その上から、屋根材（フランス・オンデュリン社製の本格的な屋根材。普通のアスファルトシングルでも可）を張ったので、雨対策は完璧です。外壁は、安価な杉材の下見張りとしましたが、これは屋外用の塗装が必要となります。ドアは片開きとしましたが、サイズによっては両開きにしたほうがいいでしょう。

1 骨組みを作る

01

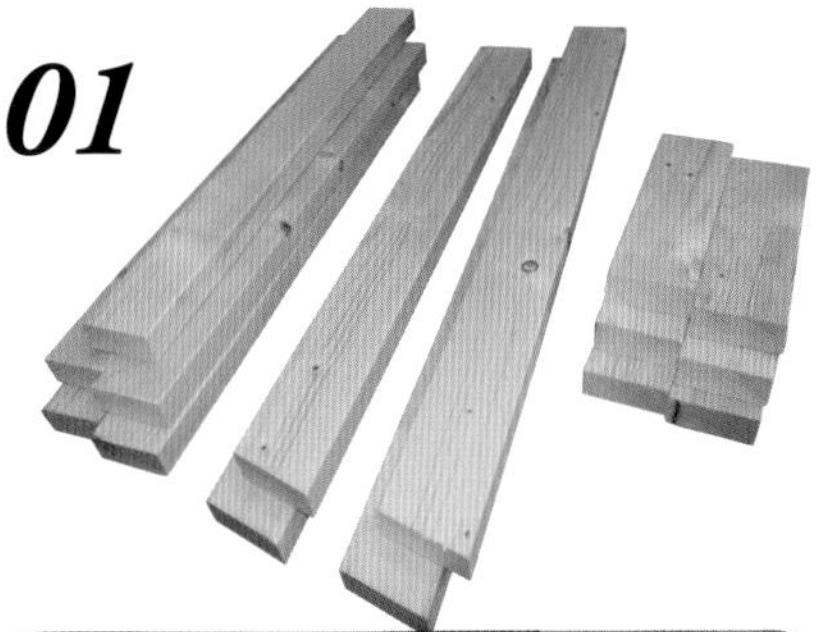

骨組みの材はSPFの2×材。P100の図面どおりにカット。斜めカットもある

02

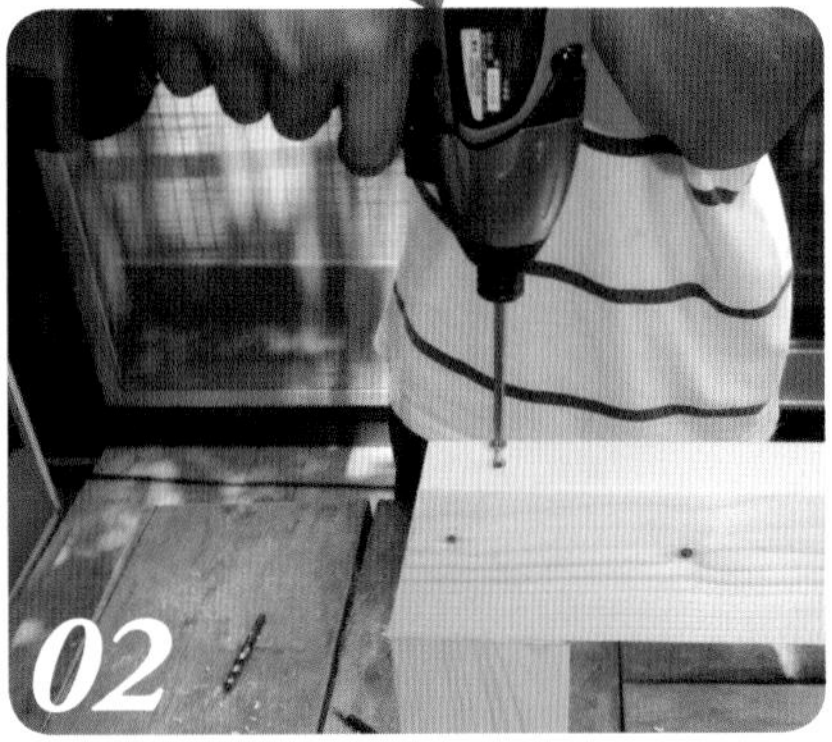

木ネジで打ち留め、骨組みを組み立てていく。接合はすべて突き合わせ。最初に側板の骨組みから組み立てていく

03

側板の骨組みが2セット、組み終わった

04

底板の骨組みが組み終わった

05

上板の骨組みが完成

2 天板、側板、背板、底板をつける

01

OSB板（厚さ13㎜）をサイズどおりにカットし、底板を組みつける。接合は丸クギを使った

02

OSB板をサイズどおりにカットし、天板を組みつける

03

針葉樹ベニヤ（厚さ9㎜）をサイズどおりにカットし、背板を組みつける。やはり接合は丸クギを使った

04

針葉樹ベニヤ（厚さ9㎜）をサイズどおりにカットし、側板を組みつける

05

天板、側板、底板、背板が取りつけられた

3 壁材を張る

01
杉材（厚さ12㎜）を側板＆背板の幅に合わせてカットする

02
一番下に25㎜幅に裂いたものを取りつけ、下から下見張りで壁材を張っていく

03
一番上は斜めカットした杉板を張る

04
コーナーは、1×4材を2枚使って覆って化粧する。上部分は傾斜に沿って現物あわせでカットする

05
壁材が張り終わった

06
2×4材でドア枠を取りつける。木ネジが届かないので、ドリルで一度穴をあけ、そこに打ち込んでいく

07
ドアの枠がついた。床部分には枠を取りつけない

4 屋根材を張る

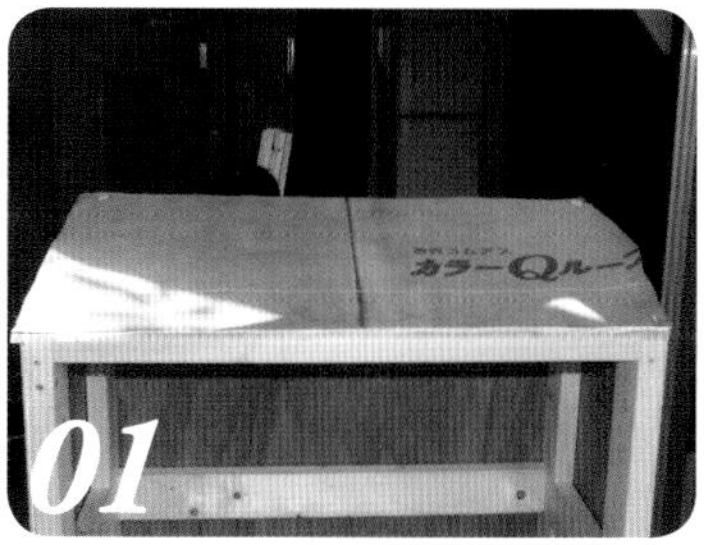

01
上板にルーフィングを張る。タッカーがなかったのでクギで張った

02
ルーフィングの上から屋根材を張っていく。前後の幅が足らなかったので、2枚ずらしながら重ねて張った。屋根材はオンデュリン社のメタリン・プラスタイルという商品を使った。専用のスクリューネジで取りつける。普通の波板と同様、山のてっぺんからクギを打ち込む

03
屋根材がつけられた

Point

ビスが届かないときは、ドリルで穴をあけてから行なう

板材と板材を木ネジで接合するとき、木ネジが短くて届かないときがあります。そんなときは、木工用ドリルで穴をあけてから、木ネジを打ち込みます。斜め打ちによる方法もありますが、板材がずれやすいので注意して行ないます。

木ネジが届かない箇所は、ドリルで木ネジよりも少し広い穴をあけ、そこに木ネジを打ち込んでいく

木取り表

材の種類	サイズ	数量
2×4	900mm	2
	980mm	2
	270mm	7
	825mm	6
	664mm	2
1×4	880mm	2
	900mm	2
	980mm	4
	657mm	2
	640mm	7

材の種類	サイズ	数量
ベニヤ（厚さ9mm）	450×980mm	2
	901×980mm	1
OSB板（厚さ13mm）	825×450mm	1
	901×470mm	1
杉板（厚さ12mm×180mm）	450mm	14
	901mm	7

ガーデン物置の平面図

＊長さの単位はmm

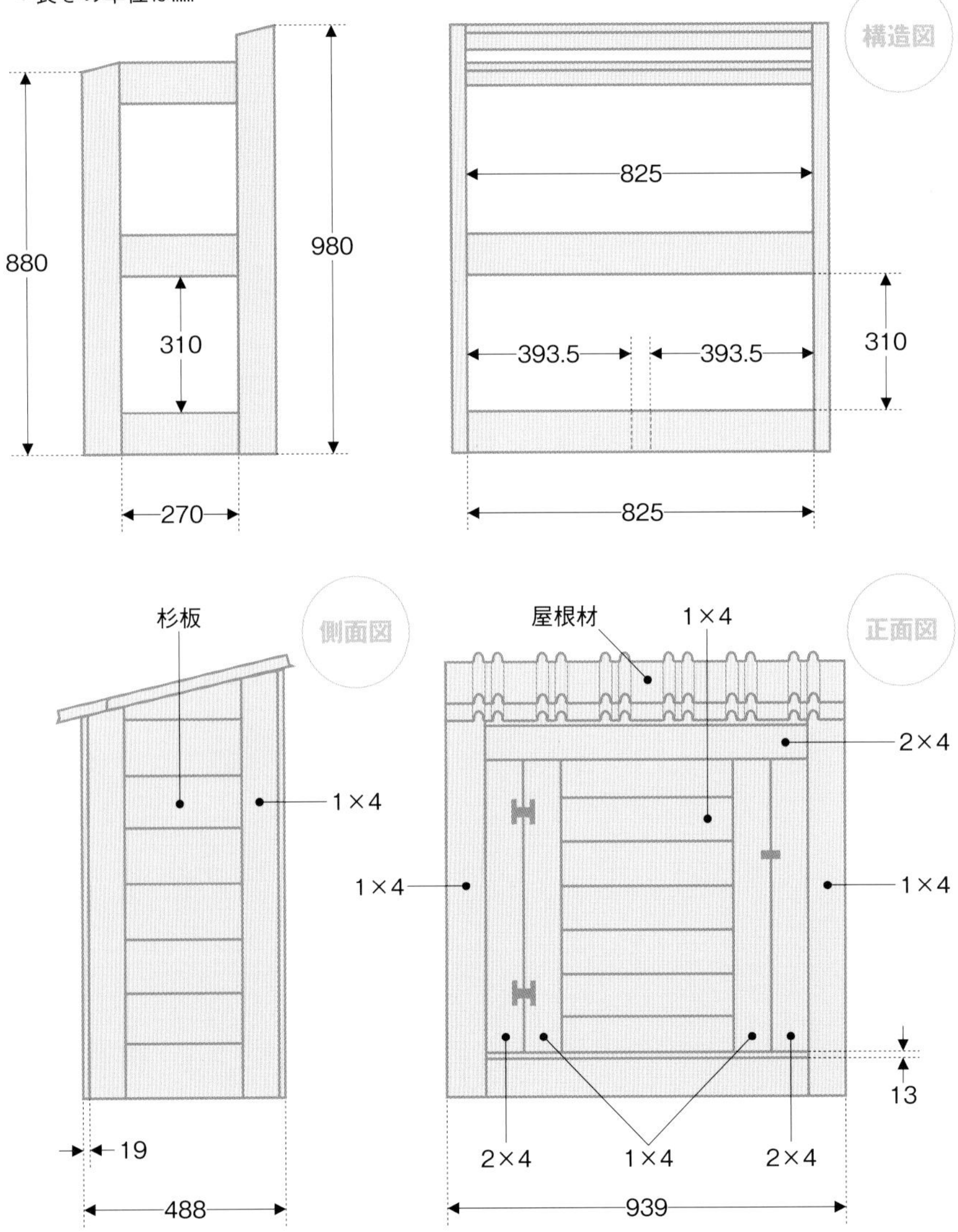
構造図
880
310
980
270
825
393.5
393.5
310
825
側面図
杉板
1×4
19
488
正面図
屋根材
1×4
2×4
1×4
1×4
13
2×4
1×4
2×4
939

Step 5 ドアの取りつけ&塗装

01

1×4材をこのように組んでパネルを作る。これがドアになる

02

用意した蝶番（2個）とラッチ（ひと組）

03

蝶番でドアを取りつける。取りつけるとき、ドアの下に適当な木っ端を挟み、少し浮かし気味に取りつけること

04

ラッチを取りつける

05

塗装して完成。しっかり養生して塗装するように注意したい

GARDENSHED WATCHING

ガーデン収納ウォッチング

ガーデンライフで役に立つアイデア満載の収納作品を紹介しましょう。オーソドックスなものから目からウロコな作品まで、便利で楽しくなる収納術を参考にしてください。

フェンス利用の収納

長いフェンスの扉のように見えますが、実はフェンスの厚みを利用した収納。フェンスの続きに突然収納があるとは目からウロコ。ほうきや釣竿などが吊せるようになっています。

閉じるとフェンスのトビラに見えます。フェンスのトビラかと思いきや…

ガーデン用品が吊せるスペースを確保したフェンス利用収納

収納ベンチ

収納箱を兼ねたベンチ。1×6材で箱を作り、それに2×4材で作った前後の脚、ヒジ掛け、背もたれをつけたシンプルな構造。仕上げにサンダーをラフにかけています。ベンチとしても使えそうです。

ふたつの機能を兼ねた便利作品

ガーデナーズデスク

鉢の植え替えや肥料の配合、土の混ぜ合わせなど、ガーデニングの作業が立ったままできる作業台があると便利。小物入れや天板に曲線カットを施すことで、スマートな雰囲気に仕上がっています。

天板以外にも棚があるので、使い勝手は十分だ

カットにひと手間加えると、作品の出来栄えも変わる

プランタースタンド

大型鉢植えもしっかり支えるプランタースタンド。製作に使う材は、すべて2×4材。柱と桟の端をジグソーで曲線をやわらかくカット。柱と脚はボルトで固定し、角度切り加工をなくしています。

厚みのある2×4材で大型プランターをしっかり支える

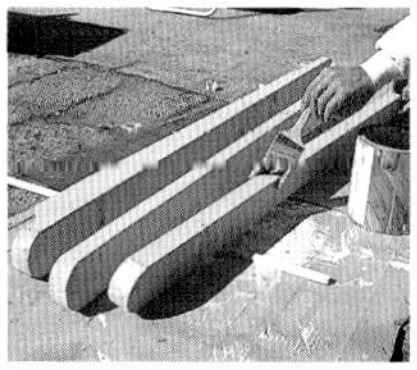

野外で使用するものなので、塗装しておくと長持ちする

収納つきガーデンシンク

バーベキューパーティーでの食材や食器洗いに重宝するシンク。下はガーデニング小物の収納に便利。観音開きなので、物がスムーズに出し入れできます。

上部についているライトもアクセントになっている

ウッドワーク④

庭づくりの世界が広がる

ウッドデッキを作ろう！

ウッドデッキはモノが大きいだけに、大変そうで難しそうに見えるかもしれません。しかし、構造、基礎、土台　床張り、ステップなどの基本を押さえれば、誰でも簡単に作ることができます。ここでは、ウッドデッキ作りの基本の「き」を紹介しましょう。

Step 1

構造

各部の名称と役割を知る

実はシンプルな構造になっている

ウッドデッキは構造的には非常にシンプルで、実は初めての方でも挑戦しやすい造作物です。

まずは、ここで、左下のイラストを見ながら、各部の名称とともに、その役割を知り、全体の作りを把握しましょう。

何が何に支えられているのかを頭に入れておけば、製作もしやすくなります。

床板《ゆかいた》

デッキ面のこと。通気や雨水のたまりに配慮して、5㎜程度のすき間をあけながら固定されることが多い。使われるのは2×4材や2×6材。根太との兼ね合いに注意すれば、床板の並べ方でデザインを楽しむこともできる。

根太《ねだ》

床板を支える土台の一部。床板とは常に直角に交わる関係だ。イラストのように縦張りの床のときは、根太は横に走る。根太自体は束柱に支えられる。見えない部分だが、根太が上下していると床板がでこぼこになるので、細心の注意を。根太には２×６材が使われることが多い。

基礎石《きそいし》（束石《つかいし》、沓石《くついし》）

全体の荷重を受ける大切な部分。直接土の上に置き並べるときと、掘って生コンを充てんしてから設置するときと、地盤によって方法は違う。いろいろな形状の基礎石があるが、ブロックでも代用できる。

Step by Step Guide for Woodeck Construction

桁（ビーム）

垂木を受ける材のこと。支柱に支えられている点では、デッキ土台でいう根太に似ている。よく目立つので、強度が落ちない程度に飾り切りをして楽しむ。さらに桁と支柱の間を方杖で補強することもある。

垂木《たるき》

垂木とは通常、屋根の野地板を受ける材のことだが、パーゴラの上に並べる装飾的な角材の名称としてもよく通っている。あまり重くならないよう、2×4材を縦に割いたり、最初から2×2材を使うことも多い。

パーゴラ

いわゆるぶどう棚、藤棚のこと。装飾的な意味合いはもちろん、夏場はヨシズを乗せて日除けにしたり、ハンギングプランターやライトをかけたり、いろいろと役に立つ。垂木と桁の関係でデザインもさまざま。

支柱《しちゅう》（ポスト、ロングポスト）

パーゴラやフェンスを支える柱。束柱を伸ばして支柱にする場合と、デッキの上に別材を立ててあとづけする場合とある。あとづけの場合は金具などで固定。4×4材が一般的。

手すり

フェンスのトップは、人の手がいつも触れることを考慮して作りたい。あえて幅のある2×6材を使うとちょい置きに使えて便利。また、このイラストのように通し材にするとフェンス全体の強度が増す。

フェンス

柵のこと。転落防止や目隠しのために取り入れられるが、ローデッキなどはフェンスなしが多い。フェンス面は、既製のラティスのほか、自作の縦格子やクロスフェンス、手作りラティスなど多く見られる。

束柱《つかばしら》（ショートポスト）

基礎石の上に載せて立ち上げる柱。根太を支える大事な部材だ。これが床よりも高くなると、フェンス支柱やパーゴラ支柱になる。4×4材が使われることが多いが、地面に近くて湿気を吸いやすいので、防腐対策はしっかりと行なう。

幕板《まくいた》

床板を外側から包んで木口を隠し、見た目よくまとめる板。さらには、外枠にあたる根太をさらにしっかりと固定して強度を高める効果もある。しかし、構造上欠かせないものではないのでつけるつけないはお好みで。

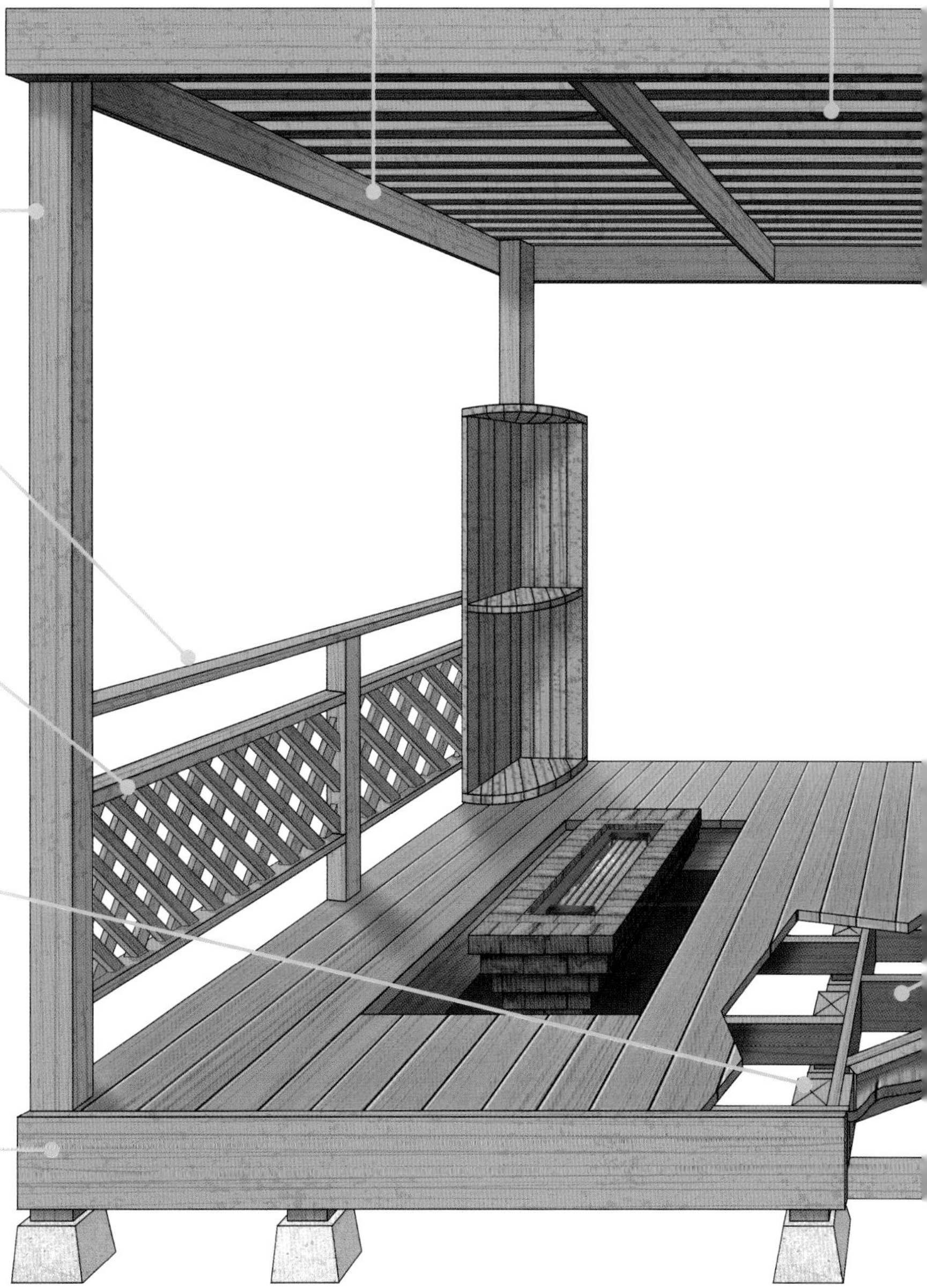

Step 2

基礎

デッキの荷重をしっかり受け止める

地盤によって内容はさまざま

基礎とは、デッキ全体の荷重を受ける、基礎石以下の部分のこと。建物では、各壁を受ける形でつらなっていますが、デッキでは束柱（つかばしら）ごとを個別に支える独立基礎が一般的です。

基礎は、地盤によって柔軟に考えなければいけませんが、それなりの固さがある普通の土ならば、掘ってよく突き固めてから砂利（あるいは砕石）を入れ、基礎石を据えるというのが通常のスタイルです。

しかし、畑地など、やわらかい地盤の場合はしっかりした足場固めに生コンを使う必要があります。この場合は１５０〜２００㎜程度穴を掘って突き固め、砂利、生コンの順で穴に入れ、やや固まったところではじめて基礎石を置きます。砂利とコンクリートの厚みは、それぞれ50〜１００㎜を目安にするといいでしょう。基礎石はもちろん水平でなければいけないので、設置の際に小さな水平器を使い、カナヅチの柄でコンコンたたいて傾きを調整します。

基礎石については１１７ページで紹介しているように数種類あります。どれを使う場合でも、すべて埋めてしまうことは避けましょう。束柱が直接土に触れると湿気を吸ってしまい、傷みをはやめることになるからです。さらに徹底した湿気対策として、束柱と基礎石の間に硬質ゴムをかませて通気をよくする手もあります。

また、予定地が土ではなく舗装されているところ（タイル、レンガ、アスファルト、コンクリートなど）に作る場合は簡単です。

基礎はデッキの荷重を受けるためにしっかりした地盤を作る作業なので、下がしっかりしているなら、直接束柱を置いてもOK。そこで気になるのは、たとえば窓下にあるコンクリートたたきなど、やや勾配がついている場合の処置。これは程度によりますが、少々勾配のある箇所が全体の中の数個なら、あまり大きな問題になりません。つまり、束柱が土台に垂直に接合されていれば、底辺の一辺がわずかに浮いている程度は許容範囲なのです。

もちろん、それが数カ所ですまなかったり、勾配がきつければ、やはり基礎石できちんと作る必要があります。コンクリートの上に生コンを盛って基礎石の水平を出しましょう。

コンクリート基礎の構造例

やわらかい地盤のデッキにおすすめ

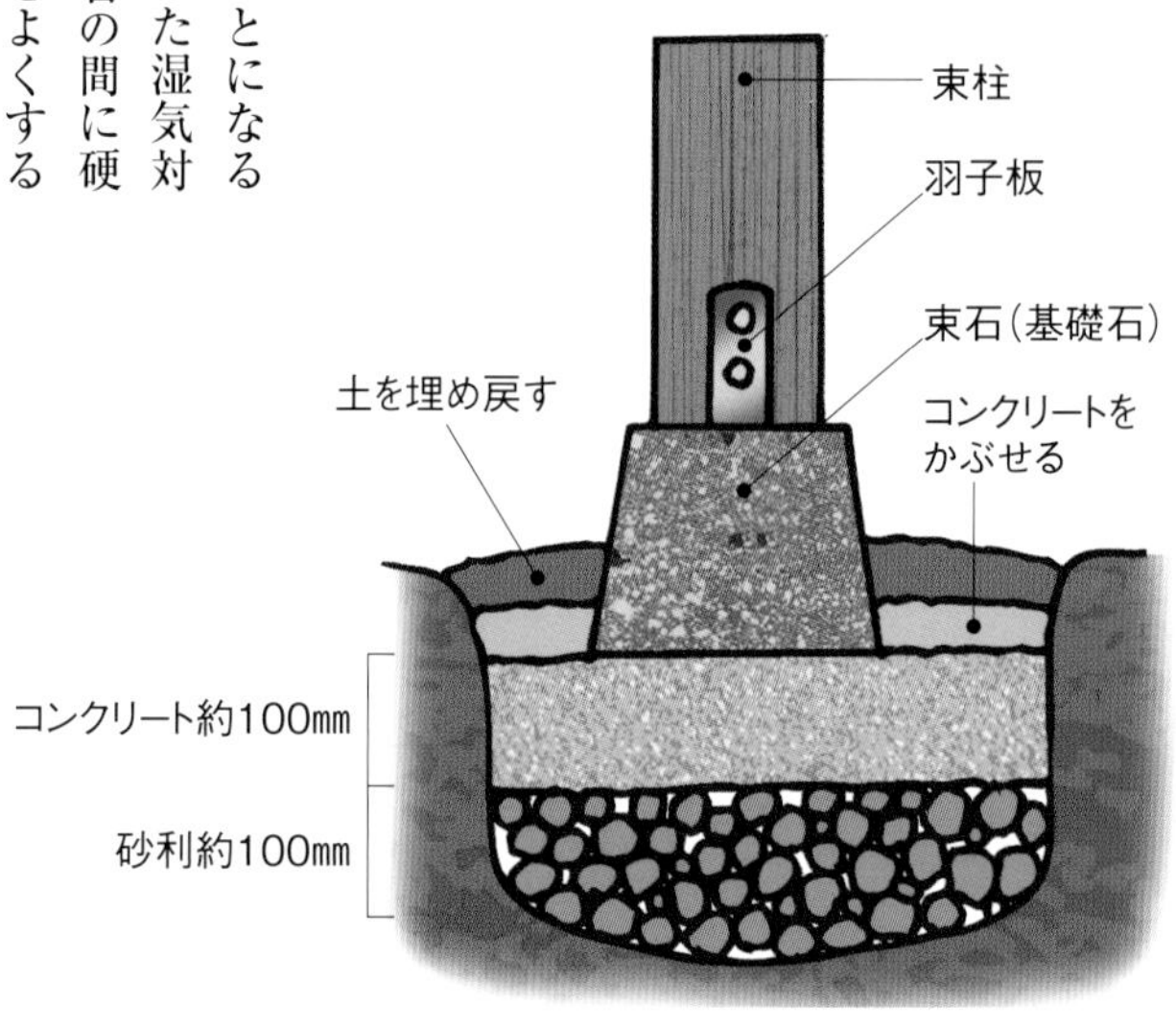

束柱
羽子板
束石（基礎石）
土を埋め戻す
コンクリートを
かぶせる
コンクリート約100㎜
砂利約100㎜

基礎石に縦置きのブロックを使った例。空洞の部分にもコンクリートを充てんしてある

同じデッキでも基礎石を使い分けてある。左は羽子板つき、右は４×４材に合う穴のあいたタイプのもの

200㎜角の基礎石を使った例。一見したところは平板のようだが、実は掘り下げて砂利も敷いてあり、基礎石そのものの高さもある

基礎のいろいろ

地盤の種類	内容				
普通の地盤	掘る	砂利	—	基礎石	
やわらかい地盤	掘る	砂利	生コン	基礎石	
傾斜地	掘る	砂利	生コン	高めの基礎石	※束柱 1.2 m程度まで
コンクリート床	—	—	硬質ゴムやパッキン	基礎石	※直接でも可
水勾配のついたコンクリート床	—	—	生コン	基礎石	
どうにもならない岩場	—	—	生コンで束柱を固める	—	

きれいな曲線を描いたウッドデッキ。長めの基礎石を地中に打ち込んで固定している。腐食しないよう、支柱の梁の間には下駄をはかせている

3 土台

目立たないけど大切な骨組み

デッキを支える束柱と根太

土台とは、床下の部分、目立たなくても大切な「骨組み」のことです。土台作りは材木選びからはじまります。通信販売などでまとめて買ったときには、できるだけ真っすぐでゆがみのない材を先に選び出して、土台用にします。ホームセンターで買うときも、土台用だけは妥協なく選びましょう。

土台のパターン（Ｐ１１２参照）はいろいろありますが、下のイラストのような形が一般的です。そんなに複雑なものではないことがおわかりいただけると思います。束柱は４×４材、根太には２×６材が多く使われます。

これらの束柱や根太を、どの程度の密度で作ればいいのか、根太の間隔に迷うと思います。目安は、根太間が６００㎜内外、束柱間は１２００㎜あたりを上限とします。もっともこれは根太が２×６材のときの話で、２×４材ならばもう少しつめる必要があります。

土台には、できるだけゆがみのない材を選ぶ。見た目が悪くても真っすぐな材を選抜する

土台の構造例

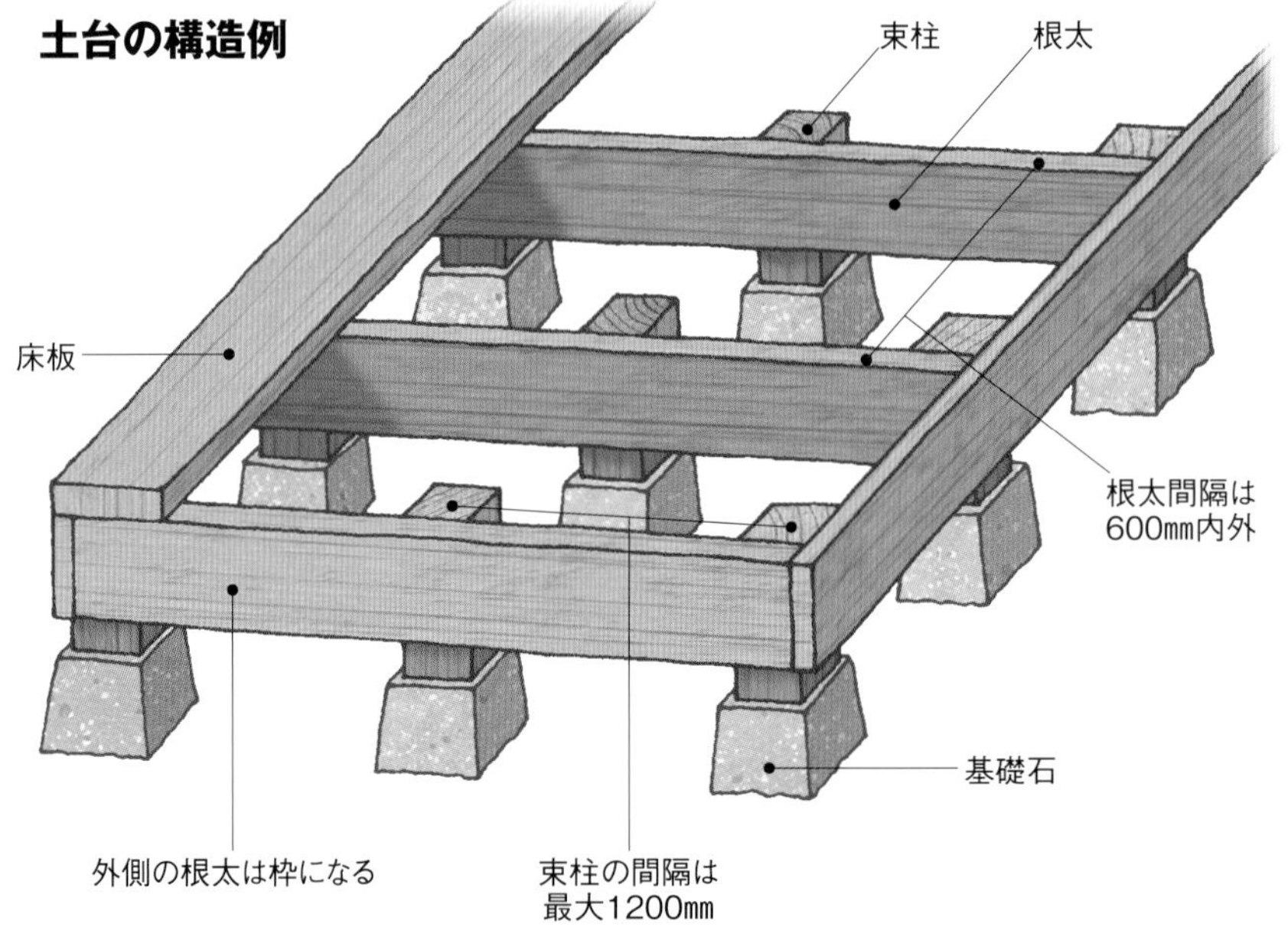
束柱
根太
床板
根太間隔は600㎜内外
基礎石
外側の根太は枠になる
束柱の間隔は最大1200㎜

Point

土台のいろいろ

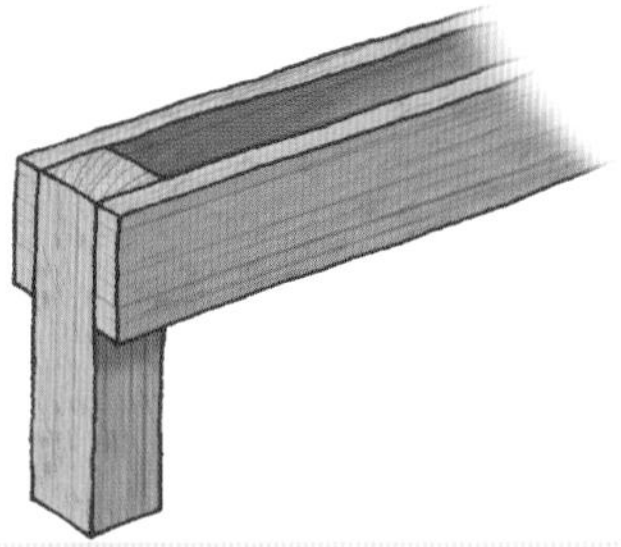

2本の根太で束柱をはさむ

スタンダードタイプとは根太の数が違います。すべての束柱に2本の根太を抱かせると、そうとう頑丈な土台になります。たとえば重量物のくるところだけに取り入れるなど、使い分けるといいでしょう。

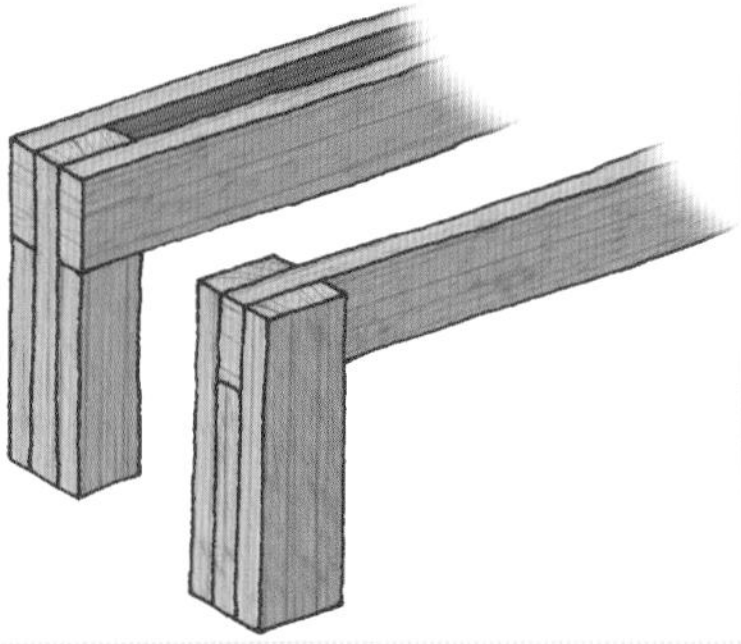

4×4は使わず
2×4の抱き合わせで組む

イラストのように、3本の2×4材（2×6材でも）の組み合わせで接合する方法。イラストの2パターンどちらとも、根太が束柱の上に載っているところがポイント。横から打ち留める方法とは明らかに違う点です。ホゾ組みに似た強度が期待できます。

床高から根太の高さを導き出す

土台の構造を把握できたら、作りたいデッキの高さを決めます。もっともスタンダードな、掃き出し窓に作るデッキでは、その窓のラインが目安になります。窓と高さをそろえてもいいですし、1段下げてもいいです。

下のイラストは窓の水切りにぴったり高さを合わせたスタイルです。出入りが楽なので、リビングの延長としてのデッキライフを楽しめます。

このような「高さ」は、まだデッキができる前に何もない段階では把握できません。

そこで掃き出し窓の縁や、ブロックの目地など、ある基準点を決めて、そこから水平ラインを測り出していく作業が必要になります。

これをレベル出しといいます。土台の高さ（根太の高さ）は、このできあがり高さから床板の厚みを引いたものになります。

できあがり高さを掃き出し窓の水切りに合わせた例。大事な枠作りの最中に束柱がぐらつかないよう、外壁の間に2×6材をかませてある

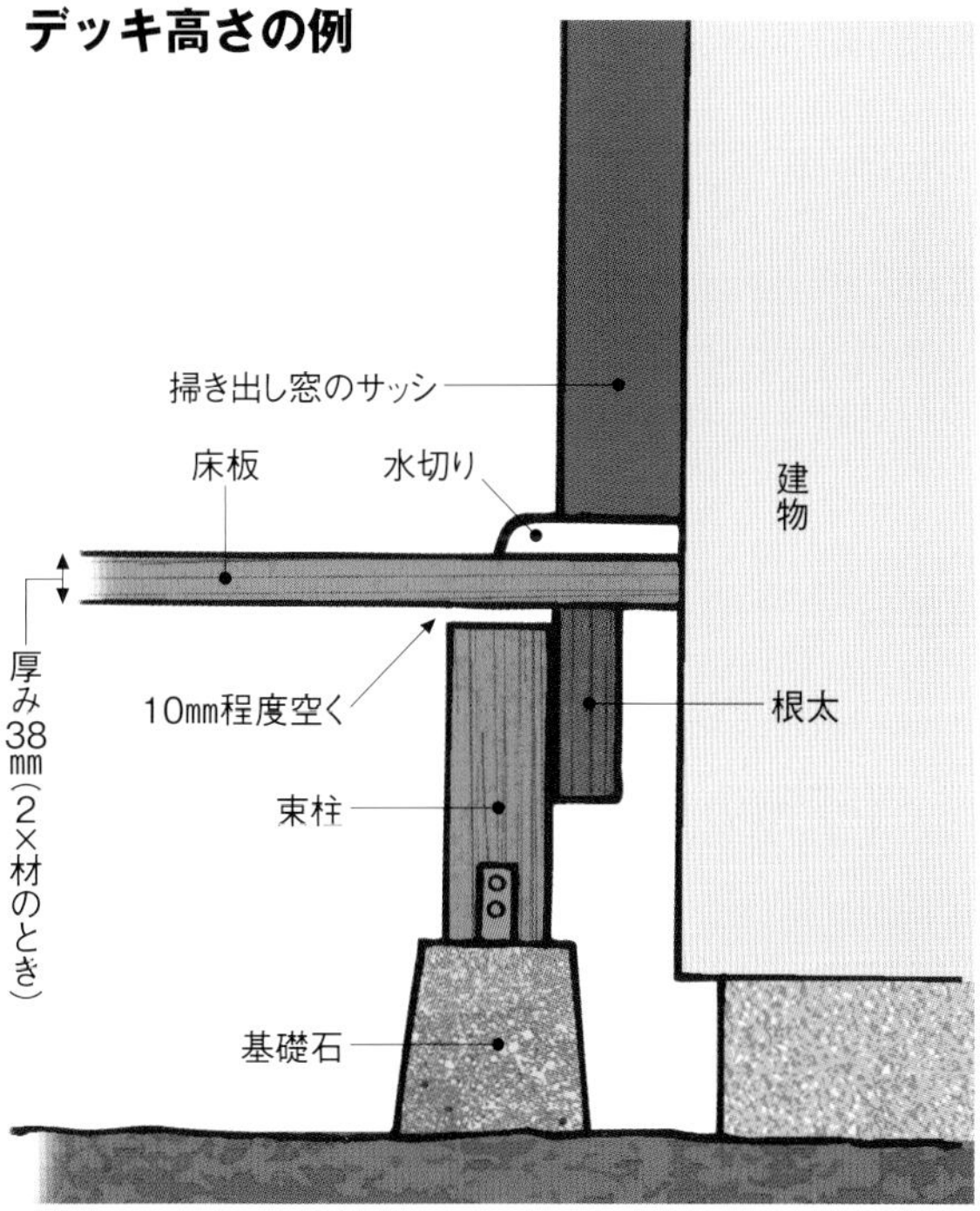
デッキ高さの例
掃き出し窓のサッシ
床板
水切り
建物
厚み38㎜（2×材のとき）
10㎜程度空く
根太
束柱
基礎石

Point

透明ホースを使った水盛りの方法

たとえ掃き出し窓の高さが下から50㎝だったとしても、地面はでこぼこなのが当たり前なので計測地点によって「高さ50㎝」は違ってしまいます。

そこでイラストのような「水盛り」と呼ばれる方法が使われることがあります。これは透明ホースの片方の口を固定して任意の高さまで水を入れると、他方に現れる水位と常に同じであることを利用したレベル出しの方法です。

導き出された水平ラインに水糸を張って、施工の助けにしたりします。

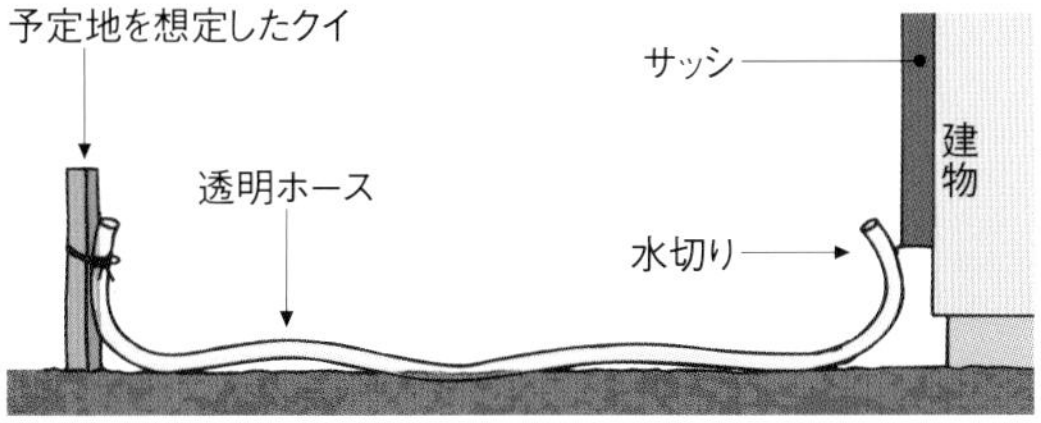
予定地を想定したクイ
サッシ
建物
透明ホース
水切り

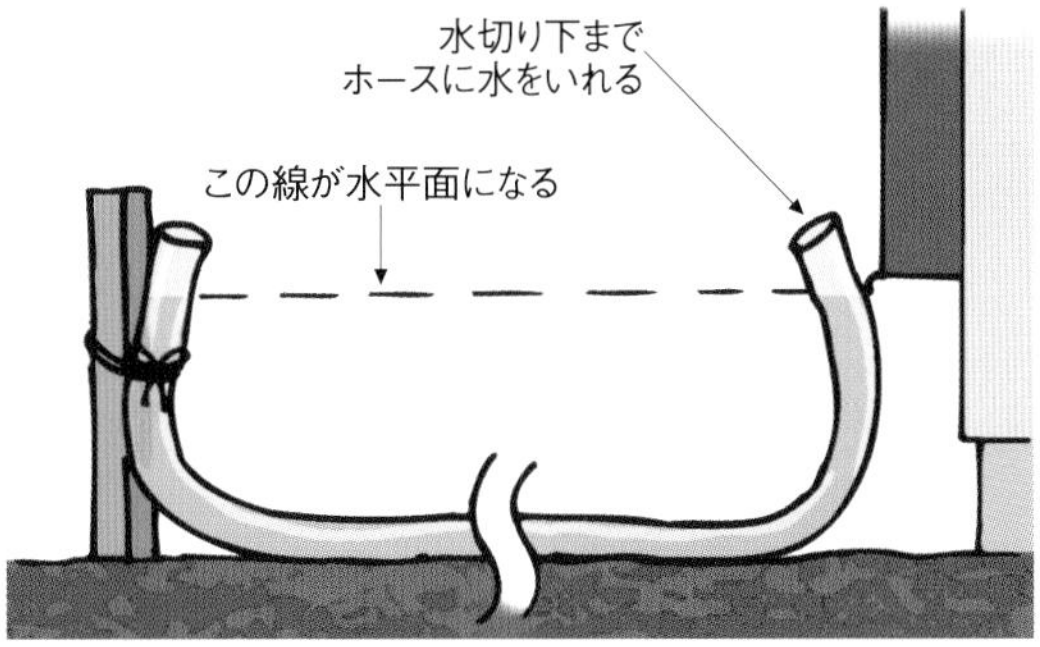
水切り下まで
ホースに水をいれる
この線が水平面になる

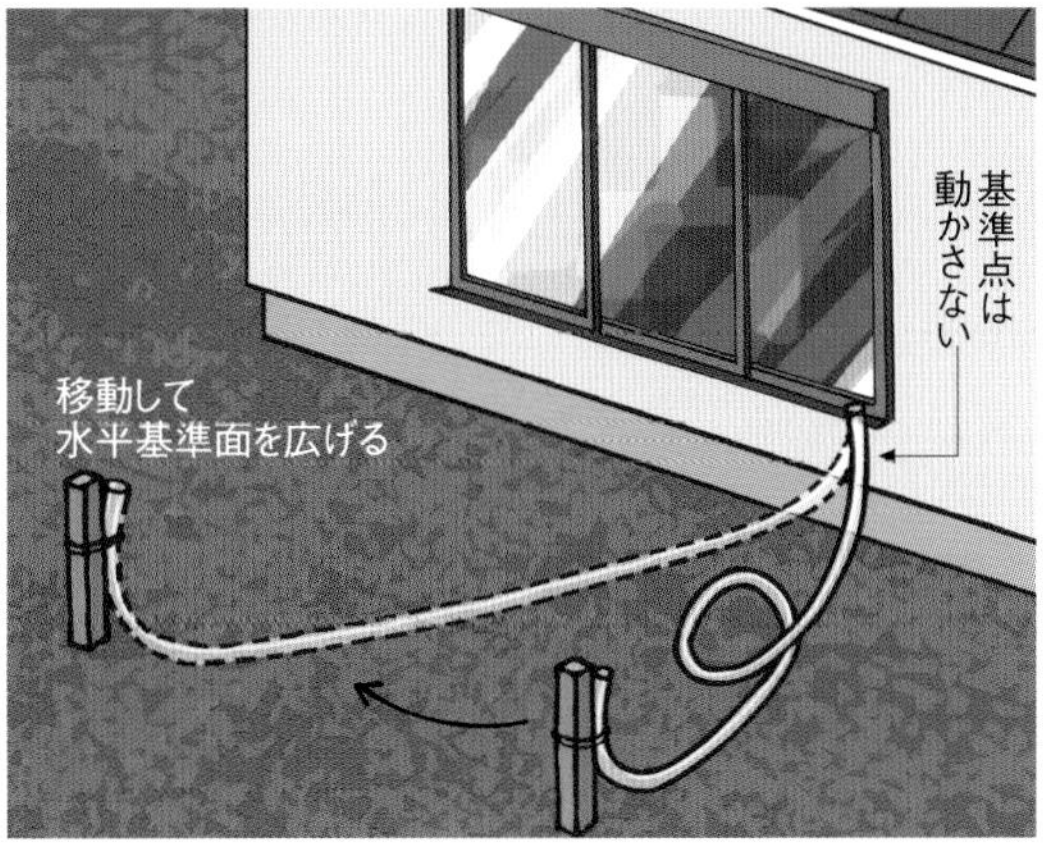
基準点は動かさない
移動して
水平基準面を広げる

土台作りの流れ

枠を優先して高さの基準を早めに決める

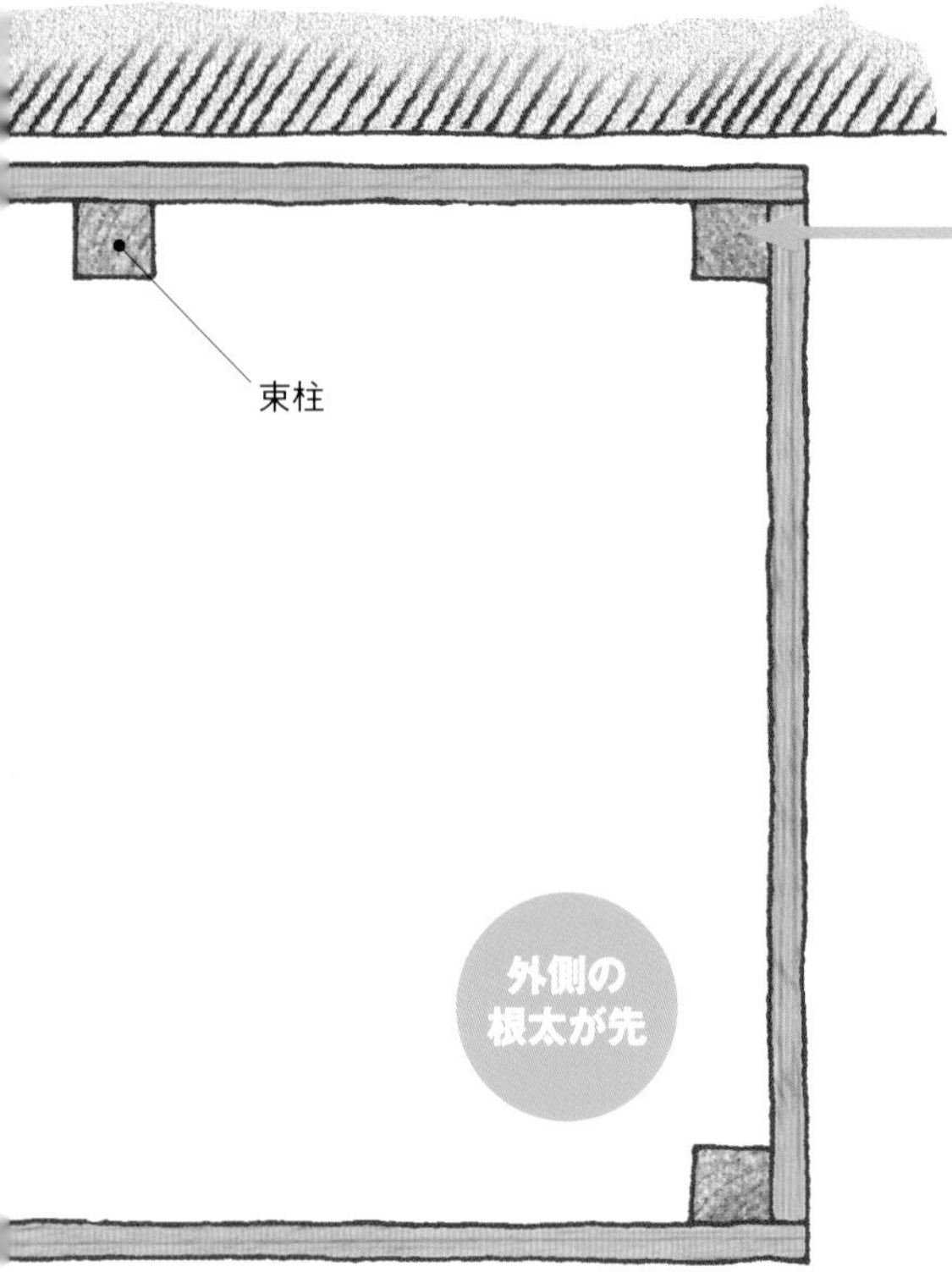

手順 *1* 家側の束柱を立てる

前述のように、既存の建物から基準点を拾うのは効率的な方法です。住宅の基礎とデッキの束石（基礎石）との間隔を決め、まずは１列目の束石を並べます。

次に束柱。掃き出し窓のラインから高さが出るので、１列目の束柱は切り出せます。まずは、左右の２本だけを束石に固定。ただしこの段階ではまだ仮留めです。

１列目の束柱を仮に並べてみた状態

束石と壁面との距離は、サシガネで正確に測る

枠を先に作る

デッキの土台作りにはいろいろな進め方があり、施工会社によっても違います。ここでは、できるかぎりテクニックを要求されない、比較的簡単な手順を紹介します。

ポイントは順番です。デッキ作りを単純に想像すると、基礎石を並べて、束柱を切り出して基礎石に留め、それをよりどころに根太を接合して、と下から作っていく流れを想定しがちですが、たくさん並ぶ束柱を、みな同じ高さにしようというのは、実はかなりの労力です。

そこで、外側の束柱だけを先に立てて、あとはそれに合わせてしまうというのが、ここで紹介する手順です。

４本の束柱と４本の根太で、先に大枠を作ります。内側の根太は、束柱によらずに枠に接合することになり、束柱はあとづけします。するとすでに水平が出ているのでかなり楽ができます。

掃き出し窓から続く、オーソドックスな長方形デッキを作るときの、土台作りの流れを手順１～４で紹介しましょう。

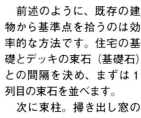

束石への固定の際、傾かないようチェックしながら打つ

立てた状態では根太側から木ネジを打てないため、寝かせて打ち留める

手順2 1本目の根太をわたす

左右2本の束柱にわたす形で、いちばん内側（家側）の根太を接合できます。しかし、根太は束柱の向こう側にあるのでちょうど家と束柱にはさまれる位置になり、木ネジを打てません。だから、ひとまず横から仮固定しておき、すべての束柱に根太のラインを墨つけします（印をつける）。墨がつけば束石からはずし、写真のように寝かせて根太側から打ち留めることが可能になるのです。このようにして根太と束柱を接合したら、束石の上に戻し、羽子板に固定します。

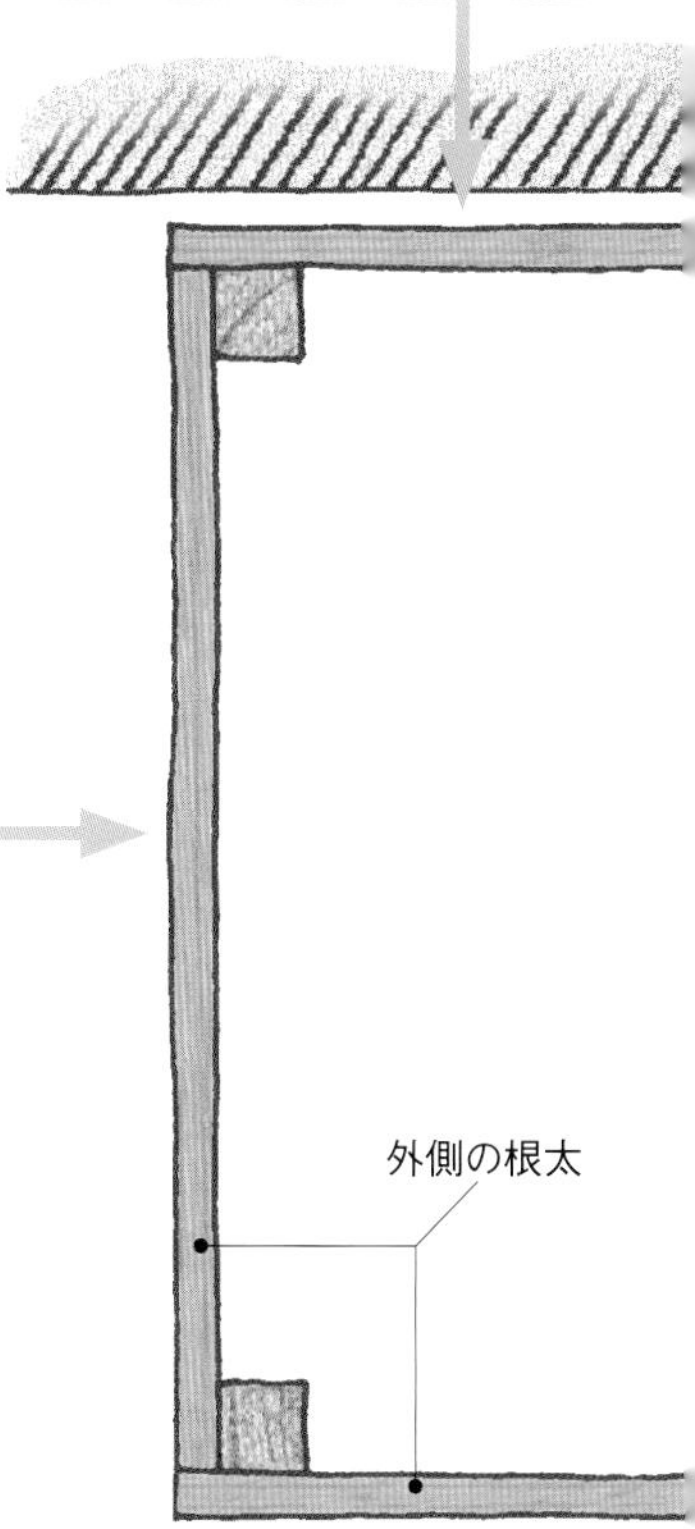
外側の根太

手順3 四隅を立てれば大枠ができあがる

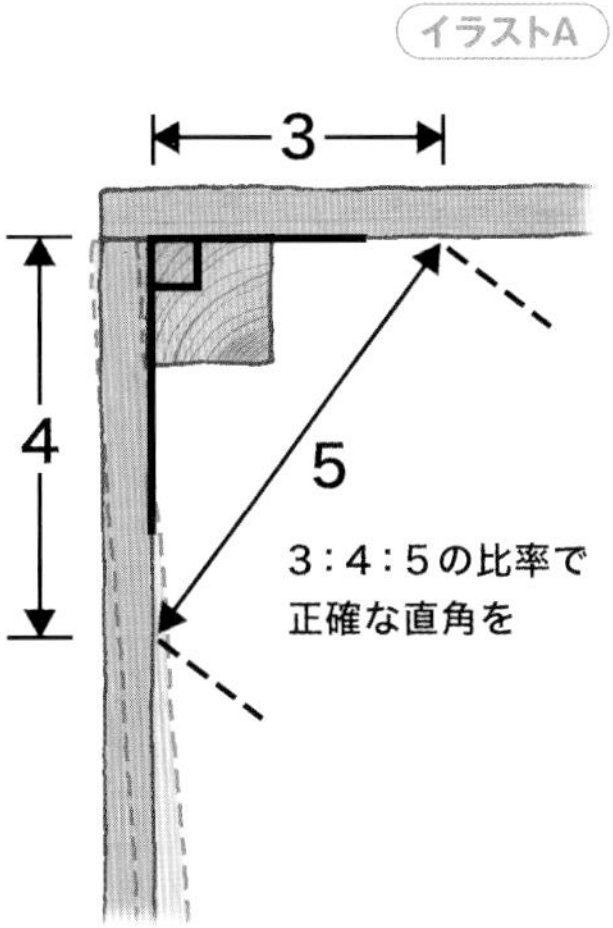
イラストA
3
4
5
3：4：5の比率で
正確な直角を

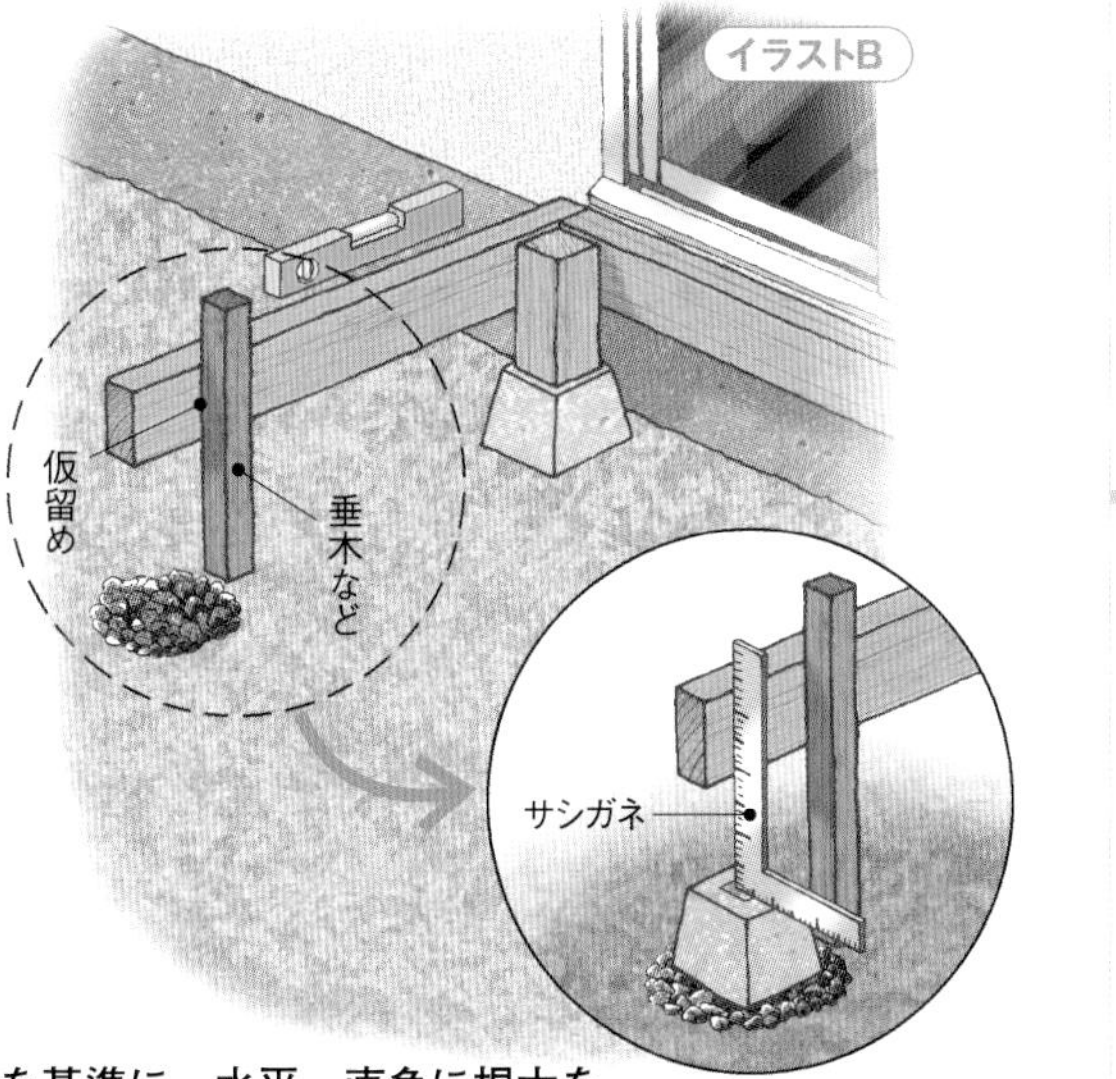
イラストB
仮留め
垂木など
サシガネ

一辺の根太と束柱が立てば、その高さを基準に、水平、直角に根太を足していくことで大枠ができあがります。

左側の根太で説明しましょう。まずこの新根太は、手順2で立てた基準根太ときちんと高さを合わせ、木ネジ1本で仮留めしておきます。

次に角度を決めます。直角を出すのに生きるのは、イラストAのような、3：4：5の法則。これは、90：120：150cmと同じなので、内寸で90cmの地点とそこから斜めに150cmの地点が、新根太の120cmの地点であれば、新根太は直角になります。こうして角度を直角に決めたら、同時に水平器で水平をチェックし、決まったところで垂木などで仮留めします。

あとは、いちばん端の束柱位置に束石を据え、サシガネで束柱の長さを出して接合。これで2本目の根太を固定できます。先ほど仮留めしていた家側の根太も本固定します。

同じことを右側も行なうと、最後の1本はただわたすだけで水平、垂直に決まるはずです。これで大枠ができあがりました。

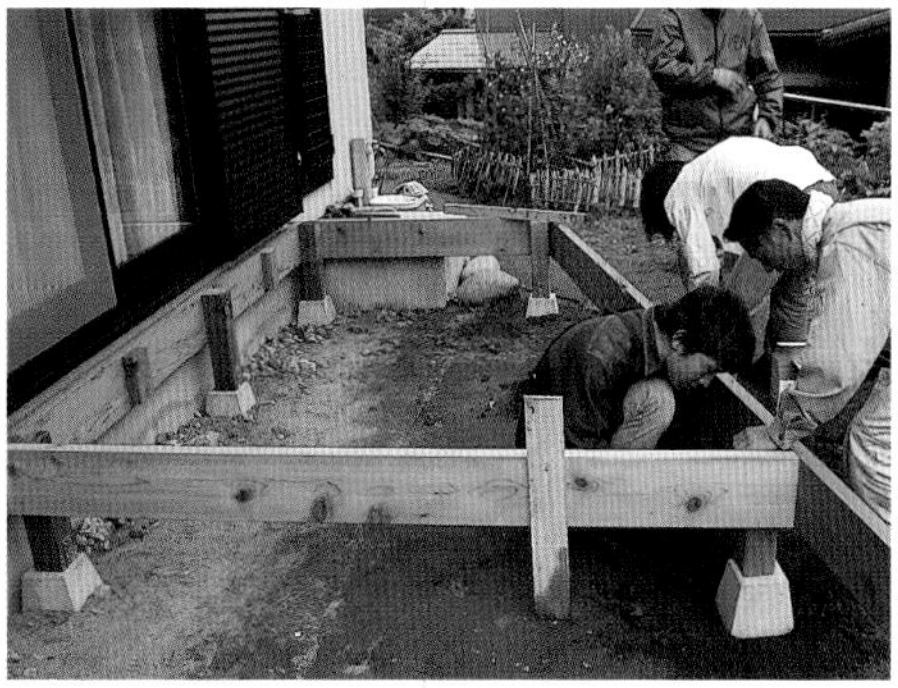

手前の根太をつけているところ。束柱が立つまで、中央に見える灰色の荒材によって仮留めしている

手順4　残りの根太と束柱をつける

外側の根太、つまり枠が組み上がれば完成のサイズが見えるのであとはぐっと楽になります。まずは残った根太をすべて、枠に合わせて打ち留めます。家側の、外から木ネジを打てない箇所は、先に受け材となる端材を打ち留めて接合します。

根太がすべて並んだら、基礎石を配置し、高さを出して他の束柱を立てていきます。これで土台は完成です。

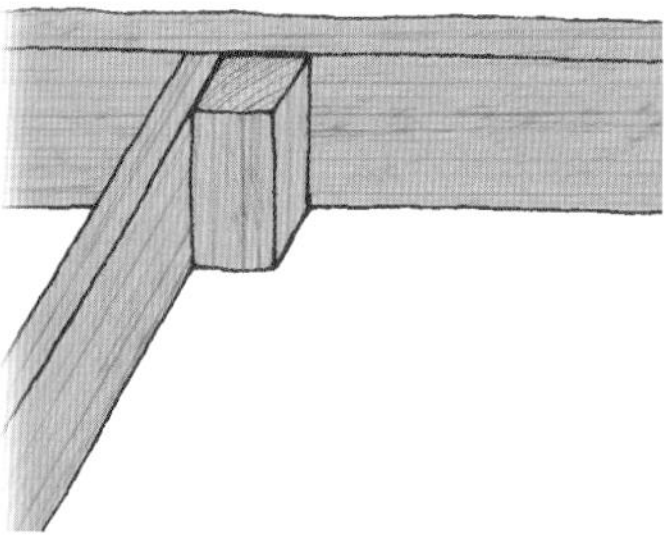

内側の根太も入って完成

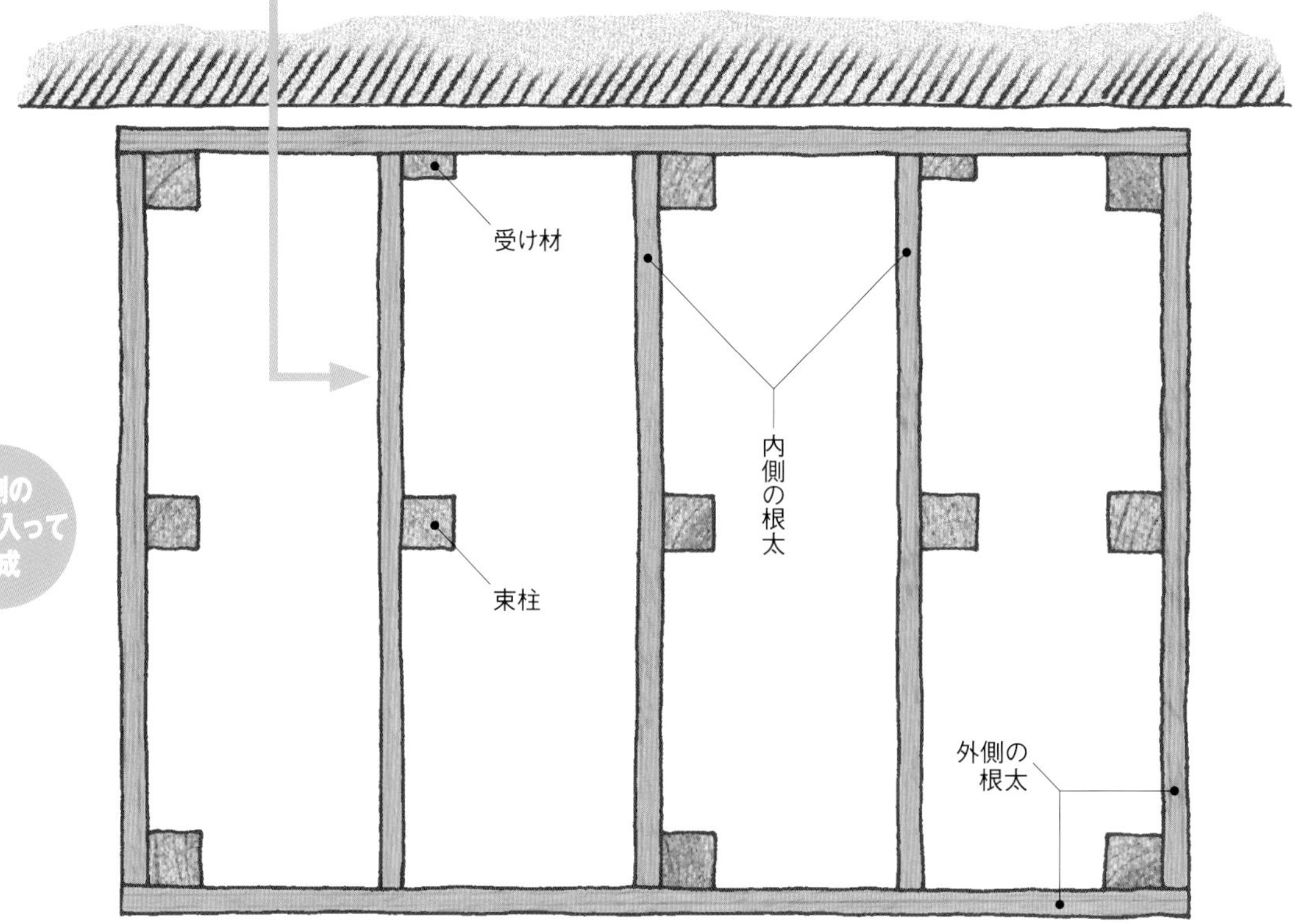

土台までできあがった異形デッキ。大引きが入ったタイプ

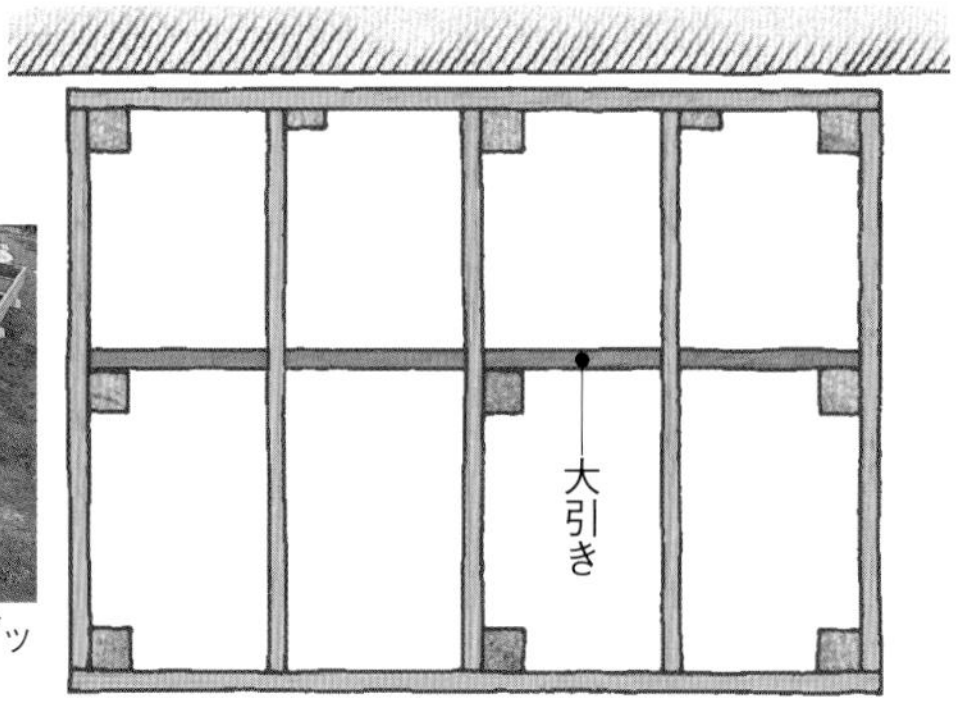

大引きについて

根太を二重にする選択肢もあります。イラストのように、根太を受ける形で長い通し材を下にかませるパターンです。このような大引き（根がらみ）が入ることで、より頑丈な土台となり、そのぶん束柱を減らすこともできます。

ただ、高さに注意が必要です。２×６材の場合、幅が１４０㎜なので２枚で２８０㎜、これに適度な床下空間を加えて考えると高さは４００㎜必要になります。

3

床張り

床板を根太へ打ち留める

床板のすき間は通気と微調整のため

床張りは、2×4材や2×6材などの床板を、根太へ固定していく作業。水平や垂直で苦労した土台作りに比べれば、平面的な作業である床張りは単純です。目に見えて進む、楽しい作業になります。

床板は、デザインとしてすき間なく敷きつめる場合もありますが、床板の間に雨水がたまってしまう難点があり、やはりある程度すき間を作ったほうがいいでしょう。物の落下やつまずきを考え合わせると、3～5㎜程度がいいです。

また、すき間には通気の他、施工上の微調整に使えるという利点もあります。

床板は数があるので、わずかな誤差が積り積って最後の1枚が入らない、足りないといったことが必ず出てきます。そんなときにすき間があれば、最後の数枚でわずかずつ調整し、誤差を飲み込む方法をとれるのです。

一定のすき間をあけながら張るには、端材をスペーサーにしてはさみながら打ち留めていくと簡単です。スペーサーは合板の切れ端や、厚みのある金具などが便利です。

さて、床板は最初の1枚が肝心です。真っすぐな材を選び、根太との直角をきちんとチェックできる位置を選びましょう。サシガネが必須になります。

そうして1枚をゆがみなく配置できれば、あとはスペーサーで間隔をとりながら張っていけばよく、ときどきサシガネで直角を見るだけでどんどん進められます。終わりが近くなったら、一度最後まで並べてみて、前述のようにゆがみを調整します。

木ネジ（クギでも可）は、1カ所に2本ずつが基本です。端は、すべて張り終わってから丸ノコで切り落とすときれいに仕上がります。

根太の位置を確かめながら床を打ち留めていく

Point

身近なものを使ったスペーサー

床板の間隔を一定に保つためのスペーサーは、既製品もありますが、とにかく間にかませて床板を打てればいいので、端材で十分です。任意の厚みに切り出した2×材や、厚みの決まった合板などを利用しましょう。

2×材を切り出したスペーサー。薄く切るのはたいへんだがなかなか便利だ

厚手の接合金具があったのでスペーサーにしてみた。すぐ引き抜けるところがいい

木ネジ1本という方法もある。ただ、横から強く押し付けないこと（ネジ山に食い込んでしまう）

床板のパターンと土台

木ネジの打てない箇所がないように根太を組む

デザインデッキを楽しむ

床板の張り方を工夫すれば、広い床面を利用した、デザイン的なデッキを楽しむことができます。しかし、その際に床板をきちんと受けられる根太の配置も同時に考えておかなければいけません。

ここに床板のパターンに合わせた根太組み例を挙げました。想定サイズは1200×1800㎜。床板は2×6材を使用した場合です。もし、床板を2×4材にするときは、根太もやや密に組むようにします。

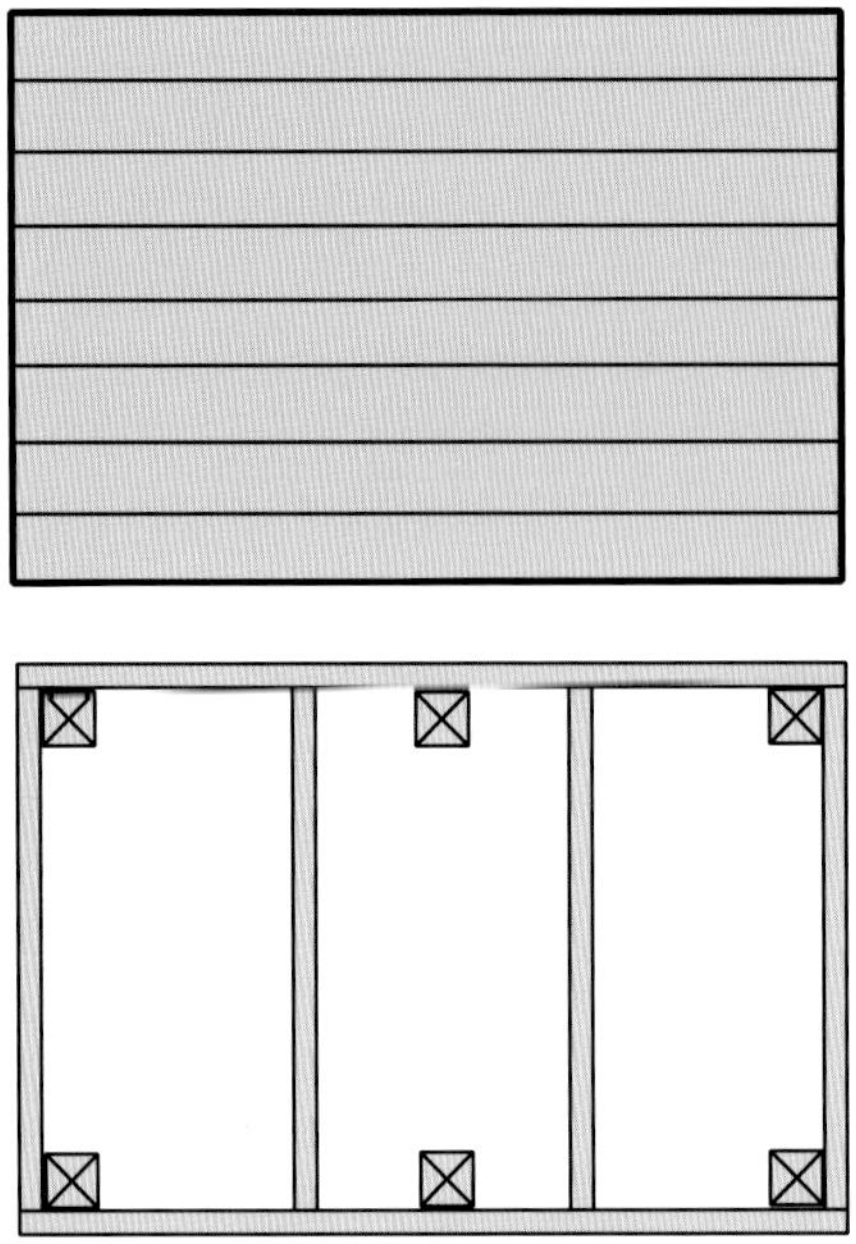

ベーシックな横張り

シンプルな横張りは、見た目に飽きもこないし、長いまま木材を使える点でも効率的です。これを基本として、だんだん複雑になります。

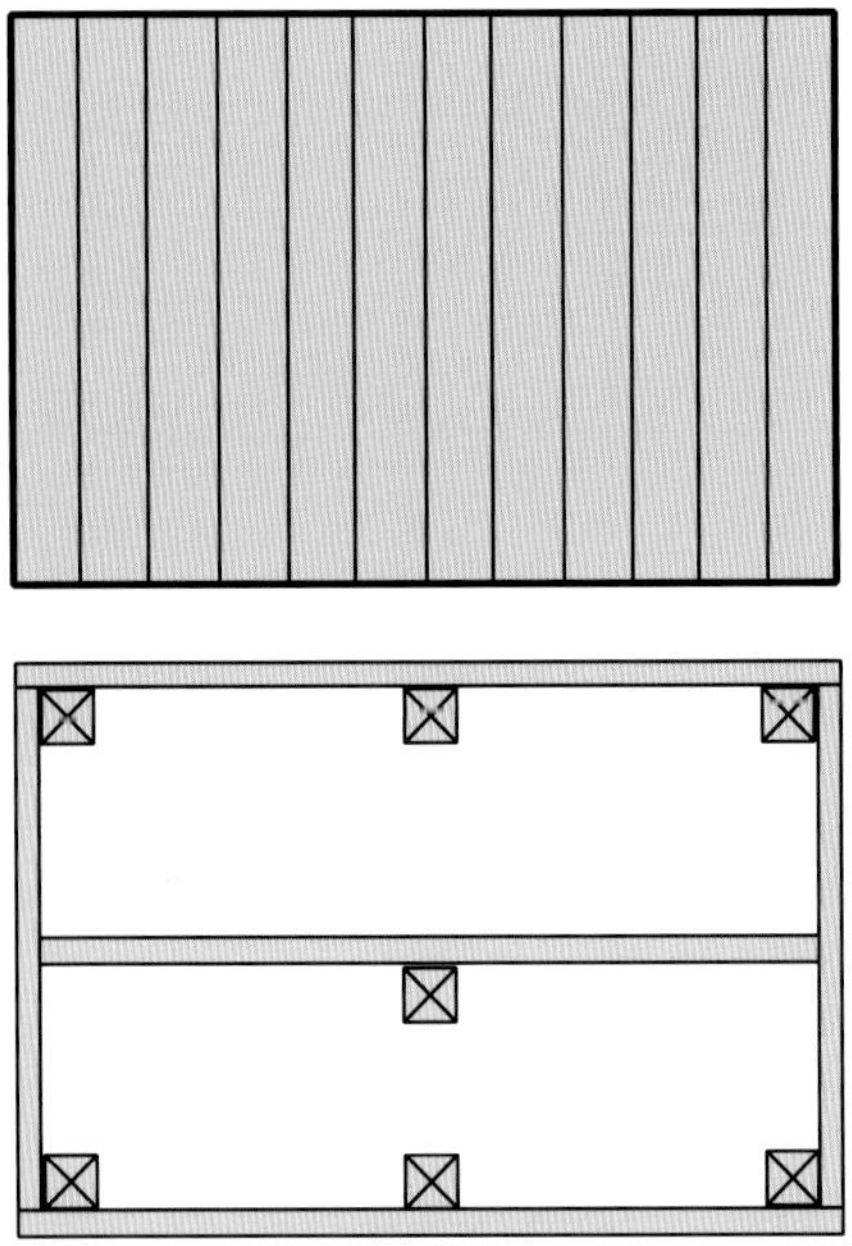

シャープな縦張り

こちらも横張りと同じぐらいポピュラー。今度は根太のほうが横に並ぶかっこうになります。いつも、床板と根太の関係は直角が基本。

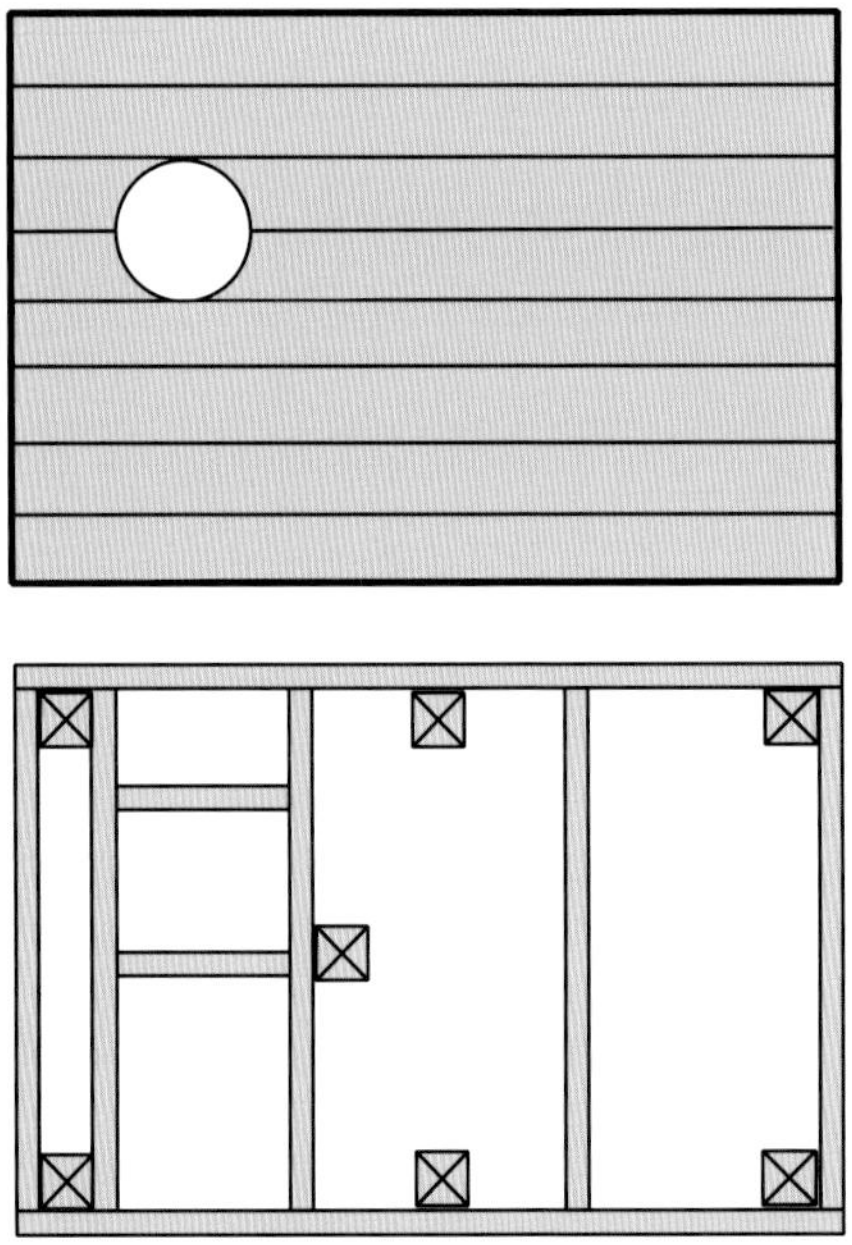

植栽用の穴あけをしたら

穴をあけて庭木を逃がすスタイルは多いですが、穴の周囲は支えを失います。先に外周付近を補強して、それに合わせた根太組みをします。

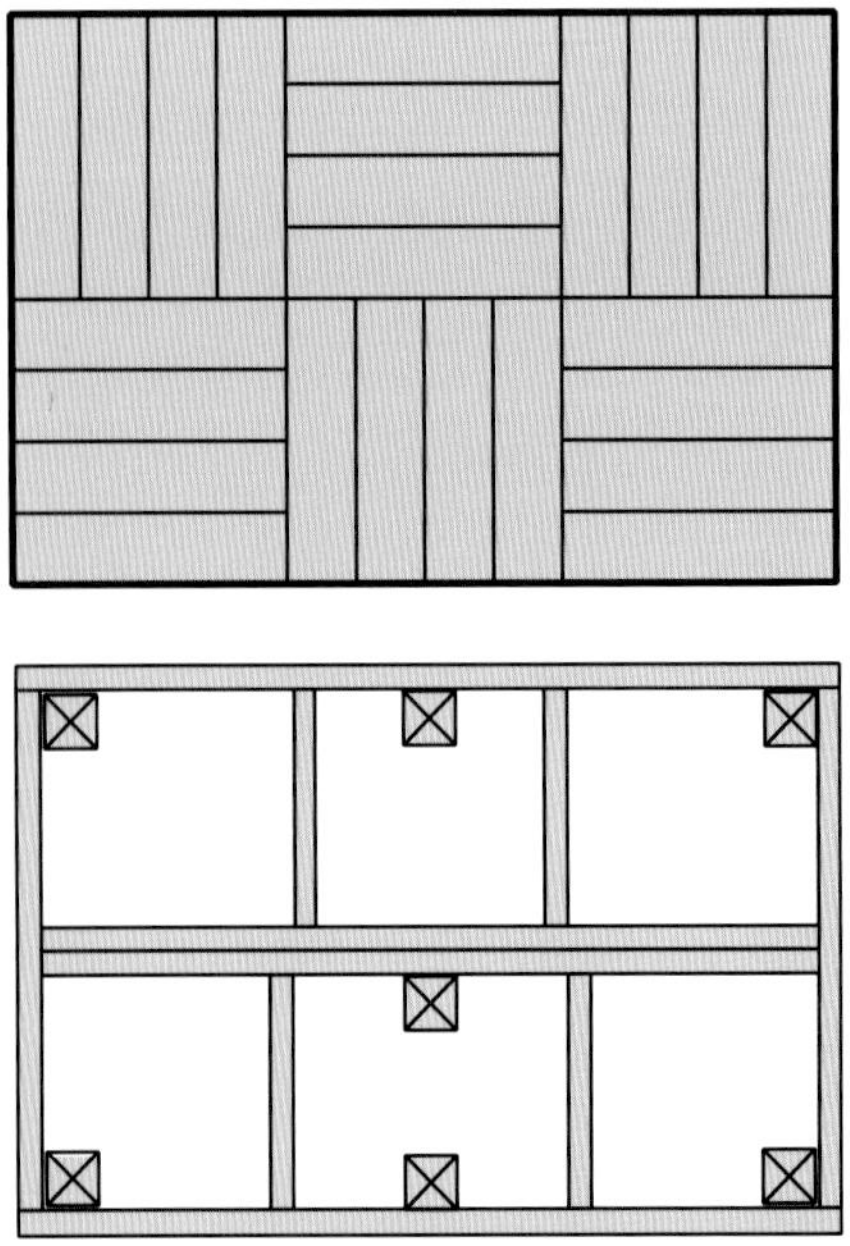

縦・横の組み合わせ

2×6材を並べてミニ正方形にするところがミソ。正方形なら縦でも横でも同じスペースだからです。根太組みは格子の変則型になります。

Step 4

ステップ

1、2段のステップにもいろいろなスタイルがある

踏み面を広くとるのがコツ

ステップは、デッキ製作の総仕上げです。ステップの作りひとつで使いやすさが大きく変わります。床高40～60㎜程度の通常のデッキならせいぜい1、2段ですが、スペースに余裕をもって、踏み面（足をのせる面）をゆったりとるよう心がけましょう。2×10材（238㎜幅）ぐらいは確保しましょう。

とっても簡単、枕木を積むだけ

枕木のサイズは階段にちょうどいい。下に2本、上に1本積むだけで味のあるステップになります。ただ、転がり防止にカスガイをしっかり打っておくことが大切です。

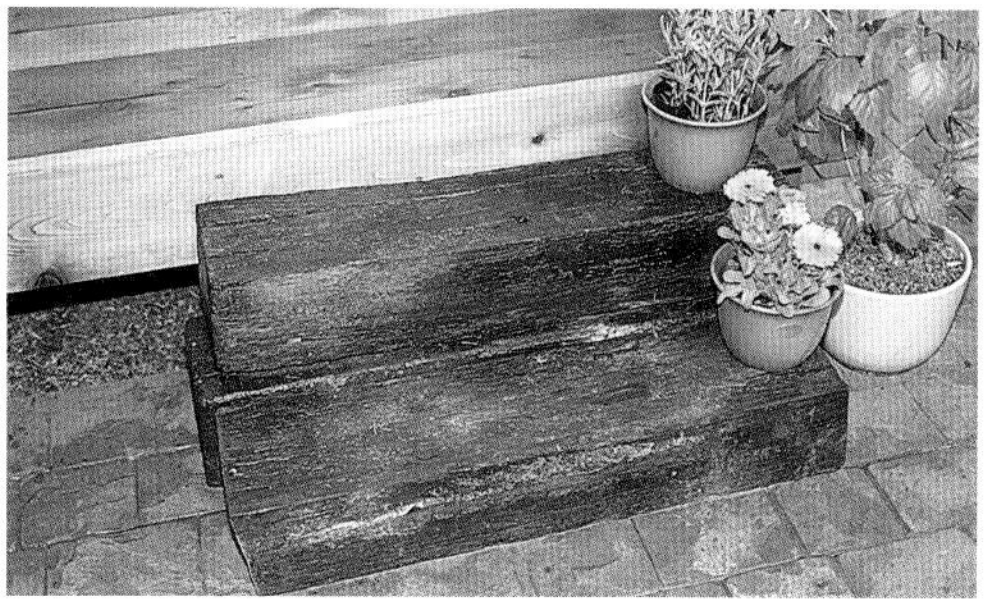

側板のあるステップ

2枚の側板（階段桁）で踏み板をはさんだ構造。踏み板の接合には金具を使ったり、あるいは端材で受けを作ってもいいです。また足元は、直接土に触れさせず、レンガやブロックなどの上に置くほうがいいでしょう。水平出しと、防腐のためです。左の写真はデッキとの連結、踏み板の接合、両方に金具を使っています。右の写真は、幅があるのでたわみ防止に、中に補強を入れた例。900㎜以上になるときは必要です。

デッキの一部に組み込む

難しく考えず、土台を作る段階で、床板の低い部分を想定して根太の配置をすればすみます。デッキとの一体感も増すポピュラーなやり方です。デッキ作りのノウハウを生かしていろいろな形のステップを作れます。

上の写真はデッキを三角に切り取ってステップにした形。左右どちらからも上がりやすいのが特徴。下の写真はデッキの端を使っています。

ささら桁を使った階段

2枚の側板で構成されるステップのひとつですが、側板に踏み板を載せる点が特徴的です。この構造に欠かせない、イラストのような形の側板を「ささら桁」といいます。複雑なカットのようですが、サシガネさえあればだれにでもできます。

まず、大きな段ボールなどに、実際の落差を描いてみましょう。等分に割れば踏み面の位置が出ます。あとは側板の傾斜を、段ボールにあてて決めます。そして、各段にサシガネをあてて、余分な三角形を出してしまえばささら桁のできあがりです。

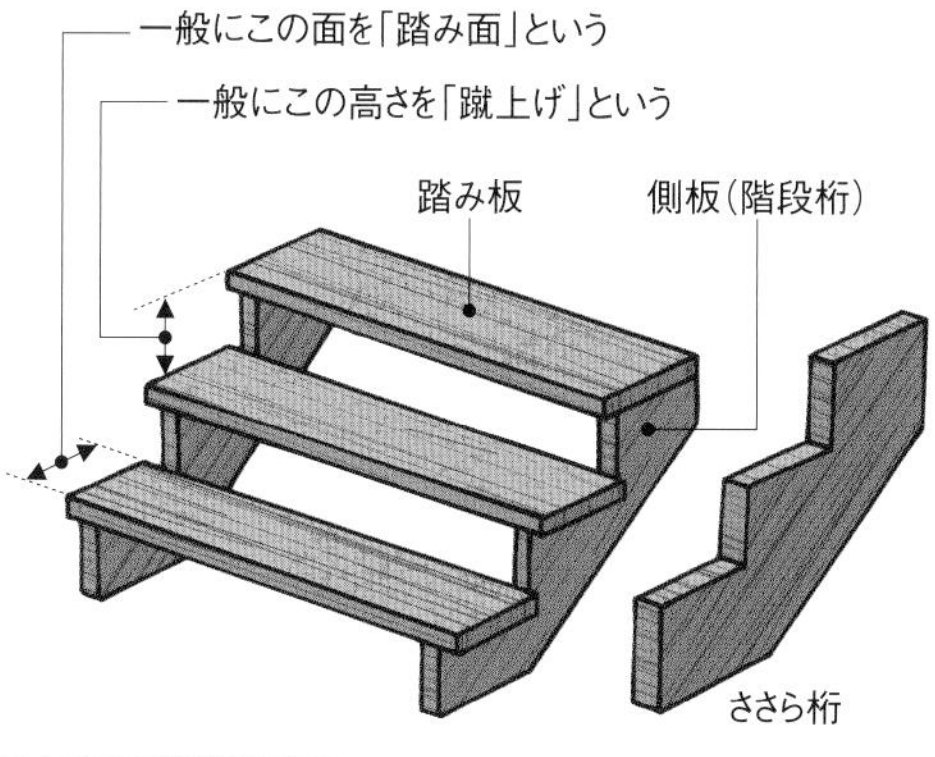
一般にこの面を「踏み面」という
一般にこの高さを「蹴上げ」という
踏み板
側板（階段桁）
ささら桁

庭づくりのための道具&資材ガイド

ＤＩＹで庭をつくるために必要な主な道具と資材を紹介します。大型ホームセンターに行けば簡単にそろえることができ、強い味方になります。

道具篇

電動工具

ジグソー

丸ノコに比べるとパワーは落ちるが、床板を曲線にカットしたり、ポストやフェンスのために材を切り欠いたりする際に活躍する。ブレード（刃）を変えることで、鉄やタイルなども切断可能

丸ノコ

正確ですばやい直線カットができる道具で、ウッドデッキ作りなど木工作業に欠かせない。刃を交換することで、木材だけでなく、レンガやパイプ等も切断することができる。使用の際には注意したい

ディスクグラインダー

ダイヤモンドカッターや切断砥石用のディスクを装着することで、レンガ、ブロックの切断、研磨、サビ取り、金属などの切断などさまざまな作業が可能だ。サンディングディスクを使えば、木材を研磨できる

ドライバードリル

下穴あけと木ネジ締めを繰り返すＤＩＹ木工作業の主役道具。日曜大工の木工組み立てはクギとカナヅチという常識を覆した。先端のビットを替えることで穴あけ等も可能

ランダムサンダー

木材の研磨、金属の研磨、塗装はがし、サビ落としなどで使用する。オービタルダイヤの振動と、円形のサンディングディスクの回転による二つの研磨で、パワフルに磨くことができる。つるつるに仕上がる

インパクトドライバー

内蔵されたハンマー機能で、回転するドライバーの軸に衝撃力を与え、より大きな力でネジを締めることができる。ウッドデッキなど大きな物を作るときは必須

左官道具

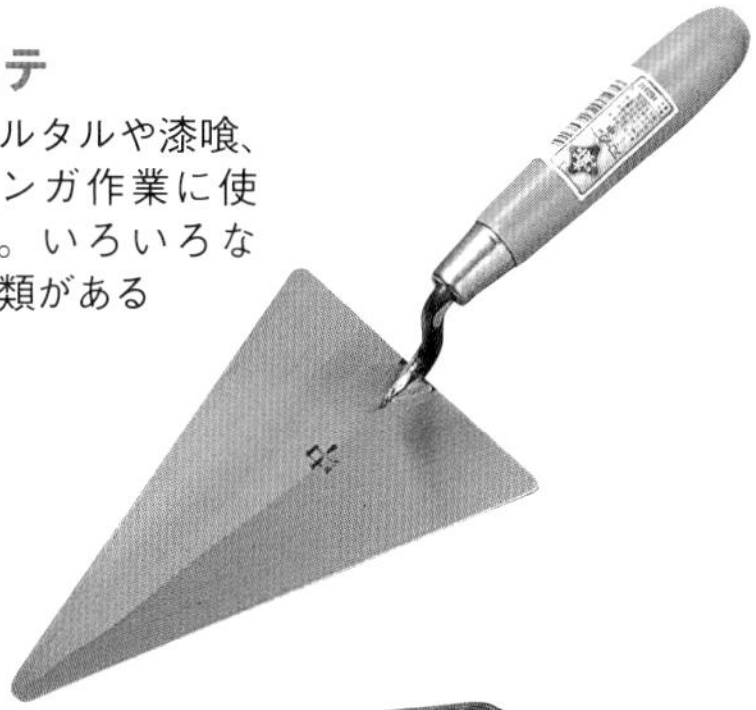

コテ
モルタルや漆喰、レンガ作業に使用。いろいろな種類がある

トロフネ
モルタルなどを練るときに使用。用途に応じていろいろサイズがある

バケツ
モルタル、生コンを練る

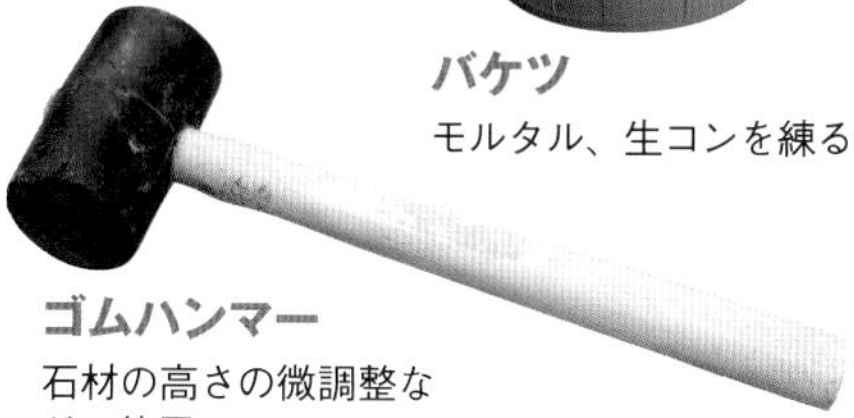

ゴムハンマー
石材の高さの微調整などに使用

タガネ
レンガを加工するときに使用。刃幅のある平タガネがおすすめ

タンパー
地盤をしっかりと固める道具。手作りしてもいい

一輪車
資材の運搬、モルタルを練るときに使用

計測道具

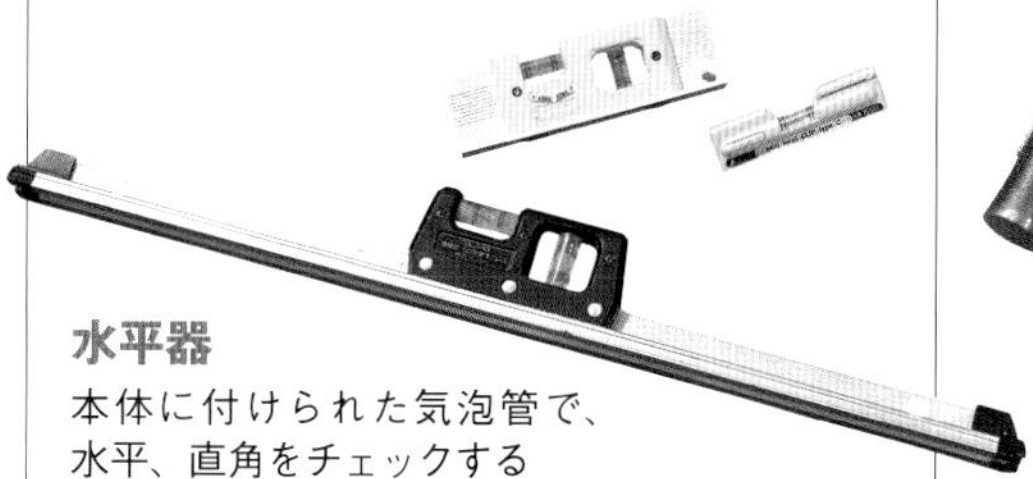

水平器
本体に付けられた気泡管で、水平、直角をチェックする

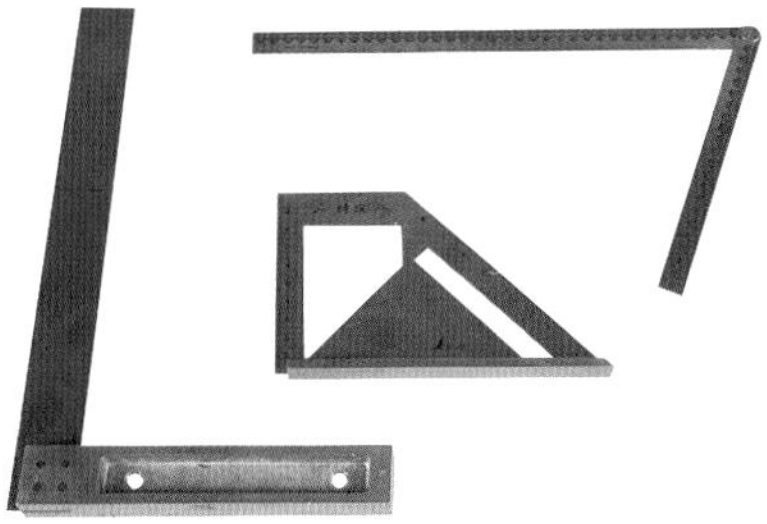

スコヤ
直角の確認、墨つけに使用。任意の角度に固定できる自由スコヤもある

メジャー
採寸する（5.5mが使いやすい）

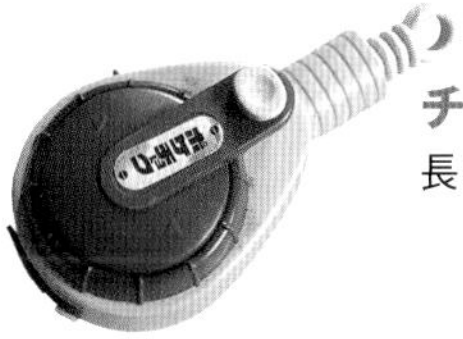

チョークライン
長い墨線を一発で引く

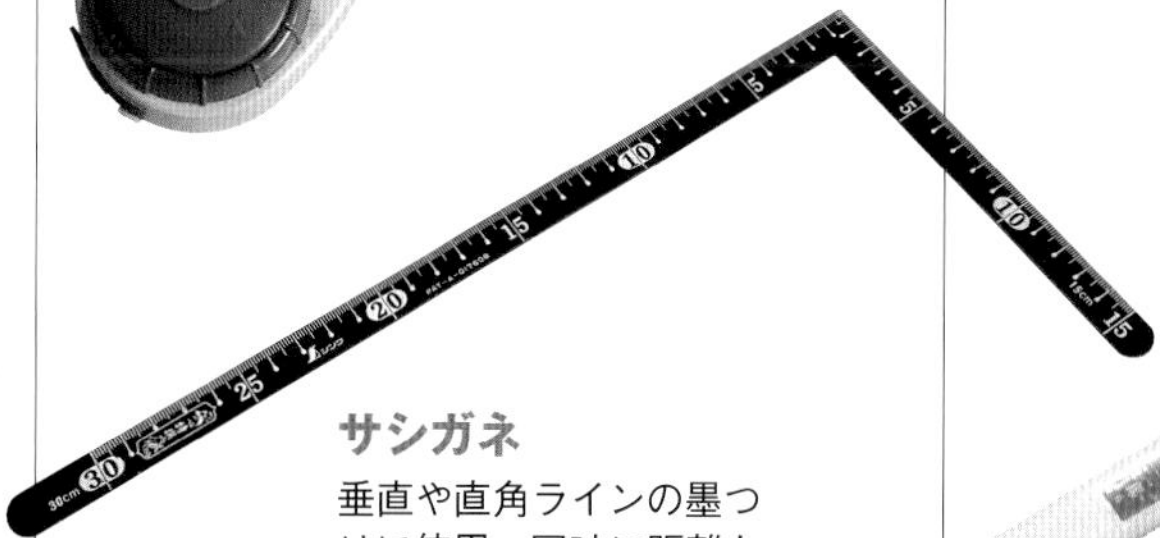

サシガネ
垂直や直角ラインの墨つけに使用。同時に距離も測ることができる

手工具

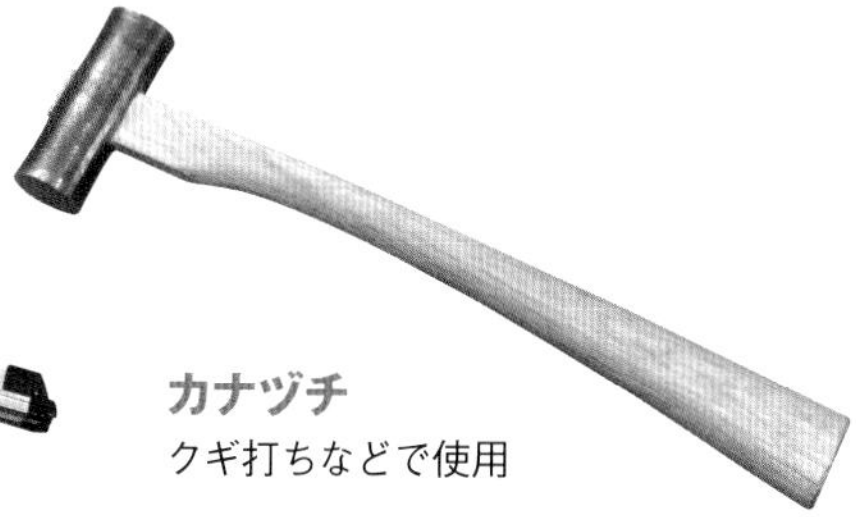

カナヅチ
クギ打ちなどで使用

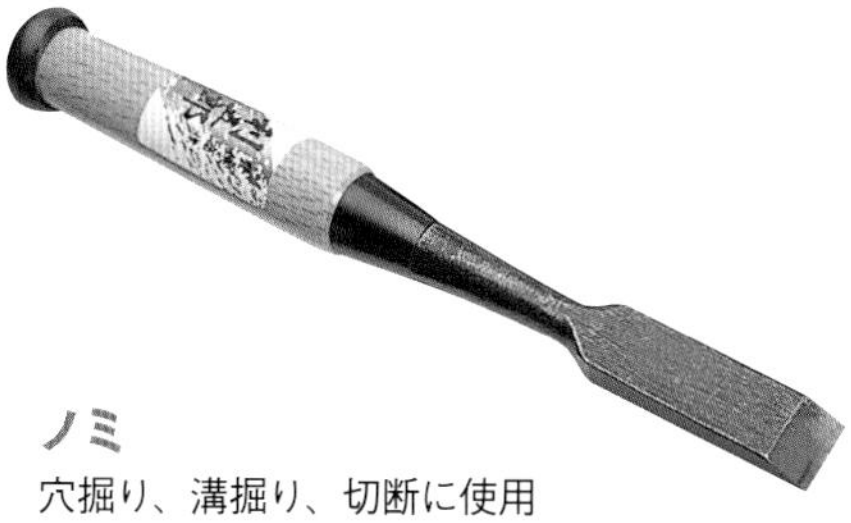

ノミ
穴掘り、溝掘り、切断に使用

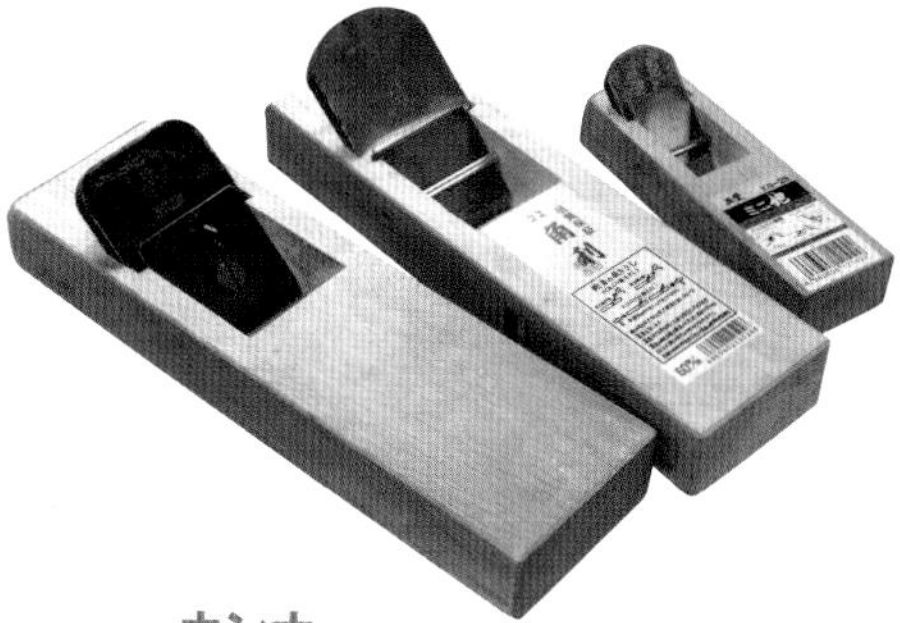

カンナ
表面を削る、面取りをする

ノコギリ
木材を切断する

キリ
穴あけや下穴あけに使用する

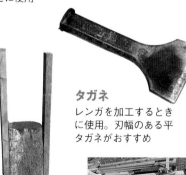

資材

木材

2×材

規格材のためデザインしやすく、カンナがけされ、比較的安価なため、庭づくりの基本となっている材。SPF材、防腐処理済み材、ウエスタンレッドシダーの3タイプが人気です。

サイズは、2×(ツーバイ)という名称のとおり、厚さが2インチになっているもので、2×4材となれば、幅が4インチになります。1×材は薄くなり、4×材は厚くなります。

※正確なサイズは別項参照。

Ⓓ
Ⓔ
Ⓐ
Ⓑ
Ⓕ
Ⓒ

Ⓐ〜Ⓒが1×材。
Ⓓ〜Ⓕが2×材

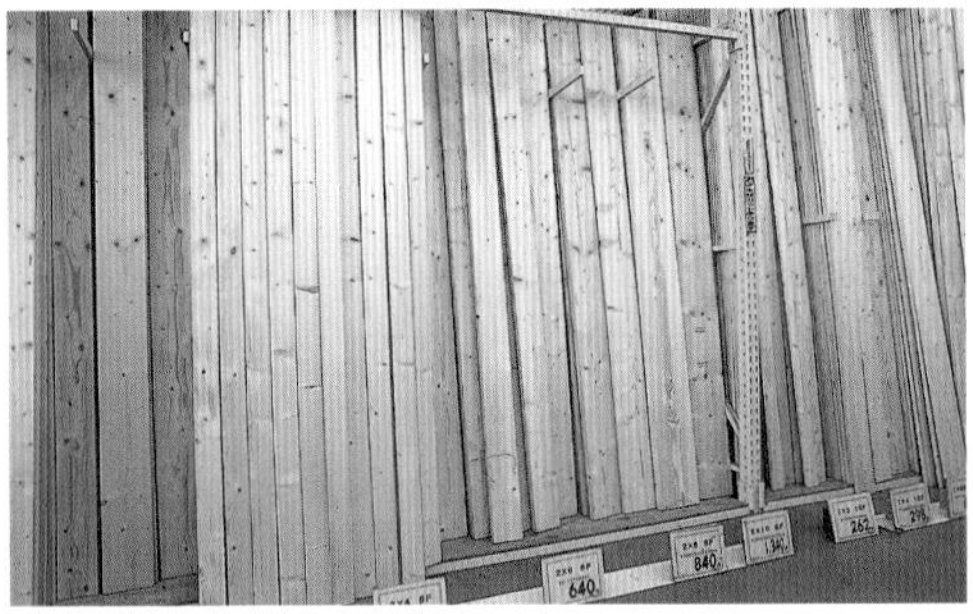

ホームセンターで購入するときは、「反り」や「ねじれ」などのゆがみに注意して選ぶ

2×材長さ例

呼び寸法	実寸法
6フィート	1830㎜
8フィート	2440㎜
10フィート	3048㎜
12フィート	3650㎜
14フィート	4270㎜

2×材断面寸法表

呼び寸法	実寸法
Ⓐ 1×4	19×89㎜
Ⓑ 1×6	19×140㎜
Ⓒ 1×8	19×184㎜
1×10	19×235㎜
Ⓓ 2×4	38×89㎜
Ⓔ 2×6	38×140㎜
Ⓕ 2×8	38×184㎜

枕木

本来は、鉄道に敷く素材でしたが、近年は古い枕木を庭づくりや家周りのエクステリア資材として利用することが多くなりました。アプローチ、フェンス、立水栓などで使用します。

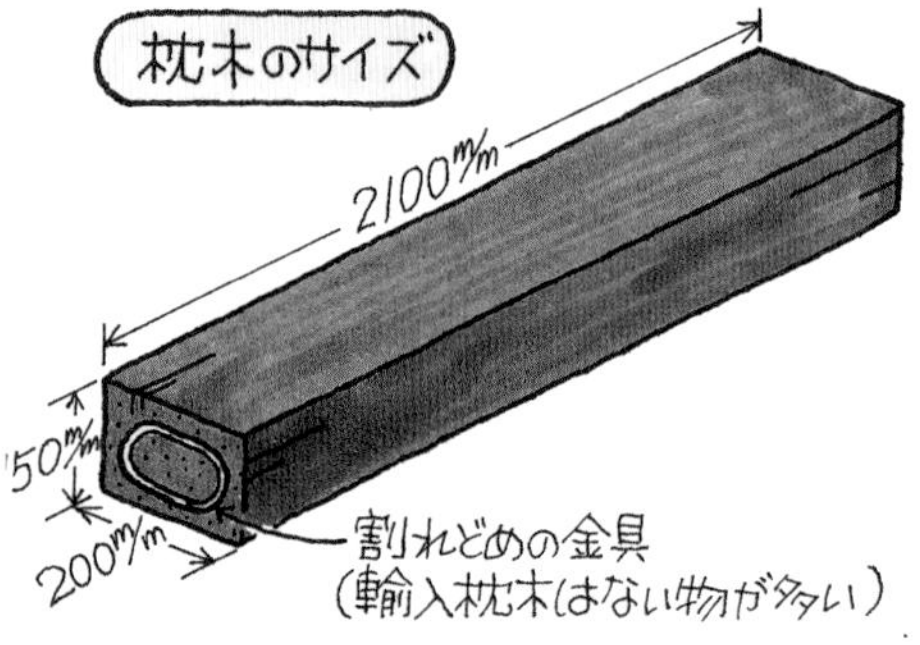
枕木のサイズ
2100m/m
150m/m
200m/m
割れどめの金具
(輸入枕木はない物が多い)

ザックリした枕木の風合いは庭づくりの演出に有効だ

金物

クギ

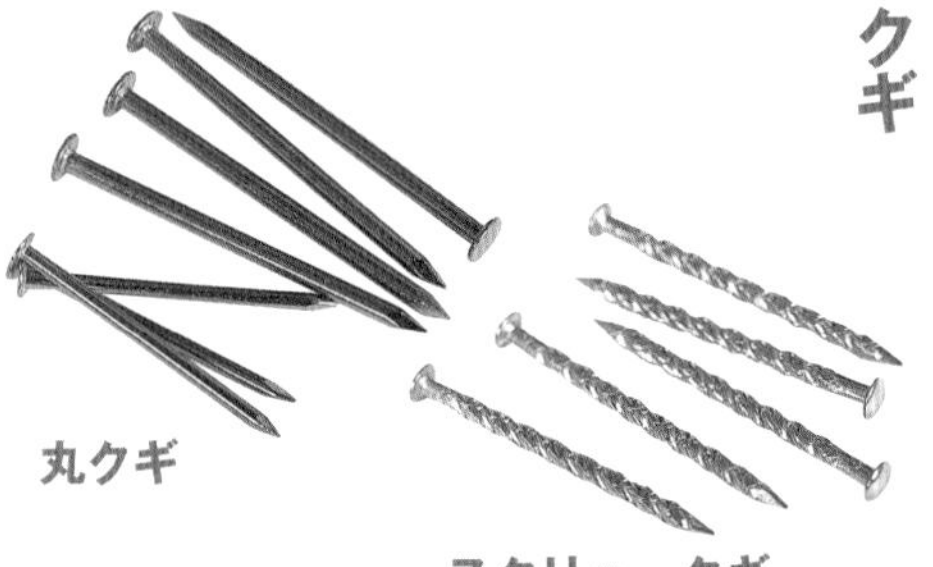
丸クギ
スクリュークギ

木工の接合金具。写真は丸クギとスクリュークギ。打ちつける板厚の2〜3倍の長さを選ぶといい

木ネジ

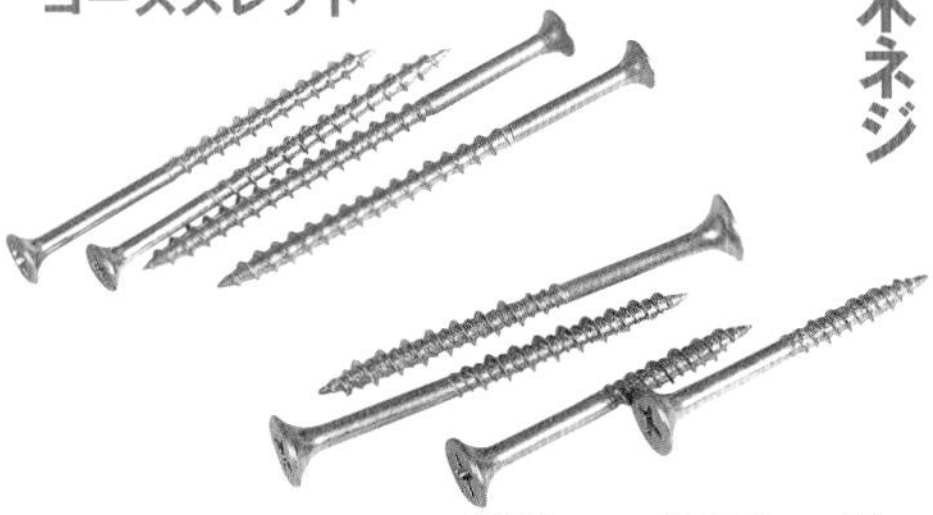
コーススレッド
細軸コーススレッド

コースレッドともいわれる木工用ネジ。保持力はクギの約5倍で、電動ドライバーで締めつけ固定する

石材

基礎石

その名のとおり、ウッドデッキや家などの基礎になる石です。独立基礎の場合の束柱が載る台のことで、コンクリートでできています。沓石や羽子板付き沓石、2×4用基礎石などいろいろなタイプがあります。

羽子板つき沓石(束石)。羽子板と柱をコースレッドで固定する

2×4用基礎石

オーソドックスな基礎石

埋め込み式基礎石

ブロック
塀、簡単な構築物の基礎。ガーデンウォールの下地素材などで使われる

コンクリート平板

レンガ

これまではレンガといえば、国産の赤レンガが主流でしたが、最近は、輸入敷きレンガや積みレンガなどもホームセンターで購入できます。色や風合い、機能、サイズがあり、自分の庭づくりや外構のイメージにあったものを選びましょう。

輸入敷きレンガ。近年種類も豊富になった

アンティークの耐火レンガ。古いヨーロッパ的な雰囲気を演出しやすい

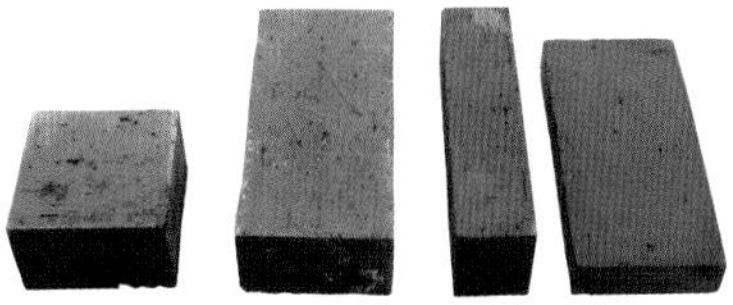

国産赤レンガ。左より半マス、基本、ヨーカン、ハンペン

真ん中がくぼんでいる積みレンガ。モルタルが盛りやすい

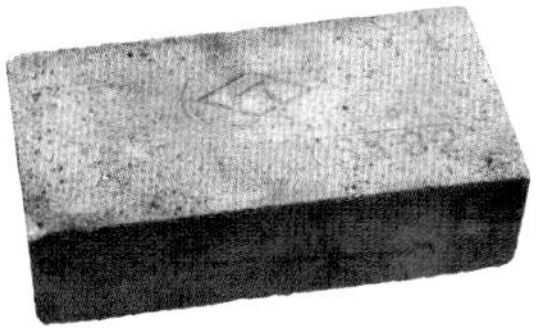

国産の耐火レンガ。写真は「SK32」の刻印があり、摂氏1300度までの対応となっている

乱張り石
不定形の平板。アプローチや庭のテラスに使う

エッジストーンと呼ばれるレンガ。花壇や敷石の縁に利用しやすい

その他

セメント

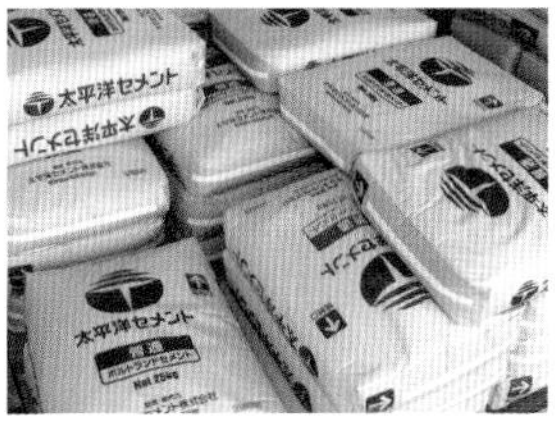

モルタルやコンクリート作りの配合素材。耐火セメントもある

モルタル

レンガワークで使用。砂とセメントの配合比や素材の種類によっていろいろある

砂

コンクリート、モルタルの配合素材、ペイビングの下地で使う。産地によっていろいろある

砕石

コンクリートの配合素材、基礎石の下地で使用。サイズのバリエーションがある

4

3

2

1

グリーンワークで 緑の風がそよぐ庭を作る

庭をナチュラルな雰囲気に変えてくれるグリーンワークは、はじめてでも簡単にできる作業です。ここでは、芝生の張り方とメンテナンス法のほか、わが家の歴史を刻むシンボルツリーの植え方を、詳しく紹介します。

5

1シンボルツリーをレンガの花壇で飾って引き立たせる　2芝生のグリーンが庭に動きを与える　3青空に芝生とツリーの緑が映える　4芝生とペイビングのコントラストが美しい　5石材と枕木の造作とグリーンが調和した庭

グリーンワーク①

裸足で駆け出したくなる

わが家の庭に芝生を張ろう！

陽光が降り注ぐ庭に芝生を敷き詰めれば、そこは緑のじゅうたんになります。裸足で駆け回るもよし、寝転んで過ごすもよし。癒しの空間になります。

ティフトン

野芝

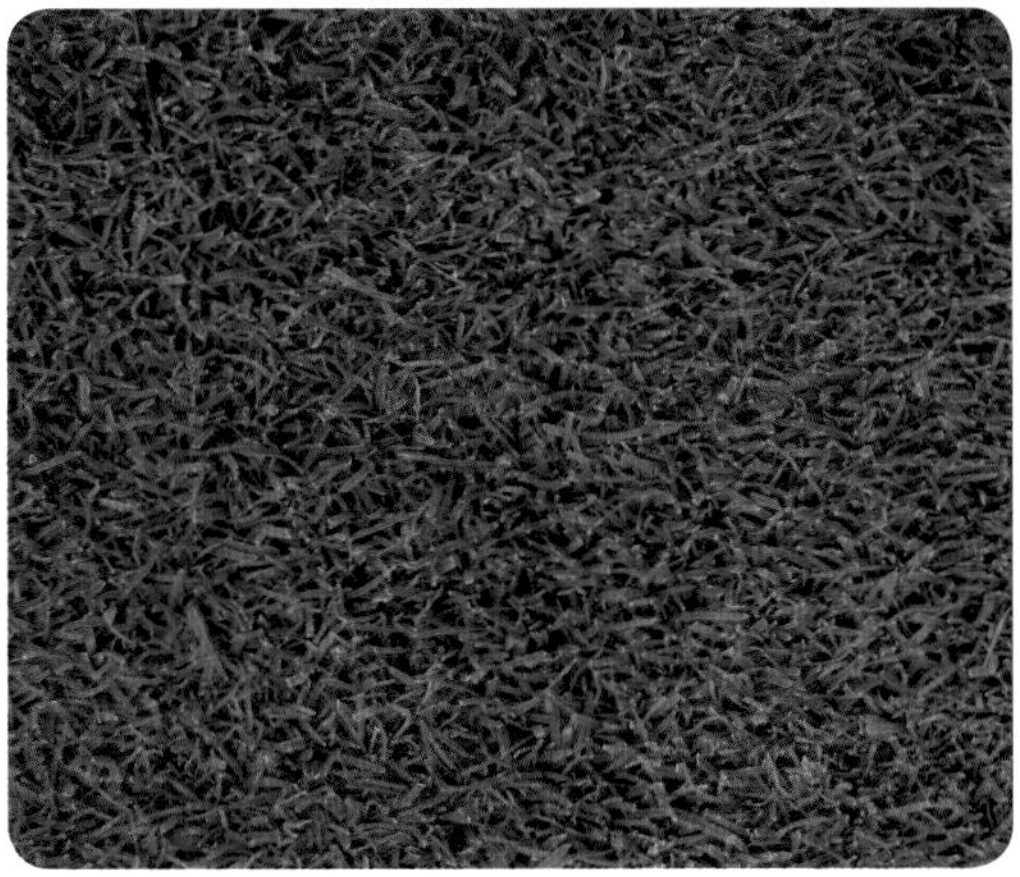
ベントグラス

高麗芝

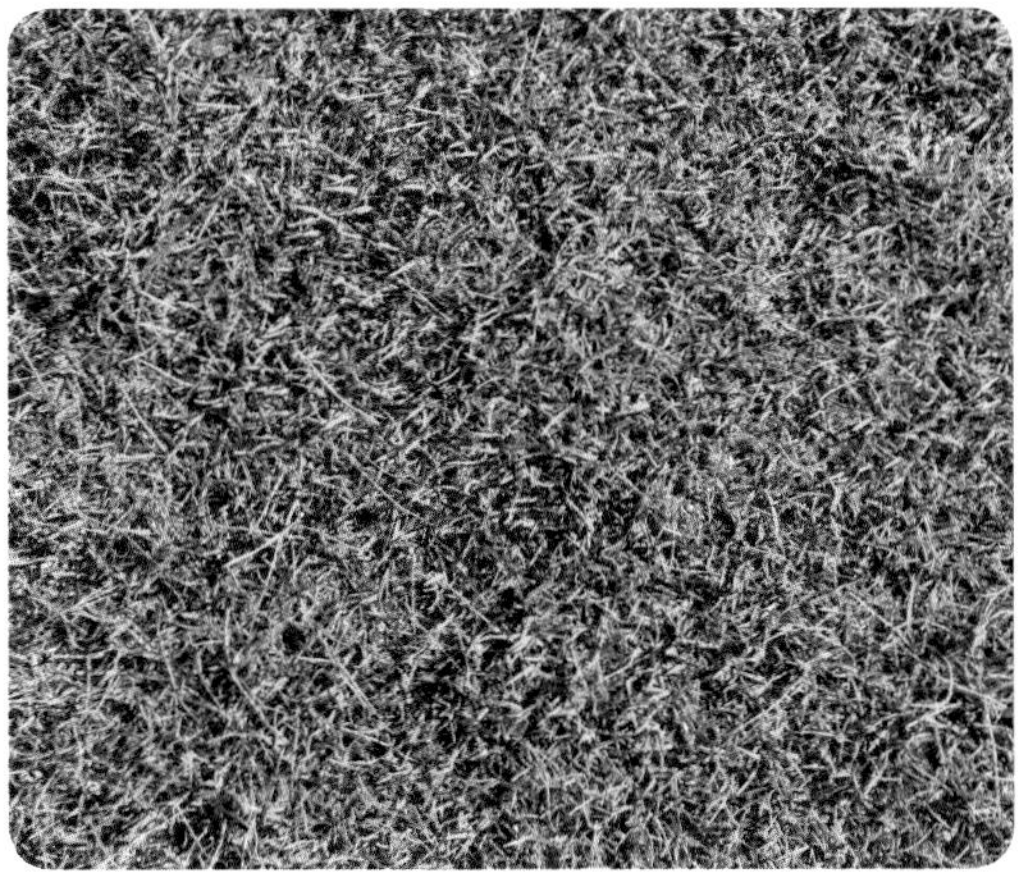
ブルーグラス

姫高麗芝

取材協力・㈲児湯芝農園http://koyusiba.jp/　コーナン商事㈱http://www.hc-kohnan.com
紅大貿易㈱http://www.benidai.co.jp/　リョービ㈱http://www.ryobi-group.co.jp/
宮崎南印刷

Step 1

時期&場所選びと土壌改良

場所と時期

作業は春！ 日当たり&風通し&水はけ良好がベスト

芝生を張るためには、その場所がどんな所なのか知ることが大切です。芝生を張る最適な条件は、次の3つがそろっているのが理想です。

①日当たりがよい
②風通しがよい
③水はけがよい

避けたいのは、日陰や水はけが悪い場所です。

芝生を張る時期は、春が一番適しています。ただ、地域や気候にもよりますが、冬でも雪の降らない場所なら作業できます。季節に応じて気温や水分量に注意すれば大丈夫です。

風通しや水はけも大切

日当たりがいいところを選ぼう

土壌改良

粘土質なら土壌改良を！

次に、その場所がどんな土壌なのかを確認します。耕すときに、スコップに張り付いてくるような粘土質の土の場合は、腐葉土やパーライトなど土壌改良剤を混ぜます。逆にパサパサの砂質の砂も、腐葉土やバーク堆肥などの有機質で保水性と土壌環境を改良します。

ただ、芝生や木などを植えられるように造成された土地でも土壌改良がされていないときがあります。そのままでも芝生は張れますが、芝生を張ってしまった後には、土壌改良が難しくなります。芝生を張る前に土壌改良しておいたほうが、長くよい環境で芝生を楽しむことができます。

土をチェック

腐葉土
木の葉が微生物などによって分解させ土状になったもの

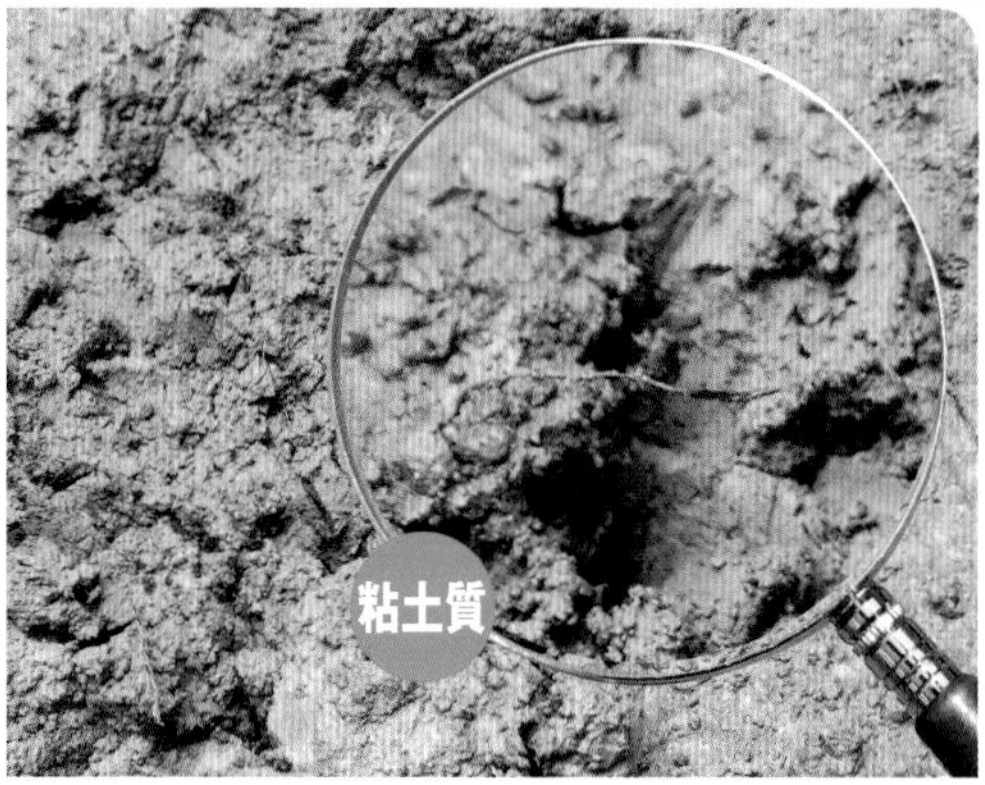

パーライト
真珠岩を粉砕し、高温処理した人工土

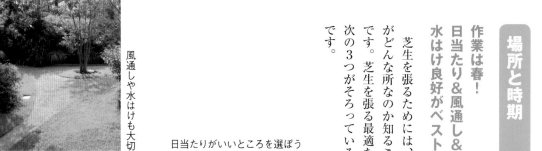

Step 2

芝生選びと芝生の張りパターン

芝生の分類

暖地型　寒地型　庭に合う芝生を選びましょう

芝生には左表のようにいろいろな種類があります。野芝、高麗芝、姫高麗芝（日本芝）やティフトン（西洋芝）などの暖地型芝生と、ベントグラス（西洋芝）などの寒地型芝生です。育成の最適温度は、20～25℃と15～20℃です。

温暖な日本では暖地型芝生がよく使われます。寒くなると茶色く枯れた状態になり、春になると新芽を出して生育します。寒地型は手入れが大変ですが、冬でも美しい緑を保ち、日照不足にも耐え、種子で簡単に増やすことができます。

地域や気候に適している品種の中からお好みの芝を選ぶといいでしょう。購入する際は、厚みのある根がしっかりついた緑の芝生を選びましょう。

芝生の分類

寒 ←　→ 暖

	寒地型芝生（冬シバ）	暖地型芝生（夏シバ）
最適温度	15～20℃	20～25℃
日本芝		・野芝 ・高麗芝 ・姫高麗芝
西洋芝	・ベントグラス類 ・ブルーグラス類 ・フェスク類 ・ライグラス類	・バミューダグラス類（ティフトン） ・セントオーガスティングラス
	 ベントグラス  ブルーグラス	 姫高麗芝  野芝  ティフトン  高麗芝

芝生の張り方

短期完成ならベタ張り、節約なら目地張り

芝生の張り方には、芝の間隔をあけないベタ張りと、2～3㎝ほどあける目地張りがあります。

ベタ張りは、芝の枚数が多くなりますが、すぐに芝生を楽しめます。きれいに並べるのも楽です。

目地張りは、使用する芝生の数を抑えることができますが、基準の糸を張ってもズレやすいため、きれいに並べるには熟練の技を要します。目地から雑草が生えることもあります。好みはあると思いますが、小さな庭であればベタ張りがいいでしょう。

業者や地方によって芝1枚の規格は異なりますが、一束が約1㎡です。

これが一束
（児湯芝農園は37.1×30㎝×９枚で1.0017㎡）

ベタ張り

目地張り

Step 3

芝生をきれいに張ろう！

1 整地

平らにならす

土壌改良とともに、草や石、ゴミなどを取り除き、5～10㎝ほど土を耕して平らにしておきます。

真ん中が低くなったり、デコボコにならないようにします。排水溝や雨水枡に向かって低くなるように水勾配をつけておきます。

雑草を抜いて耕し、平らに整地していく。土壌も改良しておく

2 芝生を並べる

糸を張ってきれいに並べる

テラスやフェンスなど真っすぐなラインに沿って糸を張り、糸に沿って芝を並べていきます。ベタ張り、目地張りとも角が重ならないようにずらして張ります。

端や角などサイズが合わないところは、ガーデン用のハサミを使って芝生を切って調整します。

テラスやフェンスなどに沿って糸を張り、その糸に沿って芝を並べていく

サイズが合わないときは、ガーデン用のハサミで芝を切って調整する

3 目土＆鎮圧

まんべんなく砂をまき軽く踏んで芝を密着させる

芝生の上にさらさらした目土用の砂をまきます。間隔をあけて小山を作っておき、トンボやほうきで広げてならしていきます。目地張りの場合も、全体的にかけていきます。

夏は熱がこもってしまうので少なめ、寒い時期は保温するために多めにまきます。葉が全部隠れてしまわないように注意します。

芝生を並べただけでは、土と芝苗はなかなか密着しません。レーキやスコップで目土をならして芝生にすり込み、軽くたたいておきます。足で軽く踏むのも効果的です。目土のばらつきやデコボコが分かります。

小山を作る

トンボなどで広げていく

脚で踏んでいく

4 水やり＆養生

たっぷり水をまき根が張るまで入らない

最後に、たっぷり水をまきます。数日間、芝生がしっかり根を張るまでは乾燥しないように注意して、こまめに水をやります。表面の砂が白くなったら、水をかけてやりましょう。

すぐに芝生を楽しみたいところですが、根がしっかり張るまではなるべく入らないように養生します。

たっぷり水をやると、芝と土がしまる

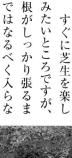

4 愛情を持って育てよう！

芝刈り

5㎝になったら刈る

芝生の管理で一番大切なのが芝刈りです。芝生の高さは2～3㎝くらいがベストな状態。約4～5㎝まで伸びたら芝を刈ります。

その際、短く刈り過ぎると葉がなくなり茎だけになるためうまく生育できません。

芝刈りを忘れると、葉だけでなく、茎（腰）の部分も伸びて高くなります。同時に葉が伸びてくる生長点も高くなるため、刈り込みが難しくなります。

基本は芝刈り機、角や隅はハサミやバリカンで整えます。

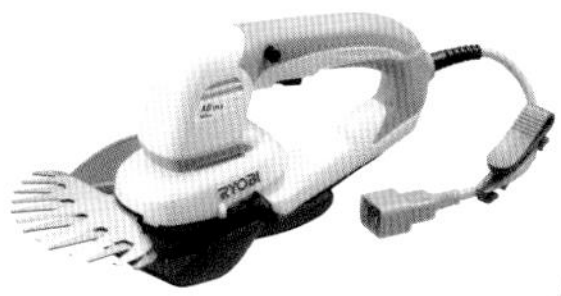

バリカン
角や隅の芝を刈る

芝刈り機
芝生を均一に刈る

雑草と病害虫駆除

見つけたら駆除する

スズメノカタビラ、オヒシバ、メヒシバなどの雑草は、手で抜くか除草フォークなどを使ってていねいに抜き取ります。

6～7月は害虫や病害が発生しやすい時期です。市販の芝生用の殺虫剤などを芝生全体に散布すれば回復します。

スズメノカタビラ

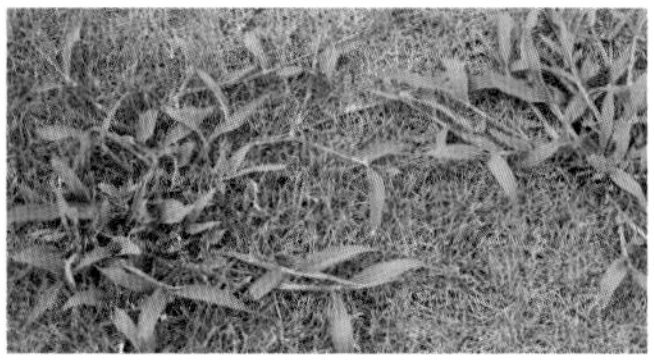

メヒシバ

芝生用スパイク
芝生に穴をあける

芝に穴をあけ新鮮な空気と土を与える

エアレーションと呼ばれる芝生の水はけや通気性をよくするための作業。深さ10㎝、直径1～2㎝の穴を15～20㎝間隔であけ、目土していきます。

根が古くなったり、生育が悪くなったら行ないますが、春に年1回程度で十分です。

水やり＆施肥

朝と夕方に行なう

水やりは朝か夕方に行ないます。特に夏場、昼間に水をまくとお湯のように熱くなり蒸れてしまいます。

また、冬以外は、芝生用の肥料や化成肥料などの肥料を与えます。チッソ、リン酸、カリウムの配合が8：8：8や、10：10：10のものがいいでしょう。

芝生の肥料
芝生用の肥料

化成肥料
チッソ、リン酸、カリウムを配合した肥料

芝生のお手入れ12ヶ月

<table>
<tr><th></th><th>1月</th><th>2月</th><th>3月</th><th>4月</th><th>5月</th><th>6月</th><th>7月</th><th>8月</th><th>9月</th><th>10月</th><th>11月</th><th>12月</th></tr>
<tr><td>芝刈り／月</td><td></td><td></td><td></td><td>1～2回</td><td>2～3回</td><td colspan="4">3～4回</td><td>2～3回</td><td>1～2回</td><td></td></tr>
<tr><td>除草</td><td></td><td></td><td colspan="7">夏草の生育が早いため状況に応じて芝生用除草剤を散布</td><td></td><td></td><td></td></tr>
<tr><td rowspan="2">病害虫対策</td><td></td><td></td><td></td><td></td><td colspan="5">ヨトウムシ、シバツトガ、コガネムシ</td><td></td><td></td><td></td></tr>
<tr><td></td><td></td><td></td><td></td><td colspan="2">葉腐病、立枯病など</td><td></td><td></td><td colspan="2">葉腐病、立枯病など</td><td></td><td></td></tr>
<tr><td>施肥</td><td colspan="12">1～2カ月に1回30～40ｇ／㎡</td></tr>
</table>

グリーンワーク②

シンボルツリーを植えよう!

木々の庭を作る

好みの木を庭に植えれば、そこに木漏れ日が生まれ、緑の風がそよぎます。思っているよりも簡単に植えることができます。株立ちしたヤマボウシを例に植え方を紹介します。

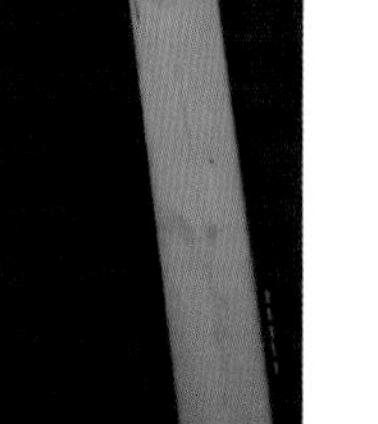

木村博明
（きむら・ひろあき）

1966年1月15日生まれ、千葉県出身。和風モダンな庭づくりで定評のあるガーデンプランナー＆造園家。DIY雑誌「ドゥーパ!」やテレビで活躍中。木村グリーンガーデナー代表取締役。

1 除草後、仮置きして穴を掘る

1 除草する

植える場所を除草する

まず庭の雑草を除去します。少なければ手で、広範囲であれば、前もって除草剤を散布して除去しておきましょう。

2 仮置きする

植える位置を確認するために仮置きする

頭の中で植える位置をイメージしただけで穴を掘り出すのではなく、植える予定の場所に木を置いて、どんな感じになるのかを確認します。

ポイントは、自分が木を眺めたい角度で見てみること。そのとき、根鉢の分だけ木が低くなることを忘れないようにします。

下が安定していないときは、根鉢の下に木などを挟んで垂直にします。

今回は、庭からと家（ウッドデッキ）から眺められるようにしました。ヤマボウシも全体的に枝と葉がついたものを選びました。

3 根鉢をふちどる

掘る場所が分かるように根鉢の周囲をふちどる

植える場所が確定したら、根鉢の周囲をスコップなどでふちどりしておきます。その2、3まわり大きいのが掘る穴の外周になります。

4 穴を掘る

根鉢よりも2まわり&10cm深く垂直に掘って円柱状にする

木をどけて穴を掘ります。円の広さは3で書いた円の2まわり大きく、深さは根鉢の高さよりも10cmほど深くするのが目安です。

根鉢にスコップを当てて高さを測り、穴の底に当てながら10cmほど深く掘れているかをチェックします。広さについてもスコップを使うといいでしょう。

垂直に掘り進みます。中心だけ掘っていき、いわゆるすり鉢状になると、根鉢が動かせなくなります。その点、円柱状になっていれば木の位置や向きを微調整できます。掘った土は穴の横に盛っておきます。

スコップで、根鉢の高さと幅を測り、垂直に掘っていく

根鉢よりも2まわり大きく、10cm深いか確認する

このように円柱状に掘る

すり鉢状に掘ってはいけない

Step 2

土壌改良して木を入れる

1 土を改良する

掘り起こした土にバーミキュライト、腐葉土、マグァンプを混ぜる

土を改良します。掘り起こした土に、土の3割くらいのバーミキュライト（土壌改良用の人工土）と腐葉土（熱を持つのであまり入れすぎない）、そして、マグァンプK（緩効性の元肥）を適量（今回の写真の土の量では手のひらに一杯くらい）をかぶせ、上下を繰り返しながらしっかり混ぜます。

腐葉土などを穴の底にそのまままくのではなく、掘り出した土に混ぜることで、土を戻したときに、根全体に改良した土が行き渡ります。

土壌改良した土

2 木を入れる

改良した土を10cmくらい戻し木を穴に入れる

木を入れたとき、ちょうど根鉢が地面と同じ高さにくるように深く掘っておいた10cm分の土を穴に戻します。深すぎると酸素が入らず、浅すぎると木が倒れてしまいます。

根鉢の麻布やシュロ縄はいずれ腐るのでそのままでOKですが、ゴムポットやビニールは取りはずしておきます。

土を入れて深さをチェックする

3 正面を決める

一番美しい向き（正面）を決める

木にも顔があります。顔（正面）がどこを向いているのか、庭から、家（ウッドデッキ）から眺め、一番美しい位置を確認します。葉がたくさんあって木の幅が広いのが正面です。

背の高い枝や太い枝が、奥にくるようにすると、樹形のバランスがよくなります。

家（ウッドデッキ）から

庭から

見栄えのいい位置を探す

4 土を入れる

根鉢の肩の高さまで土を入れる

根鉢を埋めていきます。目安は根鉢の肩（株の少し下）くらい。このとき、次の手順で入れる水が決壊しないように、一番低い場所に土でせきを作っておきます。

水が漏れないようにせきを作っておく

3 水決めで土をしめて木を固定する

1 水を入れる

根鉢にかからないように水を入れ、木を揺すってすき間をなくす

水を入れます。これを「水決め」といいます。根鉢の上から水をかけると崩れてしまうので、周りから入れます。水を使わず土を埋めて棒で突き詰める「土決め」もありますが、おすすめは水を入れる水決めです。根が乾燥しません。

水を入れたら、すぐに木を前後左右に揺らし、根鉢の底まで水を行き渡らせます。根鉢と土の間に空気の層があると、根が伸びることができません。水を入れることで、水とともに細かい土の粒子が根底に流れてすき間を埋めてくれるのです。

根鉢のわきから水を入れる

木を動かして根底に水を入れる

2 垂直にする

遠くから垂直（目標の角度）を確認する

遠目から木が垂直になっているかチェックします。ここで焦ることはありません。少し傾いていても根鉢の底に水がまだあるので、簡単に動かせます。

今回のように基本は垂直ですが、設計プランに合わせた角度になっているかを確認します。

プロはわざと斜めにすることもあります。たとえば、斜面に木を植えるときは、少し前屈みに植えます。すると、木が上に伸びて面白い樹形になります。（購入するときにそうなりやすい木を選びます）

傾いている

調整する

垂直にする

3 土手を作る

残りの土を穴に入れて、周りに土手を作る

垂直が決まったら、残りの土を根鉢の上にかけ、周りに土手（水鉢）を作ります。

土が緩い場合は、土手の外側をスコップで叩いて固めておきます。

スコップで土を固めて土手を作る

4 土をしめる

土手（水鉢）の中に水を入れて、土をしめる

土手（水鉢）の中に水を入れます。これで、細かい土の粒子が水とともに流れて土が締まり、木が倒れにくくなります。

2、3日に1回、水をかけてあげればいいでしょう。山砂はすぐに水を吸ってしまうので、水鉢に水をためていてもいいですが、粘土質などは改良しても水がたまりやすく、ずっとたまっていると根が腐ります。長時間しても減らないときは、やりすぎに注意します。

土手の中に水を入れる

Step 4

剪定&支柱を入れる

1 剪定する

木のためにからみ枝を剪定する

ほぼ完成ですが、見栄えをよくするために枝を剪定します。基本的には、先端ではなく元から枝を切ります。

木の中心を向いている枝、からみ枝を切っていきます。この枝は中に入って将来育ちません。いずれ枯れてしまう枝なので剪定します。外に向いている枝も切っていきます。

そもそも木を植えるときは根がいじめられている状態なので、葉を減らすことでできるだけ水分を摂る量を減らしてあげるという狙いもあります。

林から掘り出してきた場合などは、負担を軽くするために3割くらいの枝を切ります。そうしないと木が弱ってしまいます。

また、剪定することで、木が「こうしちゃいられない」と、新芽を生やしてきます。

もったいないと思うかもしれませんが、枝が生えているほうが木には負担になっているのです。剪定して美しい樹形を作りましょう。

元を切る

完成!
AFTER
庭から
AFTER
家から
BEFORE

2 支柱を入れる

倒れないように支柱を入れる

木はしなるので折れたり倒れることはあまりありませんが、風が強かったり植樹して根付くまで心配ならば、支柱の杭を打ち込んで枝を固定しておきます。

木は、枝の先が伸びていくので、枝の途中で留めても成長に影響はありません。シュロ縄や杉皮は、自然と腐ります。

01
斜めに杭を打つ

02
枝（や幹）に縄がくいこまないようにするため、杭に当たる部分に杉皮を巻く

03
杉皮で巻いた枝をシュロ縄で杭に留めていく

04
支柱の根元の土を突き固める

完成!

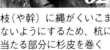

PART 6

庭木&草花カタログ

ガーデニング初心者にも育てやすい93種類の植物をピックアップしました。

樹木をはじめ、彩り豊かな一年草、球根草花、多年草などの特徴や手入れ法をわかりやすく紹介します。個性を生かして素敵な庭づくりを楽しみましょう。

・植物名は、カテゴリーごとに五十音順に並んでいます。
・花色の項目では、濃い青色を「青」、パステル系の薄い青色を「ブルー」と表現しています。
・植えつけの時期は関東地方を基準にしています。お住まいの場所に合わせて調整してください。

春の芽吹きや、花、紅葉など観賞価値の高い樹木も庭づくりに欠かせません。草花とは違った華やぎがあり、1本あるだけで存在感があります。花がない時期にも風に揺れる美しい葉や、愛らしい実が庭を彩ることでしょう。樹形を選べば狭い庭でも十分楽しめます。

アジサイ

ユキノシタ科　落葉樹　低木　樹高：1～2m

用途：添景木

花期：6～7月

植えつけ：12～2月　剪定：7月

特徴 日本の自生種、改良種など多くの品種があり、庭に欠かせない花木のひとつ。花の少ない時期に開花し、庭にみずみずしさを与えます。品種により花形や色合いが異なり、和、洋風のいろいろなタイプの庭に利用可能。病害虫もほとんど見られず育てやすい花木です。

お手入れのポイント 日当たり～半日陰の強い西日の当たらないところに植えつけます。花が咲き終わったらすぐに剪定を。剪定が遅れると翌年花が咲かなくなるので注意。乾燥を嫌うため、乾かさないよう水を与え、夏場は株元を腐葉土などで覆うといいでしょう。

アベリア

スイカズラ科　常緑樹　低木　樹高：1～2m

用途：生け垣、グラウンドカバー

花期：5～10月

植えつけ：3～5月、9～10月　剪定：9～10月

特徴 春から秋の終わりまでの長期間白い花を楽しめます。地ぎわからよく枝を伸ばし生育旺盛。丈夫で刈り込みに強く、公園や道路などの植え込みによく利用されます。白や黄色の斑入り葉種もあり、花のない時期でも観賞価値が高く、庭のアクセントにおすすめ。

お手入れのポイント 耐寒性、耐暑性が強く、日当たりと風通しがよい場所に植えればほとんど手間がかかりません。枯れた枝や、地ぎわから間のびした枝は早めにつけ根から切り取り株を整えます。夏に花が咲き終わってから剪定すると秋にも花を楽しめます。

アメリカテマリシモツケ

バラ科　落葉樹　低木　樹高：1.5～2m

用途：添景木

花期：5～6月

植えつけ：12～2月　剪定：6～7月、12～2月

特徴 初夏に白い小花が手まり状に咲き、花が咲き終わると小さな赤い実がつきます。黄金葉や銅葉の美しい品種もあり、なかでも庭のアクセントになる銅葉の‘ディアボロ’が人気です。株立ち状に育ち、コンテナに植えるとコンパクトに育てることができます。

お手入れのポイント 日当たりと水はけのよいところに植えつけます。花つきの悪い枝や、枝が込んでいる部分はつけ根から切り戻し、枝を更新するといいでしょう。肥料が多いと発色が悪くなるので控えめにします。耐暑性、耐寒性が強く、病害虫もほとんどみられません。

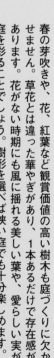

エゴノキ

エゴノキ科　落葉樹　小高木　樹高：2～3m
用途：シンボルツリー、添景木　花期：5～6月
植えつけ：12～2月　剪定：12～2月

特徴 初夏に白い星形の花が下向きに咲き、満開時は庭を明るくします。花が咲き終わると白い丸い実をいくつも結実。暗褐色の樹皮も美しく、落葉後も樹姿を楽しめます。上に広がる樹形を生かし、夏の緑陰樹としてデッキまわりなどに植えてもいいでしょう。

お手入れのポイント 日当たりから半日陰の水はけのよいところに、腐葉土を混ぜて植えつけます。やや乾燥を嫌うので、株元に強い直射日光が当たらないようにしましょう。自然樹形に仕立てるのが一般的で、剪定は不要枝をつけ根から切る程度にします。

オリーブ

モクセイ科　常緑樹　高木　樹高：2～5m
用途：シンボルツリー、添景木　花期：5～6月
植えつけ：3～5月、9～10月　剪定：8～9月、2～3月

特徴 洋風の庭に合う、銀葉の美しい人気の樹木です。直立する品種と上に広がる品種があるので、植える場所に合わせて樹形を選びましょう。実を楽しむには、1本では受粉しないので、違う品種で開花期の近いものを2本以上植えるのがポイント。

お手入れのポイント 日当たりと水はけのよい場所を好みます。やや寒さに弱く、北風が直接当たらないところが安心。湿気を嫌うので、伸びすぎた枝などは剪定し通風をよくします。オリーブゾウムシが発生することがあるので、見つけたら早めに駆除しましょう。

ギンバイカ（別名：マートル）

フトモモ科　常緑樹　低木　樹高：0.5～3m
用途：添景木、生垣、コンテナ　花期：6～7月
植えつけ：4～6月、9～10月　剪定：6～7月

特徴 小さな葉が密につき、香りのある雄しべの長い白い花が初夏に咲きます。花が咲き終わると実がつき、秋に黒く熟します。葉に斑の入る品種もあります。葉はキッチンハーブとして楽しめ、海外ではブーケに利用し、縁起のよい植物とされています。

お手入れのポイント 日当たりと水はけのよいところに植えつけます。やや寒さに弱いので、北風を避けて植えつけると安心。蒸れを嫌うため、密生しすぎた枝や伸びすぎた枝を剪定します。ただし、枝先に花がつくので剪定は花が咲き終わってからにしましょう。

シマトネリコ

モクセイ科　常緑樹　高木　樹高：2～5m

用途：シンボルツリー　花期：5～6月

植えつけ：3～5月、9～10月　剪定：3月

特徴 さわやかな葉は明るい印象があります。初夏に白い芳香のある花が密に咲き、花が咲き終わると細いへらのような形の実がつきます。すらりと伸びる樹形が美しく、シンボルツリーにおすすめ。雑木の庭づくりに人気の樹木です。

お手入れのポイント 日当たりのよいところを好みます。本来暖地性の樹木なので、北風が当たらないところに植えつけます。生育旺盛なので、伸びすぎる枝や葉の量を調整し、樹形の美しさを保ちましょう。萌芽力が高く長めに枝を剪定しても大丈夫。

シモツケ

バラ科　落葉樹　低木　樹高：0.6～1m

用途：添景木、根締め、グラウンドカバー　花期：5～8月

植えつけ：12～2月　剪定：8～9月、12～2月

特徴 初夏、枝先にピンクの小花が密に咲き、明るい雰囲気に。品種により多彩な葉色があり、緑や黄、新芽がオレンジ色になるものと花のない時期にも楽しめます。庭のアクセントや花壇の縁取りにするといいでしょう。大きくなりすぎず扱いやすい花木のひとつ。

お手入れのポイント 日当たりと風通しがよい場所を好み､花がらを摘むと次々に開花します。伸びすぎた枝があれば株元近くから切り戻しましょう。また、数年に1度、枝を長めに剪定して株の更新を。風通しや日当たりが悪いと病害虫が発生するので注意が必要。

ジューンベリー（別名：アメリカザイフリボク）

バラ科　落葉樹　小高木　樹高：2～6m

用途：シンボルツリー、添景木　花期：4～5月

植えつけ：12～2月　剪定：12～2月

特徴 春に株いっぱいに咲く白い花、小さな赤い実、紅葉と楽しみの多い花木です。ジャムなどの食用になる実は実つきがとてもよく、1本でも結実します。観賞価値が高く、シンボルツリーにもおすすめ。野鳥を呼ぶ樹木としても知られ人気があります。

お手入れのポイント 日当たりと水はけのよい場所に植えます。肥沃な土を好むので、植えつけの際に腐葉土を混ぜるとベター。株元から出る不要枝や、長く伸びた枝は切り戻します。耐暑性、耐寒性が強く、病害虫もほとんど見られないので無農薬栽培も可能です。

シルバープリペット

モクセイ科　常緑樹　低木　樹高：1 ～ 2m
用途：添景木、生垣など　花期：5 ～ 6月
植えつけ：3 ～ 5月、9 ～ 10月　剪定：5 ～ 10月

特徴 美しい斑入りの葉を一年中楽しめ、庭を明るく彩るカラーリーフとして人気があります。大きくなりすぎない扱いやすさも魅力。初夏には芳香のある白い小花を穂状に咲かせ、秋には黒い実がなります。刈り込みに強く、生け垣などいろいろな場所に使えます。

お手入れのポイント 日当たりと水はけのよい肥沃な土に植えます。長く伸びた枝は間引くように剪定し、斑のない緑葉や、斑の不鮮明な葉が出たら、枝のつけ根から早めに切り取りましょう。夏場に株元が乾きすぎるときは、ワラなどを敷いて株元を覆います。

スモークツリー

ウルシ科　落葉樹　高木　樹高：2 ～ 5m
用途：シンボルツリー、添景木　花期：5 ～ 7月
植えつけ：12 ～ 2月　剪定：12 ～ 2月

特徴 春に咲く花は目立ちませんが、花が咲き終わってからにつくふわふわとしたピンクやワインレッドなどの花房が人気です。丸みを帯びた葉は、明緑色や銅葉があり、葉だけでも庭のアクセントに。紅葉も美しく、観賞価値の高い樹木のひとつです。

お手入れのポイント 日当たりと水はけのよいところなら、土質を特に選ばずよく育ちます。伸びすぎた枝や細い枝は、つけ根から切り戻します。枝が込んでいるときは小枝をすかし、葉に日が当たるように整えましょう。病害虫もほとんど見られず丈夫です。

ハナミズキ

ミズキ科　落葉樹　高木　樹高：2 ～ 4m
用途：シンボルツリー、添景木　花期：4 ～ 5月
植えつけ：12 ～ 2月　剪定：12 ～ 2月

特徴 シンボルツリーとして人気のある花木です。花に見える部分は苞(ほう)といわれる葉。上向きにつく苞の先はくぼんでいます。秋には紅葉と赤い実も楽しめます。品種が多く赤や白い苞、斑入り葉なども。日本の気候によく合い、丈夫です。

お手入れのポイント 日当たりと水はけのよいところを好み、特に土質は選びません。枝の込んでいる部分や、長く伸びた枝先を剪定します。新しく伸びた枝に花をつけるので、剪定しないと花つきが悪くなることも。アメリカシロヒトリやうどんこ病に注意します。

ハナモモ

バラ科　落葉樹　高木　樹高：2～5m

用途：シンボルツリー、添景木　花期：3～4月

植えつけ：12～2月　剪定：3月

特徴 早春を彩る華やかな花。食用のモモの仲間で花が美しいものをハナモモといいます。品種が豊富で、赤と白の咲き分けをはじめピンク、白などの花色がそろい、枝垂れ咲きなども。色や樹形の違うものをまとめて植えて楽しめます。

お手入れのポイント 日当たりと水はけのよいところに腐葉土を混ぜて植えつけます。花が咲き終わったら、込んでいる部分や伸びすぎた枝を剪定します。株元から出る不要枝は早めに切り取りましょう。アブラムシやカイガラムシがつくことがあるので注意。

ビバーナム

スイカズラ科　落葉樹または常緑樹　低木　樹高：1～2m

用途：添景木　花期：4～6月

植えつけ：12～2月　剪定：4～5月

特徴 枝先に咲く白い手まり状の花がこぼれるように咲きます。品種により、秋から冬に楽しめる小さな赤やコバルトブルーの実がつくのも魅力。品種が多く常緑や落葉のものがあり、特徴もさまざま。大きめのコンテナなどに植えてもいいでしょう。

お手入れのポイント 日当たりと水はけのよい、肥沃な土を好みます。落葉する種類は寒さに強く育てやすいのも魅力。花が咲き終わったら、古枝や込んでいる枝、不要枝をつけ根から切り詰めます。アブラムシやテッポウムシに注意しましょう。

ヒペリカム

オトギリソウ科　落葉樹　低木　樹高：0.8～1.5m

用途：添景木　花期：4～6月

植えつけ：12～2月　剪定：2～3月

特徴 次々と花を咲かせる明るい黄色い花が目を引く樹木。長い雄しべが印象的なものや、赤い実がつく「アンドロサエムム」があります。葉色が明るいものが多く、斑入り葉の品種もあり、管理も楽なので庭に取り入れやすい樹木といえます。

お手入れのポイント 日なたから半日陰の水はけがよいところを好みます。夏場の直射日光は、葉焼けを起こすので避けたほうが無難。放任しても花が咲きますが、コンパクトにしたい場合は長めに枝を剪定します。アブラムシなどがつくことがあるので注意を。

ブルーベリー

ツツジ科　落葉樹　低木　樹高：1～2.5m
用途：シンボルツリー、景観木、採果用　花期：4月
植えつけ：12～2月　剪定：12～2月

特徴 おいしい実だけではなく、スズランのような花や紅葉も魅力で、シンボルツリーにおすすめ。大きく分けてハイブッシュ系とラビットアイ系に分かれますが、品種が多く性質も異なります。コンテナでも育てられ、丈夫で手間がかかりません。

お手入れのポイント 日当たりと風通しのよい場所に植えつけます。酸性土壌を好むので、植え場所にピートモスを混ぜましょう。系統が同じで品種の異なるものを２本以上合わせて植えつけると結実しやすくなります。不要枝や伸びすぎた枝は冬に剪定しましょう。

ヤマボウシ

ミズキ科　落葉樹　高木　樹高：2～4m
用途：シンボルツリー、添景木　花期：5～6月
植えつけ：12～2月　剪定：12～2月

特徴 ハナミズキの近縁種です。花に見える苞(ほう)といわれる葉は先がとがります。赤や斑入り葉の品種もあり、観賞価値は大。紅葉が美しく、秋につく紅色に熟す実は食べられます。株立ち状に育つので、狭いスペースにも利用できます。

お手入れのポイント 日当たりと水はけのよい場所を好みます。長く伸びた枝には花がつきにくいので、枝先を切るといいでしょう。全体を同じ長さにするような剪定は避け、自然樹形になるよう、不要枝は切り詰めるように剪定します。病害虫はあまり見られません。

ユキヤナギ

バラ科　落葉樹　低木　樹高：2～5m
用途：添景木、生垣　花期：2～3月
植えつけ：12～2月　剪定：3～4月

特徴 やや芳香のある白い小花を、弓型に垂れ下がる枝にたくさん咲かせます。大輪花や花弁の縁がピンクを帯びる品種などもあります。小さな葉は秋になると黄色系に紅葉し、見ごたえ十分。日本原産で育てやすい花木のひとつです。

お手入れのポイント 日当たりと水はけ、風通しのよいところを好みます。樹形をコンパクトに保ちたい場合や古枝は、花が咲き終わったら長めに剪定を。枝が込むと蒸れやすく、カイガラムシやうどんこ病が発生しやすくなるので、不要枝は切り戻すのがポイントです。

樹形や葉色が美しく、いろいろな草花と合わせやすい主役にも脇役にもなる植物です。刈り込まなくても樹形が整いやすく、一年中葉を楽しめるのも魅力。生長速度や樹高に差があるので、植える場所に合わせて樹種を選びましょう。

アリゾナイトスギ「ブルーアイス」

ヒノキ科　常緑高木　針葉樹　樹高：1～5m
用途：シンボルツリー、添景木
植えつけ：10～12月、3月、6月
剪定：2月、7月、9月

特徴 白い粉を吹いたような涼しげな青緑の新葉が美しく、冬でも色が変わりません。シンボルツリーに最適です。枝葉はしっかりとしていて、耐寒性があります。生長は早く、刈り込みや剪定に耐えます。葉にはさわやかな香りがあるのも魅力。

お手入れのポイント 日当たりと水はけのよいところを好みます。風雨に当たると銀白色が損なわれるので、強風の当たらないところに植えつけましょう。ある程度大きくなったら刈り込んで円錐型に整えます。小さなうちから葉先を切り、分枝させるといいでしょう。

サワラ「フィリフェラオーレア」

ヒノキ科　常緑高木　針葉樹　樹高：10m～
用途：シンボルツリー、グラウンドカバー
植えつけ：11月、3月旬
剪定：2月、7月、9月

特徴 黄金イトヒバともいわれるほど美しい葉色が特徴。細長い枝が糸状に垂れ下がり、一年中黄金色の葉は冬季にややオレンジ色がかります。円錐状に育ち、シンボルツリーにも最適。銅葉など異なる葉色のものと組み合わせるのもいいでしょう。

お手入れのポイント 日なたから半日陰を好みます。水はけのよい肥沃なところに植えつけましょう。葉が密なので、内側が蒸れないよう風通しにも注意。内側を低く刈り込みグラウンドカバーにもできますが、株が小さなうちから枝が立たないようにまめに摘心が必要です。

サワラ「フィリフェラオーレア ナナ」

ヒノキ科　常緑高木　針葉樹　樹高：2m～
用途：グラウンドカバー
植えつけ：11月、3月
剪定：2月、7月、9月

特徴 「フィリフェラオーレア」の側枝から選抜した品種です。本種も黄金色の葉が美しく、糸状の葉が垂れ下がります。樹形はこんもりとした半球形になり、グラウンドカバーや生け垣などに向いています。「フィリフェラオーレア」より生育は早くありません。

お手入れのポイント 日なたから半日陰で生育。水はけと風通しのよい肥沃なところを好みます。葉が密なので、内側が蒸れないよう注意しましょう。芯となる枝が直立することが少ないので、グラウンドカバーにしても手入れが楽。生長に合わせて樹形を整えます。

ニイタカビャクシン「ブルーカーペット」

ヒノキ科　常緑低木　針葉樹　樹高：60～80cm

用途：グラウンドカバー

植えつけ：10～12月、3月、6月　剪定：2月、7月、9月

特徴 枝は横に伸び、枝が重なり合いながら地面を覆うように生長。春から秋は灰青色の葉ですが、寒さに当たると茶褐色を帯びます。グラウンドカバーに適しており、葉色が明るいので重い印象になりません。ロックガーデンなどにもいいでしょう。

お手入れのポイント 日なたから半日陰の水はけのよいところを好みます。風通しもよくし、蒸れを防ぎましょう。枯れ葉があれば根元から取ります。暑さにやや弱いので、夏は腐葉土などで株元を覆ったり、遮光したりすると安心です。

ニイタカビャクシン「ブルースター」

ヒノキ科　常緑低木　針葉樹　樹高：30～50cm

用途：グラウンドカバー

植えつけ：10～12月、3月、6月　剪定：2月、7月、9月

特徴 樹高が高くならず、株張りが1mほどの矮性種です。株は半球状になり、狭い庭にも向きます。葉は灰青色で、寒さに当たると紫色を帯びます。生育は遅く、1年に10cmほどしか伸びません。ロックガーデンや寄せ植えにも向く人気品種です。

お手入れのポイント 日当たりと水はけのよいところに植えつけます。葉が密につき、蒸れやすいのでほかの植物などと密植しないほうがいいでしょう。樹形は自然にまとまるので手間がかかりません。枯れ枝を見つけたらこまめに取ります。

モントレーイトスギ「ゴールドクレスト」

ヒノキ科　常緑高木　針葉樹　樹高：10m～

用途：シンボルツリー、添景木

植えつけ：11月、3月　剪定：2月、7月、9月

特徴 黄緑色や黄金色の明るい葉が好まれ、最も普及しているコニファーのひとつ。葉にはサンショウに似たようなさわやかな香りがあります。円錐状に大きくなり、クリスマスの飾り用に人気。何本かまとめて植え、垣根のようにしても素敵です。

お手入れのポイント 生育旺盛な樹木ですが、根の張りがあまりよくなく、倒伏しやすいので樹高を制限するといいでしょう。風通しが悪くなると蒸れやすく、病害虫が出ることがあるので、注意します。大きめのコンテナで栽培することもできますが、水切れには要注意。

グラウンドカバー

Ground cover

地面をはうように広がるグラウンドカバーは、丈夫で手軽に育てられます。日当たりが悪く寂しくなりがちな場所や、乾燥ぎみのところでもどんどん育ち、庭がみずみずしく変身。ナチュラル感がアップし、庭をセンスアップしてくれます。

アイビー

ウコギ科　ツル植物　草丈：0.3m ～

用途：斜面、壁面、グラウンドカバー

植えつけ：4 ～ 9月

剪定：3月、6月

特徴 葉色や葉形の種類が多く、植える場所によって選べる楽しみがあります。白や黄色の斑入り種は明るい雰囲気で人気。冬には紅葉する品種もあり、一年中葉が楽しめます。生育旺盛でツルをよく伸ばし、庭にみずみずしさを与えます。

お手入れのポイント 日なたから日陰でよく育ちます。斑入り葉は、夏の直射日光に当たると傷むことも。枝が込み、風通しが悪くなるとカイガラムシが発生するので枝を間引き、通風をよくしましょう。伸びすぎたツルや傷んだ葉を切り戻す程度で手間がかかりません。

アジュガ

シソ科　多年草　草丈：10 ～ 15cm

用途：グラウンドカバー

開花：4 ～ 5月　花色：紫、ピンク、白

植えつけ：4 ～ 9月　剪定：花が咲き終わってから

特徴 グラウンドカバーの代表的な植物のひとつです。斑入りや銅葉の品種があり、花のない時期にも美しい葉が楽しめるのが人気。立ち上がるように咲く穂状の花は見ごたえがあります。横によく広がり、草丈は高くならないので樹木の株元などに植えても素敵です。

お手入れのポイント 半日陰でもよく育ちますが、やや乾燥に弱いので適度な湿り気のあるところに植えつけます。花後は株元から花茎を切り戻します。株がふえすぎると蒸れやすくなるので、春や秋に株を分けるといいでしょう。新芽にアブラムシがつくことがあるので注意。

イワミツバ

セリ科　多年草　草丈：20 ～ 40cm

用途：花壇、グラウンドカバー

開花：6 ～ 8月　花色：白

植えつけ：4 ～ 6月　剪定：花後

特徴 さわやかな色合いの斑入り葉と、コンパクトに育つ草姿が美しい品種。葉の縁には切れ込みが入ります。初夏、長く伸びた花茎の先に、傘状の白い花を咲かせます。半日陰でも育ち、庭を明るく見せてくれるのでシェードガーデンにも向いています。

お手入れのポイント 耐暑性がやや弱いので、平地では半日陰に植えたほうがいいでしょう。木の下や午前中のみ日が当たるところでもよく育ちます。地下茎により株がよくふえるので、数年に1回株分けを。新芽にアブラムシなどがつくことがあるので注意します。

グレコマ（別名：カキドウシ）

シソ科　多年草　草丈：5～20cm
用途：グラウンドカバー、花壇、ハンギング　開花：4～5月　花色：淡紫
植えつけ：4月、9月　剪定：4～10月

特徴 淡緑色の小さな丸みを帯びた葉に、不規則に斑が入るのが特徴。地面をはうように伸び、春に淡紫の小花を咲かせます。耐寒性が強く、冬でも葉が残ることがあります。伸びるツルを生かし、ハンギングなどを利用して高いところから垂らしてもいいでしょう。

お手入れのポイント 日なたから半日陰で育ちます。多湿を嫌うため、水はけと風通しのよいところに植えつけましょう。ふえすぎたときは間引くように切り戻すほか、蒸れにも注意。葉が減ったら切り戻して新芽を促します。病害虫はほとんど見られません。

タイム

シソ科　多年草　草丈：10～30cm
用途：グラウンドカバー、ロックガーデンなど　開花：4～6月　花色：ピンク、白、紫など
植えつけ：4月、9月　剪定：6～12月

特徴 分岐しながら広がる小さな葉にはよい香りがあります。品種により斑入り葉や細い葉があり、香りも異なります。初夏に茎の先にピンクや白、紫の小花が、株を覆うようにたくさん咲きます。料理やティーに使える品種もあります。

お手入れのポイント 乾燥ぎみを好むので、日当たりと風通し、水はけのよいところに植えつけます。株が茂ると蒸れやすく、葉が枯れる原因になるので、花が咲き終わったら株全体の３分の１を刈り込むといいでしょう。冬前に刈り込むと春に美しい新芽が出ます。

タマリュウ

ユリ科　多年草　草丈：5～20cm
用途：グラウンドカバー　開花：7月　花色：白
植えつけ：4～5月、9～10月　剪定：－

特徴 日陰のグラウンドカバーに欠かせない植物のひとつです。草丈が伸びすぎず、寒さ暑さに強く、扱いやすさも魅力。夏に目立たない花を咲かせ、冬にブルーの光沢のある小さな実がつきます。斑入り葉や、黒葉、小型の品種も人気。

お手入れのポイント 半日陰から日陰でよく育ちます。非常に強健で、極度の乾燥に注意すればほぼ枯れません。生長は早くありませんが、冬でも葉を楽しめます。伸びすぎた葉を刈り込む程度でよく、ほとんど手がかからないのが魅力。病害虫も見られません。

ツルニチニチソウ（別名：ビンカマジョール）

キョウチクトウ科　多年草　草丈：30cm ～
用途：グラウンドカバー　開花：4 ～ 6月　花色：白、淡紫、濃紫
植えつけ：3 ～ 4月、9 ～ 10月

特徴 光沢のある卵形の葉が広がり、春、上に伸びた茎の先に花を咲かせます。白や黄色の斑入り葉の品種もあり、庭を明るく見せます。近縁種のヒメツルニチニチソウは、葉や花が本種よりやや小さめ。ツルが伸びるので、花壇の縁から垂らしても素敵です。

お手入れのポイント 日なたから半日陰の水はけのよいところで育ちます。耐寒性がありますが、寒風などで葉が傷むことがあります。伸びすぎた茎は切り戻しましょう。株が込むと蒸れてカイガラムシが発生しやすくなるので、間引きをしてください。

ハツユキカズラ

キョウチクトウ科　ツル性植物　草丈：10 ～ 30cm
用途：グラウンドカバー　開花：4 ～ 6月（開花はまれ）
植えつけ：4 ～ 6月、9 ～ 10月

特徴 春に旺盛に出る新芽は白く、直射日光に当たるとピンク色を帯び、遠くから見ると花が咲いているようです。生長期には斑入り葉や緑葉との葉色の違いを楽しめるのが魅力。充実した葉は斑がなくなり緑になりますが、寒さに当たると紅葉します。

お手入れのポイント 日なたから半日陰の水はけのよいところを好みます。日陰でも育ちますが、白い斑が入らないなど、葉色の変化がなくなります。寒風や、真夏の直射日光で葉が傷むことも。刈り込みに強いので伸びすぎた茎は切り戻し、株を整えましょう。

ヒューケラ

ユキノシタ科　多年草　草丈：20 ～ 60cm
用途：グラウンドカバー、花壇　開花：5 ～ 6月　花色：赤、白
植えつけ：4 ～ 6月、9 ～ 10月

特徴 銅葉や黄葉など葉色の美しい品種が多くそろいます。葉の形もフリンジや切り込みが入るものなど、さまざま。初夏、花茎を長く伸ばし小花を咲かせます。葉色の違う品種を組み合わせて、庭のアクセントにしてもいいでしょう。暖地では冬でも葉が残ります。

お手入れのポイント 日なたから半日陰で育ちます。夏の西日や多湿を嫌うので、風通しと水はけのよいところに植えつけましょう。花が咲き終わったら花茎や枯れ葉をまめに取り、株が大きく育ったら、春か秋に株分けをします。ナメクジには注意。

ポリゴナム

タデ科　多年草　草丈：10cm
用途：グラウンドカバー、花壇　開花：7～11月　花色：ピンク
植えつけ：4～6月、9～10月

特徴 模様の入る葉をはうように伸ばし、広い面積に広がります。初夏から晩秋にかけて、枝先に小さな球状のピンク花をたくさん咲かせます。こぼれ種子でもふえるほど生育旺盛。秋には紅葉を楽しめ、暖地では冬でも葉が残ります。

お手入れのポイント 日なたから半日陰でよく育ちます。暑さや寒さ、乾燥にも強く丈夫。茎が伸びすぎたときは刈り込み、株を整えましょう。真夏に花が咲かない場合もありますが、涼しくなると開花します。ほとんど手間がかからず、病害虫も見られません。

リシマキア

サクラソウ科　多年草　草丈：10cm
用途：グラウンドカバー、花壇　開花：5～7月　花色：黄
植えつけ：4～6月

特徴 明るい緑の小さな葉は、地面を覆うように広がります。初夏に黄色の花が一面に開花すると、さらに庭が明るくなります。葉が黄色の「オーレア」も人気。生育旺盛で育てやすく、草丈が高くならないので、多年草の株元に植えてもいいでしょう。

お手入れのポイント 日なたから半日陰の水はけのよい場所を好みます。日なたのほうが花つきがよくなりますが、強い直射日光に当たると葉焼けすることも。株がふえすぎると蒸れやすくなるので、枝数を減らすよう切り取ります。病害虫はほとんど見られません。

リッピア（別名：ヒメイワダレソウ）

クマツヅラ科　多年草　草丈：5～10cm
用途：グラウンドカバー、ロックガーデンなど　開花：5～11月　花色：淡ピンク
植えつけ：4～6月、9～10月

特徴 ピンクの小花が株いっぱいに咲き、草丈が高くならずカーペット状に庭を埋めます。生育旺盛でよく広がるので、1㎡あたり6ポットほどで十分です。雑草が生えづらくなる効果があるのもうれしいところ。傾斜地などを埋めるのにも向いています。

お手入れのポイント 日当たりと水はけ、風通しのよい場所を好みます。乾燥ぎみを好むので、株が込みすぎたら間引き、過湿にならないようにしましょう。冬季は表面が枯れますが、根が残り、耐暑性も高く手間がかかりません。病害虫もほとんど見られません。

球根草花

Bulbs

色とりどりの美しい花を咲かせる球根草花は、花壇に欠かせないアイテムのひとつです。早春の、花の少ない時期に咲く秋植え球根、開花期が長く華やかな色合いの春植え球根など品種もさまざま。育てやすく、初心者でも手軽に楽しめます。

アイリス

アヤメ科　秋植え球根

草丈：10 ～ 60cm　花色：青、黄、白

花期：4 ～ 6月

植えつけ：10 ～ 11月

特徴 葉は細く、すらっとした花茎に優美な花が咲きます。品種が多くあり、代表的なものはダッチアイリス。草丈が15 ～ 20cmと低い「レティキュラータ」は冷涼地に適しています。花色が豊富で、花色の濃淡を混ぜたり、まとめて植えたりすると見ごたえがあります。

お手入れのポイント 日なたで水はけのよいところを好みます。連作を嫌うので、前年にアヤメ科の植物を植えた場所は避けましょう。植えつけ前に石灰をまいて土を中和し、10cmほど間隔をあけて植えます。葉が枯れたら掘り上げ、風通しのよいところで保管します。

イフェイオン（別名：ハナニラ）

ユリ科　秋植え球根

草丈：10 ～ 20cm　花色：青、白

花期：3 ～ 4月

植えつけ：10 ～ 11月

特徴 葉の香りや形がニラに似ているのでハナニラともいわれる植物。花弁の先がとがった小さな星型の花を次々と咲かせます。寒さに強く、一度植えるとどんどんふえ、群生します。コンパクトな草姿なので、花壇の縁取りなどにまとめて植えるといいでしょう。

お手入れのポイント 日当たりと水はけのよいところに植えつけます。日当たりの悪い場所では花が開きません。5 ～ 10cmほど間隔をあけて植え、3年ほどは植えっぱなしでかまいません。非常に丈夫で、植えつけ後はほとんど手間がかからないのが魅力です。

オキザリス

カタバミ科　春植え、秋植え球根

草丈：10 ～ 40cm　花色：黄、白、ピンク

花期：10 ～ 4月

植えつけ：春植え 4月　秋植え 9月

特徴 品種が豊富で、葉に斑点などの模様が入る品種や銅葉など、葉色、花色ともにさまざまです。原産地の違いにより、春に植えて夏に咲くタイプと、秋に植えて冬から春に咲くタイプがあります。葉も花も日中は開き、夜や天気の悪い日は開かない性質があります。

お手入れのポイント 日当たりと水はけのよいところに間隔をあけて植えつけます。土質も選ばず、暖地では植えっぱなしでも大丈夫。繁殖力が旺盛で、生育が衰えたら休眠時に掘り上げて分球しましょう。春植え種は10月ごろ、秋植え種は5月ごろに休眠します。

ガーデンシクラメン

サクラソウ科　秋植え球根

草丈：10～20cm　花色：赤、白、ピンク

花期：11～3月　植えつけ：11～2月

特徴 冬に咲く代表的な花のひとつ。華やかな花色が、花の少ない時期に庭を彩ります。株はコンパクトにまとまり、丈夫で、次々と花を咲かせるのが特徴。色合わせをして植えたり、ほかの花とコンテナに寄せ植えしてもいいでしょう。

お手入れのポイント 日当たりと風通しのよいところに植えつけます。シクラメンのなかでは寒さに強いタイプですが、南側の霜が降りない場所で育てるといいでしょう。花がらをこまめに摘み取り、液体肥料を週に1度与えると、より多くの花が楽しめます。

クロッカス

アヤメ科　秋植え球根

草丈：5～10cm　花色：黄、白、紫

花期：2～4月　植えつけ：10～11月

特徴 早春に花を見せてくれる花のひとつ。明るい花色で、マツのような細い葉がつきます。花はあまり大きくなく、草丈も低いので、何個かまとめて植えるといいでしょう。ロックガーデンなどに植えて自然な雰囲気を楽しむのもおすすめです。

お手入れのポイント 日当たりと水はけのよいところに5cmほどの間隔で植えつけます。植えつけ前に石灰を混ぜ、よく耕しておきましょう。花が終わったら速効性の肥料を与え、葉は枯れるまで切り取りません。耐寒性があり、２～３年は植えっぱなしでＯＫ。

コルチカム

秋植え球根

草丈：20～30cm　花色：ピンク、白

花期：9～11月　植えつけ：8～9月

特徴 土や水がない、机の上などでも開花するユニークな花。つぼみが出てきたら、日なたに移すときれいな花色になります。葉は花が終わってから出てきて、夏に地上部が枯れ休眠します。八重咲きの「ウォーターリリー」という園芸品種もあります。

お手入れのポイント 日当たりと水はけのよいところに、20cmの深さで植えつけます。土なしで楽しんだ球根は、花後すぐに土に植えて速効性の肥料を与え、球根を太らせれば翌年も楽しむことが可能。耐寒性があり、２～３年植えっぱなしでもかまいません。

スイセン

ヒガンバナ科　秋植え球根

草丈：10～30cm　花色：黄、白

花期：1～4月　植えつけ：10～11月

特徴 早春から香りのよい花を咲かせる清楚な花です。花の中心のラッパの部分が特徴的。品種が多く、大きな花をひとつ咲かせるタイプや房咲きになるタイプなどさまざまです。同じ品種のものをまとめて植え、群植させるといいでしょう。

お手入れのポイント 日当たりと水はけのよいところに植えつけます。暑さはやや苦手なので、夏は半日陰になるところが安心。開花後は花茎を切り、勢いよく出る葉は枯れるまで切りません。2～3年は植えっぱなしにしても大丈夫です。

スノーフレーク（別名：スズランスイセン）

ヒガンバナ科　秋植え球根

草丈：30～40cm　花色：白

花期：4月　植えつけ：10月

特徴 長く伸びた花茎の先に、スズランのような白花を下向きに数個咲かせることからスズランスイセンともいわれている植物。花弁の縁に緑色の小さな模様が入ります。清楚な雰囲気で人気があり、丈夫で育てやすい花のひとつです。

お手入れのポイント 日なたから半日陰の水はけのよいところに植えつけます。15cmほど間隔をあけて、1カ所にまとめて植えると開花時に見ごたえがあります。4～5年植えっぱなしでもよく、自然に球根が分球してふえていきます。ほとんど手間もかかりません。

ダリア

キク科　春植え球根

草丈：20～120cm　花色：赤、オレンジ、黄、白、ピンク

花期：5～10月　植えつけ：4～5月

特徴 花径が25cm以上になる大輪や小輪、ポンポン咲き、カクタス咲きなど花形や花色が豊富で、近年は高さが2mにもなる皇帝ダリアも人気。華やかな花で、夏から秋の庭を明るく彩ります。開花期間が長く、終わった花はこまめに摘み取るといいでしょう。

お手入れのポイント 日当たりと水はけのよいところに植えつけます。草丈が伸びる品種は支柱を立てるといいでしょう。暑さがやや苦手で夏は傷みやすいので、株を半分ほど切り戻すと秋に再び開花します。秋以降、地上部が枯れたら株元で切ります。

チューリップ

ユリ科　秋植え球根

草丈：10～70cm　花色：赤、オレンジ、黄、白、ピンク、紫

花期：3～5月　植えつけ：10～12月

特徴 春咲き球根の代表といえる花。開花時期や花形の違いでいくつかのグループに分かれます。一重、八重、ユリ咲きやフリンジ咲きなど個性的な花形のものも人気。同時期に咲かせたり次々と咲かせたりと、品種の選び方によって楽しみ方がいろいろです。

お手入れのポイント 日当たりと水はけのよいところに植えつけます。群植させると美しいので、20球ほどまとめて植えるといいでしょう。関東以西の暖地では暑さなどで病気にかかりやすいので、毎年新しい球根を植えたほうが確実です。

ヒヤシンス

ユリ科　秋植え球根

草丈：10～30cm　花色：赤、白、ピンク、紫

花期：3～4月　植えつけ：10～11月

特徴 とてもよい芳香があり、数株あるだけで周囲に香ります。しっかりとした花茎に、バリエーション豊かな、つやのある花をたくさんつけ華やかなのが魅力。大きくしっかりした球根ほど、よい花が咲きます。水栽培でも花を咲かせます。

お手入れのポイント 日当たりと水はけのよいところへ植えつけます。15cmほど間隔をあけて、まとめて植えるといいでしょう。寒さに当てないとよい花が咲きません。花が咲き終わり、葉が枯れたら掘り上げて風通しのよいところで貯蔵しましょう。

ムスカリ

ユリ科　秋植え球根

草丈：10～30cm　花色：青、白、ピンク、紫

花期：4～5月　植えつけ：10～11月

特徴 ブルーの小花が密集して咲く様子はブドウのよう。開花期が長く、群植すると美しいので、春の花壇には欠かせない品種のひとつです。チューリップなどと混植してもいいでしょう。羽毛状の花を咲かせるものや、香りのある品種もあります。

お手入れのポイント 日当たりと水はけのよいところなら、土質を選ばずよく育ちます。5cmほど間隔をあけて植えつけ、2～3年は植えっぱなしでかまいません。花後は花茎を早めに摘み取り、株が込んでいるようなら掘り上げ、秋まで貯蔵します。

一度植えたら、数年間は植え替える必要がなく、毎年花を楽しませてくれる多年草。野趣にあふれ、葉の美しい種類が多いのが特徴です。年々株が大きくなり、花を美しく咲かせますが、その半面、領域を広げ、周囲の草花を浸食することもあります。

アガパンサス（別名：ムラサキクンシラン）

ユリ科　草丈：50～150cm
花期：5～7月　花色：白、ブルー、紫
植えつけ：3～5月、9～10月
株分け：10月

特徴 群生する細長い葉の間から、太く長い茎を伸ばし、初夏に小さなユリのような花を放射状に多数咲かせます。南アフリカ原産で、比較的草丈の低いアフリカヌスや、１m以上になるプラエコックスなどの品種が出まわっています。

お手入れのポイント 寒さや乾燥に強く、日なたはもちろん半日陰でも、場所を選ばず元気に育ちます。茎が伸びる5月と花が咲いたあとに化成肥料を施しましょう。過湿を嫌い、鉢植えの場合は、水のやりすぎに注意が必要ですが、ほとんど手がかからない優等生です。

アキレア（別名：セイヨウノコギリソウ）

キク科　草丈：10～100cm
花期：5～7月　花色：赤、黄、白、橙、ピンク
植えつけ：3～5月、9～10月
株分け：10月

特徴 ノコギリのような葉の形から和名をノコギリソウといいます。花色が豊富で、赤や黄、白、ピンクの小さな花をたくさん咲かせます。止血や強壮作用のあるハーブとしても利用され、ヤロウの名で親しまれています。花は色あせしないので、ドライフラワーにもおすすめ。

お手入れのポイント 丈夫で栽培しやすく、半日陰でも十分育ちます。種子が飛び散ると野生化することも。耐暑、耐寒性に優れ、乾燥を好むので、水はけと風通しのよい場所で育てることが重要。元肥として、少量の緩効性化成肥料を施します。

アスチルベ（別名：アワモリソウ）

ユキノシタ科　草丈：50～100cm
花期：5～7月　花色：赤、薄紫、白、ピンク
植えつけ：3～5月、9～10月
株分け：3～5月、9～10月

特徴 初夏から初秋にかけて、細かい花を無数につけます。ひとつひとつは小さい花ですが、大きな花穂になり、群植すると美しさが際立ちます。赤、白、ピンクと花色はバラエティー豊か。葉が密生しているので、花が咲き終わってもグラウンドカバーとして楽しめます。

お手入れのポイント 病害虫に強く、耐暑、耐寒性があり、どんな条件にも適応しますが、乾燥には弱いので、注意が必要。木の根元など湿気がある半日陰を彩るのに向いています。また、多肥を好むのも特徴。株分けは根元を手で割り分けてふやします。

アルケミラモリス（別名：レディース・マントル）

バラ科　草丈：30～50cm
花期：5～7月　花色：黄
植えつけ：3～5月、9～10月　株分け：3～5月、9～10月

特徴 初夏、やわらかい緑の葉に淡い黄色の小さな花を無数につけます。ボーダー花壇（細長い花壇）の縁取りとしても人気。花もちがよいので、切り花やドライフラワーにしても楽しめます。広がるように茂る葉はグラウンドカバーに好適。

お手入れのポイント 耐寒性が強く、病害虫がつくことはほとんどありません。夏の高温や西日を嫌うので、風通しがよく涼しい半日陰で栽培するのに向いています。また、乾燥しないよう、水切れに注意を。株分けは春か秋に、長く伸びた根茎を分けて植えます。

エキナセア（別名：ムラサキバレンギク）

キク科　草丈：80cm
花期：7～9月　花色：赤、白、紫
種まき：3～5月、9～10月　植えつけ：3～5月、9～10月

特徴「ハリネズミ」を意味するエキナセア。かたい茎に10cmほどの大きな花をつけます。花弁が反り返ると大きい花心が突き上がり、橙色になって長く残るのが特徴。民間療法の薬草としても利用され、風邪や頭痛などに効果があるといわれています。

お手入れのポイント 耐暑、耐寒性がともに強く、病害虫もほとんど出ません。日陰や水はけが悪い場所では育ちにくいので、日当たりと風通しのよい場所を選びましょう。株分けではふやしにくいので、種子をまいてふやすようにします。

エリゲロン（別名：ヨウシュアズマギク）

キク科　草丈：30～100cm
花期：5～6月　花色：赤、黄、白、橙、ピンク、紫
種まき：3～5月、9～10月　植えつけ：3～5月、9～10月　株分け：3～5月、9～10月

特徴 針のような細い花弁が放射状に広がって咲きます。ハルジオンやヒメジョオンの仲間ですが、栽培されるのは花が大きく色鮮やかな園芸種。1ｍ以上の高性種からひざ丈ほどの矮性種まで種類が豊富で、ハンギングやグラウンドカバーに最適です。

お手入れのポイント 乾いた場所を好み、風通しが悪いとアブラムシなどの病害虫が発生するので、高温多湿を避けて栽培します。肥料を与えすぎると花つきが悪くなるので、3月に化成肥料を施せば追肥は不要。株分け、種まきは容易です。

カロライナジャスミン（別名：ゲルセミウム）

マチン科　草丈：500～700cm
花期：4～5月　花色：黄
植えつけ：3～4月、9～10月

特徴 ツル性の大木です。初夏、若い枝の先に黄色の花をつけ、周囲に独特の甘い香りを漂わせます。花の形や香りからジャスミンの名がついていますが、モクセイ科のジャスミンとはまったくの別種。ツルをフェンスやラティスに誘引して楽しむことができます。

お手入れのポイント 日なたを好みますが、半日陰でも栽培が可能。剪定は、花が咲き終わってから伸びたツルを切り戻す程度でOK。春から夏に前年の枝を切り取って挿し木してふやします。乾燥するとハダニが発生するので、薬剤を散布します。

クリスマスローズ（別名：ヘレボルス、レンテンローズ）

キンポウゲ科　草丈：20～60cm
花期：12～翌年4月　花色：赤、赤紫、黄、白、ピンク、緑、紫
種まき：5～6月、10月　植えつけ：3～5月、9～10月　株分け：9～10月

特徴 クリスマスのころに咲くことが名前の由来ですが、日本でよく出まわっているものは早春に咲くレンテンローズとその雑種が多いようです。花茎の先に複数の花がうつむくように咲く姿が可憐で人気。花弁は一重や八重で、赤紫や緑がかった白、くすんだ茶色、斑点の入ったものなど、微妙なニュアンスの花色が冬の庭を彩ります。

お手入れのポイント 寒さに強く、半日陰を好みます。高温と乾燥を嫌うので、植える場所を選びましょう。夏はワラなどで株元を覆って乾燥と地温の上昇を防ぎ、夕方にたっぷり水を与えます。

シュウメイギク（別名：キブネギク、アキボタン）

キンポウゲ科　草丈：50～100cm
花期：9～11月　花色：赤、白、ピンク
種まき：3月　植えつけ：3～5月　株分け：3～5月

特徴 古く中国から伝わり、茶花としても親しまれてきましたが、洋風の庭にもよくなじみます。大きく育つので、地植えに向く植物。白、ピンクの花弁が一重や八重に清楚に開きます。京都の貴船に多く野生していたことから、別名キブネギクと呼ばれています。

お手入れのポイント 寒さに強いのですが、秋から春にかけては日なたを好みます。ただし夏の乾燥は苦手なので、明るい半日陰に移動させましょう。地植えでも2、3日おきにたっぷりの水を与えます。土に腐葉土などを施し、水持ちをよくするのがポイントです。

宿根サルビア（別名：ヒゴロモソウ）

シソ科　草丈：30 ～ 200cm

花期：7 ～ 10月　花色：青、赤、黄、白、ピンク、紫

種まき：4 ～ 5月　植えつけ：3 ～ 5月、9 ～ 10月　株分け：3 ～ 5月、9 ～ 10月

特徴 品種は500 ～ 750種に及び、花色、花形、葉色が多彩です。公園の花壇などに列植されている赤花の代表種、スプレンデンスは本来多年草ですが、寒さに弱く一年草として扱われます。株全体から芳香を放つセージ種は、ハーブとして人気があります。

お手入れのポイント 日当たり、水はけのよい場所でよく育ちます。植えつけの際は土に腐葉土などを混ぜましょう。まめに切り戻すと分枝し、花がたくさんつきます。乾燥するとハダニやオンシツコナジラミが発生することがあるので、注意が必要です。

西洋オダマキ（別名：コロンバイン、イトクリソウ）

キンポウゲ科　草丈：20 ～ 80cm

花期：5月　花色：青、赤、紅紫、黄、白、橙、ピンク、紫

種まき：5 ～ 6月　植えつけ：3 ～ 5月、9 ～ 10月

特徴 日本に自生しているオダマキもありますが、一般に園芸店に出まわっているものは園芸種として改良された西洋オダマキです。豊富な色と個性的な形で人気があります。花弁のように見えるのは萼（がく）で、内側のものが花弁です。

お手入れのポイント 耐暑、耐寒性がともに強く、病害虫もほとんど発生しません。日陰や水はけが悪い場所では育ちにくいので、日当たりと風通しのよい場所を選びましょう。株分けでふやすのは難しく、種子をまいてふやすのが良策です。

ゼラニウム（別名：テンジクアオイ）

フウロソウ科　草丈：20 ～ 50cm

花期：5 ～ 6月　花色：赤、白、橙、ピンク、紫

植えつけ：3 ～ 5月、9 ～ 10月

特徴 窓辺を飾ったり、上から吊るしたりする鉢花としてポピュラーです。特にヨーロッパで愛され、改良が重ねられました。ポンポンと球状に咲く花は愛らしく、葉の形や模様もさまざまなので楽しめます。地植えに適した高性種などもあります。

お手入れのポイント 日当たりと水はけが大切で、地植えの場合は風通しのよい場所を選びましょう。冬は凍らないように注意し、根詰まりした場合は、春に丈を半分ほど切り詰め、古根や古土を整理し、植え替えましょう。挿し木で簡単にふやせます。

ブルーデージー（別名：ルリヒナギク）

キク科　草丈：20 ～ 40cm
花期：4 ～ 6月、9 ～ 10月　花色：青、白、ピンク
植えつけ：3 ～ 5月、9 ～ 10月

特徴 モダンな雰囲気の花が長期間楽しめます。青い花弁と黄色の花心の鮮やかなコントラストが目をひき、庭にアクセントをつけます。葉に白い斑が入ったものが一般的で、人気があります。青だけでなく白やピンクの花色のものもあります。

お手入れのポイント 南アフリカ原産で、寒さに弱いため、冬は室内の日当たりのよい場所に置きます。春から咲き始め、夏を除いて秋まで咲き続けますが、追肥とまめな切り戻しが重要です。根の生長が早いので、鉢植えの場合は、毎年植え替えを行なうのがポイント。

プルモナリア

ムラサキ科　草丈：20 ～ 40cm
花期：3 ～ 5月　花色：青、ピンク、ブルー
植えつけ：3 ～ 5月、9 ～ 10月　株分け：3 ～ 5月、9 ～ 10月

特徴 花茎にラッパ状の小さな花をたくさんつけて咲く愛らしい花です。咲き始めはピンクで、咲き進むにつれてブルーに変化する品種もあり、色の微妙なニュアンスが印象的。白い斑の入った葉も美しく、リーフプランツとしても楽しめます。

お手入れのポイント 明るい半日陰の場所と肥沃で水はけと水持ちのよい土を好みます。土に堆肥や腐葉土、緩効性肥料をすき込み、間隔をあけて植えつけるのがポイント。蒸れに弱いので、水はけをよくしましょう。花が終わりしだい、房ごと切り取ります。

フロックス（別名：オイランソウ）

ハナシノブ科　草丈：30 ～ 100cm
花期：5 ～ 9月　花色：青、赤、白、ピンク、紫、複色
種まき：9月　植えつけ：3 ～ 5月、9 ～ 10月

特徴 初夏から夏にかけて、茎の先に小さい花をたくさんつけます。花色が豊富で、中心が赤くなっているものや白く縁取られたものなどがあり、変化に富みます。地に広がって咲く品種があり、グラウンドカバーとして利用可能。おしろいのにおいがするので、オイランソウの別名があります。

お手入れのポイント 日当たりと水はけのよい場所に植えつければ、手がかかりません。アブラムシやうどんこ病予防のため、風通しをよくし、薬剤を散布しましょう。開花期が終わった晩秋には、茎を切り取ります。

ペンステモン（別名：イワブクロ、ツリガネヤナギ）

ゴマノハグサ科　草丈：40～60cm
花期：6～9月　花色：青、赤、白、ピンク、紫
種まき：4～6月　植えつけ：3～5月、9～10月　株分け：10月

特徴 長く伸びた花茎にベルのような形の花をたくさんつけます。花の色、形がバラエティに富み、華やかなものから茶花にも使えそうな楚々としたものまで多様な品種がそろいます。北米や東アジア、日本に自生し、特に北米では根強い人気があります。

お手入れのポイント 高温多湿に弱いため、夏はできるだけ風通しのよい、涼しい場所で管理しましょう。表面の土が乾いたらたっぷり水を与えますが、蒸れないように注意することが必要。開花期には、液体肥料を薄めて月に２、３度施します。

ホスタ（別名：ギボウシ）

ユリ科　草丈：20～50cm　花期：7～9月　花色：白、薄紫　種まき：3月
植えつけ：3～5月、9～10月
株分け：3～5月、9～10月

特徴 山間の湿地などに自生し、日陰のグラウンドカバーとして人気がある植物。伸びた花茎の先が橋の欄干についている宝珠飾りに似ていることから、別名ギボウシと呼ばれます。多彩な葉の斑模様は美しく、銀や黄色のものもあります。東アジアが原産ですが、欧米でも盛んに栽培されています。半日陰でも育つので、高木の株元などに植えるのもおすすめです。

お手入れのポイント 耐暑、耐寒、耐乾、耐湿性のすべてに優れています。美しい花を楽しむには、ある程度、日光に当てることが必要です。

マーガレット（別名：モクシュンギク）

キク科　草丈：40～60cm
花期：3～6月　花色：黄、白、ピンク
植えつけ：3～5月、9～10月

特徴 春から初夏にかけて庭を彩る可憐な花。一重の白い花色のものが一般的ですが、黄色やピンクの花色もあり、花の中心が盛り上がるように咲く丁子咲きや八重咲きの種類もあります。生長すると茎が木質化することから、モクシュンギク（木春菊）という別名もあります。

お手入れのポイント 耐暑、耐寒性はあまりよくありません。日当たりと水はけのよい場所に植えつけ、鉢の場合は大きめのものを選ぶと株が大きくなります。５月と11月上旬に挿し木でふやします。

ラムズイヤー

（別名：ワタチョロギ、ラムズタング、ウーリーベトニー）

シソ科　草丈：30～40cm　花期：5～7月　花色：赤紫

種まき：3～4月、9月　植えつけ：3～5月、9～10月　株分け：3～5月、9～10月

特徴 灰白色のふわふわとした綿毛で覆われたやわらかい葉が、まるでヒツジの耳のようであることから名づけられました。初夏には花穂に赤紫の小さな花を咲かせるハーブの一種。花はすぐに終わりますが、銀色がかった美しい葉を一年中楽しむことができます。どんな色の草花とも相性がよく、花壇をやさしい雰囲気に演出してくれる名脇役です。

お手入れのポイント 高温多湿を嫌うので、梅雨の時期や夏には雨に当てないよう注意。水はけのよい栄養豊富な土が適しています。

リナリア（別名：宿根リナリア）

ゴマノハグサ科　草丈：60～100cm

花期：5～6月　花色：黄、白、ピンク、紫

種まき：9～10月

特徴 一年草のリナリアとはずいぶん印象や性質が違う多年性のリナリア。長く伸びた茎にたくさんの小さい花が穂のようにつきます。一般的な花色は紫ですが、白や黄色、ピンクのものも。葉は細長い線状で、地表で枝分かれしている数本の枝が真っすぐに伸び、背が高くなります。

お手入れのポイント 日当たりのよい、乾燥した場所を好みます。肥沃な土では根腐れしやすいので、春と秋に緩効性肥料を施す程度にしましょう。花が咲き終わったら茎を切り戻し、風通しと日当たりをよくします。

ルリマツリ（別名：プルンバゴ、アオマツリ）

イソマツ科　草丈：30～100cm

花期：6～10月　花色：白、ブルー

植えつけ：4月

特徴 半ツル性の低木で、暑い時期にも次々と花をつけ、涼しげな淡いブルーや白の花色が夏の庭に涼を呼び込みます。生長が早く、あらゆる方向に枝を伸ばし、茂るのが特徴。枝は下垂し、よく分枝するので、ハンギングバスケットの素材としても利用されます。

お手入れのポイント 耐寒性が弱い点に気をつければ、丈夫で育てやすい植物。冬は室内の窓辺に移動させ、地植えの場合は地表をワラなどで覆います。開花時期は月に１度緩効性肥料を与え、冬は液体肥料を薄めて施しましょう。５～７月に挿し木でふやします。

一〜二年草

Annuals

種子が発芽し、花が咲き、実を結ぶと枯れるというライフサイクルを1〜2年で行ないます。一度のサイクルで終わってしまいますが、来年、再来年を考えないで、好きな場所に自由に楽しめる気軽さが魅力。交雑種が多く、新種も豊富なのが特徴です。

アグロステンマ

（別名：ムギセンノウ、ムギナデシコ）

ナデシコ科　草丈：50〜80cm
花期：5〜6月　花色：紅紫、白、ピンク
種まき：9〜10月

特徴 初夏に入ると長い花茎の先に次々と花をつけ始めます。５枚の花弁は外側にカールしていて、中心部が白く、縦に筋が入っています。細長い葉と茎が風にそよぐ様子がやさしげな風情ですが、ヨーロッパでは雑草として扱われることが多く、園芸種としてはあまり栽培されていません。切り花として楽しむこともできます。

お手入れのポイント 日当たりさえよければ場所を選びません。放任しても元気に育ちます。種子から育てるのも容易。ただし、背が高く、茎が細いので、倒れやすく、風の強い場所や鉢での栽培には向きません。

インパチェンス

（別名：アフリカホウセンカ、ビジー・リジー）

ツリフネソウ科　草丈：20〜60cm
花期：6〜10月　花色：赤、紅紫、白、橙赤、ピンク、複色
種まき：4〜5月

特徴 園芸種としては、アフリカホウセンカとニューギニア・インパチェンスの２種に大別されます。日本で一般的なアフリカホウセンカは花色が豊富で、一重咲きや八重咲きなど花形も多様。開花時期には次々と花をつけ、夏の庭を彩ります。寄せ植えやハンギングバスケットにもよく使われます。

お手入れのポイント 日当たりのよい場所を好みますが、明るい日陰でも育ちます。夏の間、絶え間なく花を咲かせるので、こまめに花がらを摘むと、長期間花が楽しめます。乾燥を嫌うので、水切れしないよう注意します。

オルレイア

（別名：ホワイトレースフラワー）

セリ科　草丈：50〜60cm
花期：5〜7月　花色：白
種まき：9月　植えつけ：11月

特徴 春、細い花茎の先に、真っ白なレースにフリルをつけたように咲く姿がエレガントな印象の花です。ニンジンの葉にも似た繊細な葉やつぼみの姿も愛らしく、魅力的。背が高いので、ボーダー花壇や寄せ植えの背景として使えるほか、切り花としても人気があります。

お手入れのポイント 比較的丈夫な花で、半日陰でも元気に育ちます。湿り気のあるところを好むので、乾燥には気をつけましょう。花が咲き終わったら、切り取らずに残しておくと種子を採取でき、こぼれ種子でも発芽します。肥料は、固形肥料を少し施しましょう。

黄花《きばな》コスモス

キク科　草丈：40 ～ 120cm
花期：7 ～ 10月　花色：橙、黄
種まき：5 ～ 7月

特徴 秋咲きコスモスの近縁種です。初夏から夏に、コスモスより早く、黄色や橙の花を咲かせます。葉はコスモスより裂片が太く、草丈は低めです。花弁は半八重咲きが一般的。暑い夏にも次々と花を咲かせ、庭先を元気に彩ります。

お手入れのポイント 日当たりと水はけのよい場所を好みます。暑さには強いものの、蒸れには弱いので、風通しや水はけに注意が必要。風通しが悪いとハダニが発生することも。月に１度液肥を与えれば、旺盛に長期間咲き続けます。

コスモス（別名：アキザクラ）

キク科　草丈：150 ～ 200cm
花期：6 ～ 7月（早咲き種）、9 ～ 10月（秋咲き種）　花色：赤、黄、ピンク、白
種まき：4 ～ 5月（早咲き種）、6 ～ 7月（秋咲き種）

特徴 明治の中ごろに渡来したメキシコ原産の一年草です。楚々とした花の姿は人気があり、日本の秋を代表する草花のひとつ。最近は春に種子をまいて45～60日で開花する早咲き種のものが、長く花を楽しめることから、人気があります。

お手入れのポイント 非常に丈夫で、土を選ばず元気に育ちます。生命力が強く、こぼれた種子でも株がふえるのが特徴。草丈を低めに抑えたい場合は、本葉が４～６枚のときに新芽を適宜摘み取るといいでしょう。アブラムシの予防には殺虫剤を定期的に散布します。

コリウス（別名：ニシキジソ、キンランジソ）

シソ科　草丈：30 ～ 60cm
観賞期：6 ～ 10月（葉）　葉色：赤、紅紫、ピンク、緑、紫
種まき：4 ～ 5月

特徴 葉が美しい一年草。葉の縁が波打ちフリンジ状になっているものなど、個性的でさまざまな品種が豊富にそろいます。薄い黄色や紫がかった赤などニュアンスのある葉色に、緑や赤の斑が入ったものや縁取りがあるものなどがあり、寄せ植えをすると見事。

お手入れのポイント 半日陰で水はけのよい場所を好みます。水やりは、夏は毎日、それ以外の季節は土の表面が乾いたら、たっぷりと。葉色を保つためには月１度、液体肥料を薄めて与えます。日が短くなると花穂が伸び、放置すると株が傷むので、摘み取ります。

ジギタリス（別名：フォックスグローブ、キツネノテブクロ）

ゴマノハグサ科　草丈：60～200cm
花期：6～7月　花色：青、赤、紅紫、黄、白、ピンク、紫
種まき：5～6月、9月　植えつけ：9～11月

特徴 長く真っすぐ伸びた茎に釣鐘のような形の花を下向きにたくさんつけるのが印象的。人の背丈ほどに生長するものもあり、存在感があります。一方、コンパクトに育つ品種もあり、最近人気を呼んでいます。薬用植物としても知られています。

お手入れのポイント 日当たり、水はけのよい、乾燥した場所を好みます。耐暑性はあまりなく、高地や高原では、より美しく咲きます。水をやりすぎると根腐れを起こすので気をつけましょう。花が咲き終わったら、花穂を切り取ります。

スイートアリッサム（別名：ニワナズナ）

アブラナ科　草丈：10～15cm
花期：5～6月、9～10月　花色：薄紫、白、ピンク
種まき：9～10月　植えつけ：10月

特徴 たくさんの小さな花がボール状に集まって咲く姿が可憐で、ほのかに甘い香りを放ちます。横にはうように広がり、よく茂るので、寄せ植えや花壇の縁取りには欠かせません。花色は白や薄紫、ピンクのものが出まわっています。

お手入れのポイント 日当たりのよい場所でよく育ちます。植えつけ前に石灰を混ぜると万全。秋、ポットに種まきして育苗し、3月に植えつけます。花が咲き終わってから高さを半分ほどに切り戻すと、再度花が楽しめます。冬は霜などから保護しましょう。

セリンセ・マヨール（別名：キバナルリソウ）

ムラサキ科　草丈：30～50cm
花期：4～5月　花色：紫
種まき：10月　植えつけ：4月

特徴 シルバーがかった青緑の葉と、下を向いてつく紫の花筒と苞(ほう)が美しい個性的な植物。気温や光の当たり方で、紫の濃淡の変化や玉虫色の光沢が際立ちます。紫系でまとめたり、アクセントの色として使ったり、寄せ植えの妙を楽しめる応用範囲の広い草花のひとつといえます。

お手入れのポイント 比較的丈夫で、育てやすい植物です。日当たりと風通しのよい場所、やや乾燥した土を好みます。霜や寒風に当たると枯れてしまうので、冬はシートなどで保護し、防寒対策をしましょう。

ディモルフォセカ
（別名：アフリカキンセンカ）

キク科　草丈：20～30cm　花期：4～6月　花色：黄、橙、白
種まき：9～10月　植えつけ：3月中旬～3月下旬

特徴 ガーベラのようなはっきりした花形が個性的。光沢のある花弁が光に当たり、輝くと美しさが際立ちます。日中は花が開き、夜は閉じますが、切り花にして暗い部屋に置いても閉じません。茎が細く背丈は低めで、葉はやわらかい印象。寄せ植えに使われることも多く、明るさをプラスします。

お手入れのポイント 日当たりと水はけのよい場所を好み、適切な場所を選べば丈夫に育ちます。花後は茎のつけ根から切り取りましょう。元肥として緩効性肥料を施します。水のやりすぎには注意が必要。

デルフィニウム **（別名：オオヒエンソウ）**

キンポウゲ科　草丈：30～120cm
花期：6～8月　花色：青、黄、白、橙、ピンク、紫
種まき：9～10月　植えつけ：3～4月

特徴 太い穂先が伸び、下から順に花をつけていくボリュームたっぷりの花穂、堂々とした姿は、欧米の庭には欠かせない存在。日本では切り花やフラワーアレンジメントの素材として人気がありますが、最近はガーデンプランツとしても注目されています。

お手入れのポイント 日当たりと風通しがよく、肥沃で水はけのよい場所を好みます。元肥として堆肥と緩効性肥料を施し、耕してから植えつけます。株の間は40cmほどあけましょう。穂全体の花が終わったら、茎のつけ根から切り取ります。

ニゲラ **（別名：クロタネソウ）**

キンポウゲ科　草丈：40～80cm
花期：5～6月　花色：青、黄、白、ピンク、紫
種まき：9～10月

特徴 種子が黒いことから別名クロタネソウと呼ばれます。細い糸状の総苞（そうほう）に包まれた青や白などの花弁のような萼片（がくへん）が個性的。風船状の果実はドライフラワーとしても楽しめます。種子には香りがあり、消臭作用もあります。

お手入れのポイント 移植を嫌いますが、日当たりと水はけのよい場所に種子をまけば、容易に育ちます。光があると発芽しにくいので、覆土は厚めにしましょう。病害虫の心配はほとんどなく、肥料を控えると花がたくさん咲く、栽培しやすい植物のひとつです。

ネメシア（別名：ウンランモドキ）

ゴマノハグサ科　草丈：10 〜 30cm
花期：3 〜 6月　花色：青、赤、黄、橙、白、ピンク、ブルー、複色
種まき：9 〜 10月　植えつけ：4月

特徴 細い茎の先に、洋ランを小さくしたような花をたくさん咲かせます。雨に当たると花が傷むので、移動できる鉢での栽培がベター。花色は、赤や黄、紫の単色のほか、グラデーションが美しい複色を楽しむことができる品種もあります。

お手入れのポイント 日当たりと水はけ、風通しのよい場所を好みます。植えつけの際は、緩効性化成肥料を元肥として施し、20cmほどの間隔をあけて植えましょう。追肥は必要ありません。表面の土が乾いたら、水やりをします。越冬は、室内の窓辺が好適。

ネモフィラ（別名：ルリカラクサ）

ハゼリソウ科　草丈：15 〜 30cm
花期：3 〜 5月　花色：青、白、紫、複色
種まき：9 〜 10月　植えつけ：4月

特徴 伸びた茎の先に丸い愛らしい花をたくさんつけます。基本種のメンツェシーは美しい瑠璃色で、英名ベイビーブルーアイズの由来となっています。ほかにも、花弁の先に紫の斑の入ったものや白く縁取ったものなどがあり、多彩です。

お手入れのポイント 日当たりと水はけのよい乾燥した場所を好みます。雨を嫌い、水がかかると傷むので、水やりには注意が必要。元肥は少なめで、月に2、3度液肥を与えます。株が蒸れないように、刈り込んで常に風通しをよくしておきましょう。

パンジー、ビオラ（別名：サンシキスミレ、コチョウソウ）

スミレ科　草丈：15 〜 30cm
花期：11 〜翌年5月　花色：青、赤、紅紫、黄、白、橙、ピンク、紫、複色
種まき：8 〜 9月　植えつけ：10月

特徴 ビオラは基本的にパンジーと同種ですが、より小さく、原種に近いもの。晩秋から晩春まで絶え間なく咲き続け、花壇やコンテナに広く利用されています。豊富にそろう花色や育てやすさが人気で、庭づくりに欠かせない草花のひとつです。

お手入れのポイント 日当たりと水はけ、風通しのよい場所を好みます。種子をつけると株が弱るので、こまめに花がらを摘み取って、長く花を楽しみましょう。植えつける際は、緩効性化成肥料を混ぜ込み、春からは10日に1度、液肥を与えます。

プリムラ（別名：プリムローズ、トキワザクラ、オトメザクラ）

サクラソウ科　草丈：10 ～ 30cm

花期：12 ～翌年5月　花色：濃ピンク、青、黄、白、ピンク、紫、複色

植えつけ：9月下旬～ 10月上旬　株分け：9、10月

特徴 別名のプリムローズは、春一番に咲くことに由来します。まだ寒いうちから暖かくなるまで長期間花を咲かせ続け、カラフルな花色で庭を明るく彩るのが魅力。パンジーと並んで人気があり、大きめのコンテナに寄せ植えしても華やかです。

お手入れのポイント 寒さにはあまり強くないので、３月上旬までは、窓辺など日当たりのよい室内で管理するのが安心です。３月の半ばからは、戸外に出して育てましょう。次々と咲き続けるので、花がらはこまめに摘み取り、10日に１度ほど液肥を与えます。

ペチュニア（別名：ツクバネアサガオ）

ナス科　草丈：30 ～ 60cm

花期：6 ～ 10月　花色：赤、青、白、ピンク、紫、複色

種まき：4 ～ 6月　植えつけ：5 ～ 6月

特徴 初夏から秋までと開花期が長く、耐暑性に優れているため、夏でも次々に花をつけます。花壇向きの高性種、コンテナ向きの矮性種、吊り鉢向きのほふく性種があり、幅広い目的に対応。雨に弱いのが難点でしたが、品種改良により、現在は解決しています。

お手入れのポイント 日当たりと水はけのよい場所を好みます。植えつける際は、２、３週間ほど前に石灰をまき、緩効性化成肥料を施しておきましょう。追肥は、薄めた液肥を与えます。過湿を嫌い、水を与えすぎると根腐れするので注意が必要。

ポピー

ケシ科　草丈：50 ～ 120cm　花期：4 ～ 6月　花色：赤、黄、白、橙、ピンク、複色

種まき：9 ～ 10月（ヒナゲシ）6 ～ 9月（アイスランドポピー、オリエンタルポピー）

植えつけ：9月中旬～ 10月下旬

特徴 春から初夏にかけて、紙のような質感の可憐な花を咲かせます。現在栽培されているのは、赤やピンクの花色のヒナゲシ、切り花でよく使われる黄や橙のアイスランドポピー、太い茎に大輪の花をつけるオリエンタルポピーの３種です。

お手入れのポイント 日当たりと水はけのよい場所を好み、耐寒性に優れます。ヒナゲシは直まき、その他は苗床で発芽させ、本葉が２、３枚のときにポットに移植して育てます。どちらも種子が重ならないように粗めにまき、覆土の必要はありません。

マリーゴールド（別名：センジュギク、クジャクソウ、マンジュギク）

キク科　草丈：30〜80cm
花期：6〜10月　花色：赤、黄、白、橙、複色
種まき：4〜5月　植えつけ：5月中旬〜6月、9月

特徴「聖母マリアの黄金」を意味し、初夏から晩秋まで、橙や黄色の花が咲き続ける姿は神々しくも見えます。フレンチ種、アフリカン種、両種の雑種アフロフレンチ種などがあります。最も一般的なフレンチ種には斑や縞が入った品種もあります。

お手入れのポイント 日当たりと水はけのよい場所でよく育ちます。終わった花はこまめに茎から切り取りましょう。乾燥するとダニが発生することがあるので、見つけしだい薬剤を散布します。予防のために、水やりの際は、葉にも水をかけましょう。

メランポディウム

キク科　草丈：20〜40cm
花期：7〜9月　花色：黄
種まき：4〜6月

特徴 夏の花壇に最適な草花のひとつ。中央アメリカ原産で、初夏から秋まで、鮮やかな黄色の小さな花が絶え間なく咲き続けます。淡く、明るい緑色の葉も美しく、手間がかからず育てられることもあり、急速に普及しています。

お手入れのポイント 日当たり、水はけがよい場所を好みます。種まきの際は、腐葉土や堆肥、牛ふんをすき込みましょう。追肥は不要です。乾燥ぎみに管理するとバランスよく仕立てられますが、乾燥しすぎるとハダニが発生するので、注意が必要です。

ヤグルマギク（別名：セントーレア、コーンフラワー）

キク科　草丈：30〜120cm
花期：4〜6月　花色：青、赤、白、ピンク、紫
種まき：9月　植えつけ：10月中旬、3月下旬

特徴 花の形が鯉のぼりの矢車に似ていることから、この名がつきました。ほっそりとした茎に八重咲きの花が咲き、葉や茎には白い毛が生えています。青や紫の花色のほか、白やピンクのものもあります。切り花としても利用されています。

お手入れのポイント 日当たりと風通しがよく、水はけのよい場所を好みます。こぼれた種子からも容易にふえるほど繁殖力旺盛で、風で運ばれて野生化することも。肥沃な土なら、肥料の必要はありません。冬は簡単な霜よけをしましょう。

ルピナス（別名：ノボリフジ、タチフジ）

シソ科　草丈：50～120cm
花期：4～6月　花色：青、赤、黄、白、橙、ピンク、紫
種まき：9～10月　植えつけ：9～10月

特徴 春から初夏にかけて、大きな花穂に、チョウのような花をびっしりとつけます。フジの花を逆さまにしたような姿から別名ノボリフジ、タチフジといわれます。葉は開いた傘のような形で、花壇の中心や背景に植えるとアクセントとなり効果的。

お手入れのポイント 日当たりと水はけのよい場所を好みます。酸性土を嫌うので、石灰を混ぜ中和した土に、根を動かさないようにして植えつけます。肥料は少なめに与えましょう。過湿に弱く根腐れするので、水やりは土の表面が乾いたときに行ないます。

ロベリア（別名：ルリチョウチョウ、ルリミゾカクシ、サワギキョウ）

キキョウ科　草丈：10～30cm
花期：5～6月　花色：青、白、ピンク、紫
種まき：10～11月　植えつけ：4月

特徴 世界中で350種もの自生が見られますが、園芸種として出まわっているのは、主にエリヌス種です。別名ルリチョウチョウというように、細い枝の先に、羽を広げたチョウのような花をたくさん咲かせます。吊り鉢などにも向きます。

お手入れのポイント 日当たりのよい場所で、水やりや肥料を控えて育てると株が大きくなります。過湿と乾燥を嫌うので、土が乾く前に少量の水を与えます。アブラムシが発生しやすいので、月に1、2度、オルトラン粒剤をまきましょう。

ワスレナグサ

ムラサキ科　草丈：20～40cm
花期：4～5月　花色：青、白、ピンク、ブルー
種まき：10月　植えつけ：11月

特徴 初夏に楚々とした小さい花を咲かせます。やさしい花色で、どんな色の花とも相性がよいので、寄せ植えに好適。基本種は花心が黄色で、花弁が青いものが一般的ですが、白やピンクのものも。花より大きいへらのような形の葉を持ちます。

お手入れのポイント 日なたでも半日陰でもよく育ちます。乾燥には弱いので、毎日水やりを行ないましょう。種子は直にまき、発芽後、間引きをします。苗を植え込む場合は、根を崩さないように気をつけたいもの。また、アブラムシに注意しましょう。

PART 7

庭づくりの基礎知識

四季折々に表情を変える庭は、人々の心を癒してくれます。
いつもきれいな庭にしていくためには、それなりの手入れが必要。
ここでは、土づくりや庭木や草花の選び方、手入れの仕方などを紹介していきます。

Enjoy
Gardening

土づくり

自分の好みの庭を作りたいと思ったら、まず土づくりから始めます。土中から水分や栄養分を吸収する植物にとって、土の善し悪しはまさに死活問題。健全な土を作りましょう。

庭づくりは土づくりから始まる

植物は土の中で根を伸ばし、根から水分や栄養分を摂取します。そして、根を張っていくことで植物全体を支えていくのです。だから根がしっかりとしていないと、茎や花も健全には育ちません。理想の土の条件は、「通気性がよい」「保水性がある」「排水性がある」「保肥力がある」などが挙げられます。

これらを併せ持っているのが、土の粒と粒が団子状になった「団粒構造」。根のところに適度なすき間があるため、空気と水をよく通します。団粒構造であるか否かは、土を握ってみるとわかります。適度に湿った土を手のひらでギュッと握ってみて、固まったら保水性がよい土で、固まらなかったら保水性が悪い土。そして、指で押してみてホロッと崩れたら団粒構造になっているよい土といえます。

酸化が進んだ用土は土壌改良を施す

土は、酸性にもアルカリ性にも偏らない中性もしくは弱酸性であることが重要。極端な酸性やアルカリ性の場合は、養分の吸収が悪くなります。土の酸度は、園芸店などで市販されている試薬を利用すると、正確なpHがわかります。

植物を長い間育てていると、水やりなどで土の中の石灰質などが流れ、酸化が進みます。酸化が進むと葉ばかりが茂ってしまい、植物が上手に育ちません。土壌改良剤を使用して酸度を調節しましょう。pHを1・0上げるには、用土10ℓあたり10〜20gの消石灰か苦土石灰をまいて土壌改良をします。石灰は水分を含むと固まるので、まいたらすぐに耕します。また、石灰と堆肥を混ぜるとアンモニアが発生するので、堆肥を施す1〜2週間前には土壌改良を済ませておくことが大切です。アルカリ性に傾いている場合は、酸度調整をしていないピートモスを施して中和させます。

長く使っていて、表面が固くなった土はよく耕してフカフカの状態にしましょう。耕す際には、腐葉土や堆肥を一緒に混ぜ込み、肥沃な土壌にしていきます。

良い土、悪い土

一般的に保水性、排水性、保肥性がある土がよい土といわれています。悪い土では、根がうまく張らず、生育にも影響を及ぼします。

●よい土「団粒構造」

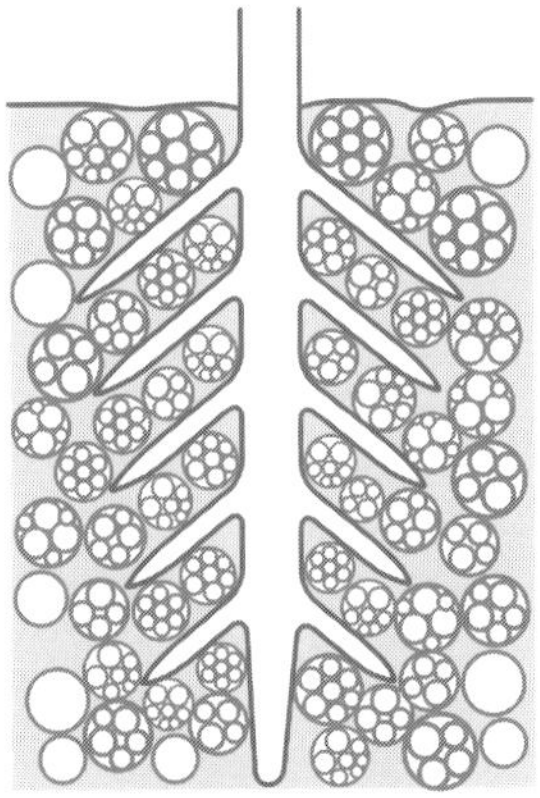

大小のすき間を併せ持ち、小さなすき間で水分、養分を保持し、大きなすき間で水はけをよくして通気性を確保する

●悪い土「単粒構造」

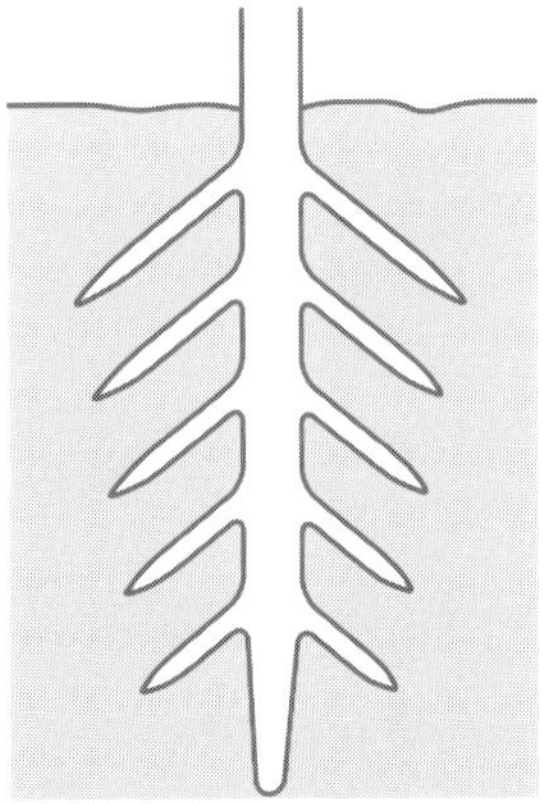

土粒子の間にすき間がない単粒構造は、保水性、排水性、通気性がよくないので、根が呼吸ができず、枯れるおそれがある

数種類の土をブレンドする

①基本用土

基本となる土で、ホームセンターなどで手に入る利用しやすいものばかりです。しかし、なかには通気性が悪いものもあるので、その弱点を補うために改良用土や調整用土と一緒に使用することも多いです。最もポピュラーなのが、赤玉土。粒が大きく、水はけ、通気性に優れています。鹿沼土はツツジやサツキの栽培に適しており、挿し木栽培のときにも使用されます。黒土は有機質が多く含まれていますが、通気性はやや劣ります。

②改良用土

通気性などの欠点を補うのが改良用土です。落ち葉が堆積してできた腐葉土、古代の植物が湿地で堆積したピートモス、厚い樹皮を適当な大きさで砕いたバーク堆肥が代表格。基本用土に混ぜると水はけや通気性がよくなり、土中の有効微生物を増やします。また、団粒構造の土になるので、根にとって理想的な環境になります。

③調整用土

岩石を工業的に加工したものです。通常の土よりも軽く、通気性、保水性を高める効果があります。普通用土に混ぜて使用します。

④培養土

草花、球根、野菜など、栽培する植物に合わせて基本用土や元肥、根腐れ防止剤などをブレンドしてあり、目的の植物に応じて使い分けることができます。

【園芸に使われる用土】

◎＝とてもよい　○＝よい　×＝悪い

種別	名称	特徴	排水性	保水性	通気性
基本用土	赤玉土	関東ローム層の火山灰土の赤玉をふるいにかけた粒状のもの。保水性、通気性、保肥力に富む。粒の大きさにより、小玉、中玉、大玉の3種類がある。多少つやがあり、形が崩れていないものを選ぶ。	○	◎	◎
	黒土	関東一帯に分布する火山灰土。軽くて空気や有機酸を多く含んでいる。	×	○	△
	鹿沼土	関東北部の栃木県鹿沼一帯で産出されている火山砂れきの土。安価なものは、粒子の区別なく混ざり合わさっているが、高価なものは単一粒子で大粒、中粒、小粒と選別されていてとても使いやすい。挿し木用やサツキ、ツツジ類に適している。	○	◎	◎
	軽石	火山噴出物の一種で、軽く、多孔質なので、通気性・保水性に優れる。天然物だけでなく、人工の軽石もある。洋ランの植えつけの用土として適している。また、鉢植えの鉢底のゴロ石として使用する。	◎	△	◎
改良用土	バーク堆肥	製材などの時に大量に発生する樹皮（バーク）を堆積し、醗酵させた有機質土壌改良材。有機物を分解する嫌気バクテリアが繁殖して、用土に含まれる栄養素を植物が摂取しやすいようになり、元肥が効率よく吸収される。腐葉土と同じように使用する。	△	○	◎
	腐葉土	広葉落葉樹の落ち葉を堆積して作られる土。落ち葉を食物とする昆虫類やバクテリア類が分解して腐葉土になる。軽くて通気性があり、有機質に富んでいる。腐葉土だけでは軽すぎるため、基本用土と混ぜ合わせる。	△	○	◎
	ピートモス	ミズゴケなどの植物有機物が、寒冷地の低湿地で長年の間堆積してできた用土。軽くて通気性、吸水性に富む。粒子は腐葉土よりも細かいが、性質はほぼ同じ。そのままでは酸度が高いので注意が必要。	△	○	◎
調整用土	バーミキュライト	蛭《ひる》石を高熱加工したもので、茶褐色の光沢ある雲母状の粗粒。軽くて保水性・通気性に富む、無菌・無肥料の人工用土素材。基本用土に混合して使用する。	◎	◎	◎
	パーライト	真珠岩や黒曜石などを高熱加工した軽い粗粒状の人工砂れき。挿し木用土として用いられるほか、ほかの用土と配合して使う。真珠岩は保水性に優れ、黒曜石は排水性、通気性に優れる。	○	○	○
培養土	培養土	草花、球根、野菜、ハーブなど、栽培する植物に合わせて、いろいろな土や元肥、根腐れ防止剤などをブレンドした用土。何を育てるかわかっている場合に便利。	◎	◎	◎

目的に合った用土を自分でブレンドする

育てたい植物の種類により、自分でブレンドすることもできます。一般的な草花の配合は、赤玉土6、腐葉土（ピートモス）3、バーミキュライト1の割合です。種まき草花の場合は、赤玉土（細粒）5、ピートモス4、山砂1に。球根や苗の植えつけは、黒土8、ピートモス2に石灰を少し混ぜます。

土を作ってからすぐに植えつけてもかまいませんが、余裕がある場合は少し置いて、土がこなれてきてから使用するようにします。また、有機質肥料を元肥として使う場合は、2～3週間前に混ぜておくといいでしょう。

Enjoy
Gardening

庭木の選び方

庭木といってもいろいろな種類がありま す。落葉樹と常緑樹、高木と低木、針葉樹と広葉樹などのほか、実がなる木とならない木など。これらを知って、うまく合わせていくことが重要になります。

秋に葉を落とす「落葉樹」といつも緑がある「常緑樹」

冬になる前に古くなった葉をいっせいに落とす木を落葉樹と呼びます。日本の落葉樹が葉を落とすのは、寒い冬を乗り切るためです。寒気が触れる部分をできるだけ少なくして冬眠状態に入り、春が訪れると新芽を出して再び緑豊かな木になります。イロハモミジやハウチワカエデなど、秋の紅葉が美しい樹種も落葉樹の仲間です。

一方、一年中緑色の葉をつけているのが常緑樹。四季を通して緑が楽しめるのですが、変化に乏しいのと庭が暗くなりがちなので、小さな庭では本数を抑えたほうがいいでしょう。

常緑樹は、一年中緑豊かな葉をつけていますが、すべての常緑樹が葉を落とさないわけではありません。カシやシイなどの常緑広葉樹は、春には新しい葉が出てきて、古い葉を落として新しい葉と交換をしています。

落葉樹

常緑樹

高木

低木

常緑樹と落葉樹のバランスが大切

落葉樹のよさは、樹種によって紅葉を楽しめるばかりでなく、植栽する場所を工夫すれば、夏場の日差しが強いときには広い葉で適度に日差しを弱めてくれること。また、落葉したあとは幹と枝だけになるので、冬の日差しを室内に取り込んでくれる効果があります。そして、夏と冬とで景色が一変し、家が高台にある場合は、冬は遠くの方まで見渡すことが可能に。ただし、落ち葉の掃除はかなり大変であることを覚悟しておいたほうがいいでしょう。木が隣家との境にあると、落葉時に隣家とトラブルになることもあります。植栽する場所にも注意が必要です。

樹木はその高さによって、高木（4m以上）、中高木（2〜4m）、中木（1・2〜2m）、低木（0・3〜1・2m）に分けられます。どのくらいの高さになるかを把握したうえで、植木屋さんなどと相談してどの木をどこに植えるかを決めましょう。

常緑樹は、植栽時はあまり大きくなくても、年数を経るごとに背が高くなり、ボリュームも出る樹種が多いので、植える場所に注意が必要。そして、剪定をして小さくおさまるように心がけましょう。

葉の形の違いから分かれる針葉樹と広葉樹

広葉樹の葉は楕円形の形をしたものが多く、葉の表面には主脈が通り、その脈から枝分かれするようにいくつもの側脈が走っています。針葉樹の葉はその名の通り、葉が針状になっているものが多いのが特徴。ただし、針葉樹といってもすべて葉がとがっているのではなく、ナギのように卵形の葉を持つ針葉樹もあります。

針葉樹と広葉樹の性格の違いは、その成り立ちが大きく関係しているといわれます。樹木の祖先はもともと針葉樹で、広葉樹はある針葉樹ができるだけ光を浴びようと葉が広くなるように変化したものといわれます。広葉樹は葉を広げて太陽の光をできるだけ多く浴びようとし、針葉樹は上に伸びることによって光を浴びようとするもの。そのため、針葉樹は樹高がある木が多いのです。

針葉樹と広葉樹の配分によって庭の印象は違ってきます。広葉樹は、葉が広くて丸いのでやさしい雰囲気に仕上がります。針葉樹は広葉樹と比べるとシャープな印象に。鉄筋コンクリート造のモダンな建物には、ゴールドクレストやホプシーなどのコニファー類がよく似合います。コニファーは針葉樹のことを指す英語ですが、園芸的には、マツやスギなど古来より日本庭園で使われてきた針葉樹を除いたものをコニファーと呼んでいます。

日陰に強い木と弱い木がある

耐陰性とは、日光が少ない日陰でも耐えて生育する性質のこと。庭木は基本的には日当りを好みますが、樹種によっては日陰でも生育するものや逆に日陰を好むものなどがあります。日当りが悪い場所では、耐陰性に優れた樹木を選ぶようにしたいものです。

【常緑樹】

高木・中木	低木
アカマツ、オリーブ、キンモクセイ、サザンカ、シマトネリコ、シラカシ、ヒマラヤスギ、モッコク、ヤマモモ	アベリア（東京以北は落葉）、ギンバイカ、サツキ、ツツジ、シルバープリペット、マンリョウ、ヤブコウジ

【落葉樹】

高木・中木	低木
アニキレ、イヌシデ、イロハモミジ、エゴノキ、クヌギ、コナラ、サルスベリ、スモークツリー、ハナミズキ、ハナモモ、ヤマボウシ	アメリカテマリシモツケ、アジサイ、シモツケ、ブルーベリー、ユキヤナギ

【耐陰性】

ない	日当りがないところでは育たない	イロハモミジ、オウバイ、オオデマリ、オリーブ、カイドウ、カエデ、カリン、ケヤキ、コデマリ、コブシ、サクラ、シラカバ、ハゼノキ、ハナミズキ、ベニハナトチノキ、バラ、ピラカンサ、ボタン、マンサク、ミモザ、モクレン、モミジ、ヤマボウシ、ユキヤナギ、ロウバイ
ややある	日当りが悪い場所でも生長するが日当りがよい方が生長が早い	アジサイ、エゴノキ、キンモクセイ、クチナシ、サンザシ、シモツケ、シャクナゲ、ツツジ、ツバキ、ハナズオウ、ヒメシャラ、ブナ、マンサク、モチノキ、モッコク、ナンテン、ヒイラギ
ある	日当りがなくても育つ	アオキ、イチイ、ヤツデ

シンボルツリーの上手な選び方

家の象徴ともいえるシンボルツリーには、どんな木が適しているでしょう。重要なのは、ある程度の大きさが維持でき、樹形がきれいな樹種を選ぶことです。そして剪定のしやすさもポイントです。

■シンボルツリーに向く樹木

アオダモ……樹高10m。5月に白い花を咲かせる。花と見間違うような美しい実をつけ、秋には鮮やかな赤い紅葉になる。

アオハダ……樹高10m。5〜6月に開花するがあまり目立たない。紅葉は黄葉でとてもきれい。9〜10月に赤い実をつける。

エゴノキ……樹高7〜8m。5〜6月にスズランのような可憐な花をつける。赤く紅葉し、8〜9月に実をつける。

コハウチカエデ……樹高10〜15m。4〜5月に黄緑の小さな花が咲く。紅葉は美しい黄色。

シャラノキ……樹高2〜6m。6〜7月に直径7cmほどのツバキのような花が咲く（一日で落花）。紅葉もきれい。

ジューンベリー……樹高10m。4〜5月ごろに5弁の白い花が鈴なりに咲く。紅葉は赤く鮮やか。6月にブルーベリーのような形の赤い実をつけることから、この名に。

ヤマボウシ……樹高2〜4m。5〜6月に花をつける。株立ち状に育つので、狭い場所にも好適。

ヤマモミジ……樹高5〜10m。5月ごろに小さな赤い花を咲かせる。9月に実をつけ、10〜11月の紅葉がきれい。

シンボルツリーが決まったら、そのまわりに背が低い庭木を植えます。オトコヨウゾメ、スモークツリー、シロヤマブキ、ナツハゼなどが適しています。さらに落葉樹ばかりだと冬が寂しいので、オリーブなどの常緑樹を植えるようにしましょう。

どんな目的で使うかも検討していく

庭木は、その葉形や密度、持っている性質などで植栽するのに適した場所があります。そして、果実が楽しめるなどのプラスアルファの魅力も満喫したいものです。

■目的別の適正樹木

日よけ……フジ、ムベ、ムクロジ、ミズキなどの落葉樹

目隠し……イヌツゲ、カイヅカイブキ、マサキ、モチノキなどの中高木

防風……アオキ、サンゴジュ、シャリンバイなど。

小鳥を呼ぶ……ウメモドキ、ナツハゼ、ナンテン、ネズミモチ、ピラカンサなど。

果樹を楽しむ……ウメ、カキ、カリン、ミカンなど。

また、園芸やホームセンターなどで苗木を選ぶときには、次の点に気をつけましょう。

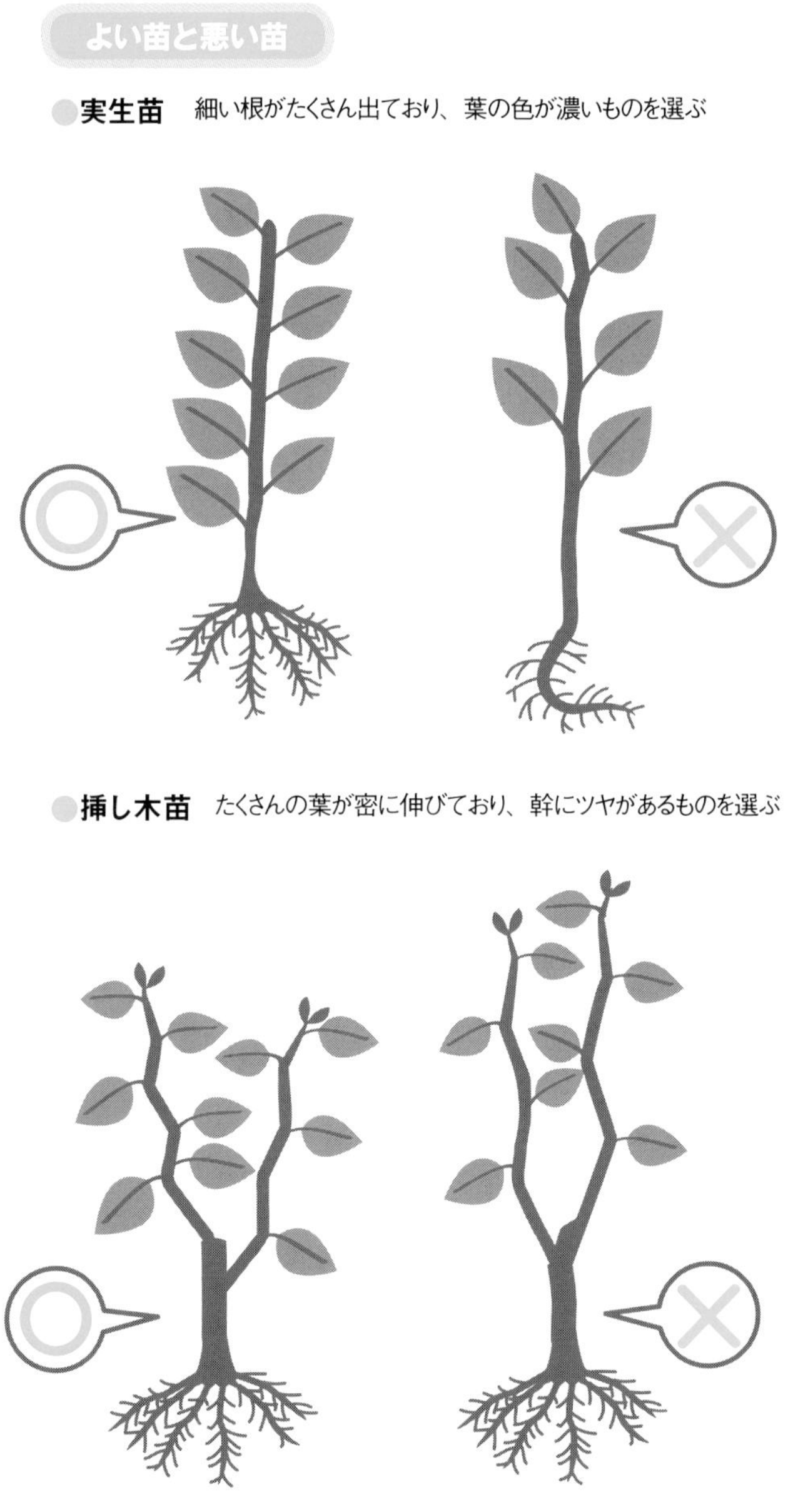

よい苗と悪い苗
実生苗　細い根がたくさん出ており、葉の色が濃いものを選ぶ
○
×
挿し木苗　たくさんの葉が密に伸びており、幹にツヤがあるものを選ぶ
○
×

基本的な３本配植

①どんな方法で作られた苗か？
実生苗（種子から育てた苗）は、開花まで時間がかかりますが、途中の生育は早いです。細い根が出ているものを選ぶようにします。挿し木苗は生育が遅いので鉢植えに向いています。親木と同じ花や実をつけます。葉と葉が詰まっているものを選びましょう。

②幹が太いものを選ぶ　できるだけ幹が太く、枝や節間が間のびしていないものにします。また、葉色がよく、葉と葉の間が詰まっているものを選びましょう。

③根のバランスがよいもの　根元が曲がっているものや病害虫に侵されているものは避けます。

不等辺三角形の位置に配置をする

木を植えるときには、バランスを考えなければなりません。３本１組を基本形にして、７：５：３の不等辺三角形の形に植えるとバランスのよい庭になるといわれています。この手法は、和風庭園でも昔から取り入れられてきたものです。主木である「真《しん》」を中心に、それと同種（常緑樹であれば常緑樹）の木を使う「添《そえ》」、異種（真木、添が常緑樹の場合は、落葉樹）を使う「対《たい》」の３つの木を不等辺三角形の位置に植えるようにしていました。

しかし、現代風の雑木の庭では、配置だけにこだわればいいでしょう。同時に木の高低差も考えて植えると、より立体的な庭にすることができます。

飛び石の配置やベンチやデッキを置く場所もこれらとバランスを取るようにしましょう。

雑木の庭の場合は、根元が少し曲がった木を植えると、里山の風情が出る（田辺さん宅）

草花の選び方

四季それぞれに美しい花で私たちを楽しませてくれる草花たち。一年でその命を閉じて、新しい種子を残してくれるものや何年も咲き続けるものなど、いろいろな種類がそろっています。

一～二年草

一年草は大きく分けて春まきと秋まきがある

一年草とは、種子をまいてから1年以内に開花、結実し、枯れてしまう草花のことです。春まきと秋まきがあり、春まきは春（サクラの花が散るころ）に種まきをしたら、夏から秋にかけて開花するもので、主に亜熱帯、熱帯地方産の植物が多いようです。コスモス、ヒマワリ、マリーゴールドなどがこれに当たります。秋まきの草花は、9月ごろ（秋の彼岸の2週間前後）に種子をまいたら翌春か夏に開花します。スイートピーやデージーなどがこのタイプです。

二年草は種子をまいてから1年以上2年以内に開花する植物のこと。たとえば4月に種子をまけば、翌年の4月に花を咲かせる越冬性の花を指します。カンパニュラ、ジギタリス、ホリホック、ルピナスなどですが、これらは種類によっては一年草、多年草のものもあります。

【種をまく時期による分類】

春まき	秋まき
コスモス	キンセンカ
ジニア	スイートピー
ヒマワリ	ジギタリス
ペチュニア	デージー
マリーゴールド	パンジー
	ルピナス
	ワスレナグサ

定植する前に土壌改良をしておく

一～二年草は、種子からでも苗からでも育てることが可能です。種子をまく場合、ヒマワリなど大きな種子はそのまままいてもいいのですが、ポピーのような小さな種子は、他の場所にまいてある程度の大きさまで生長させてから移植するほうがいいでしょう。箱いっぱいにまく箱まきと、盛り土した畝《うね》を作り、そこに種子をまく床まきとがあります。

種子をまいたら、基本的にはあまり土を盛りすぎないようにします。発芽までの期間は約1週間。

一年草・二年草（秋まき）の生長過程

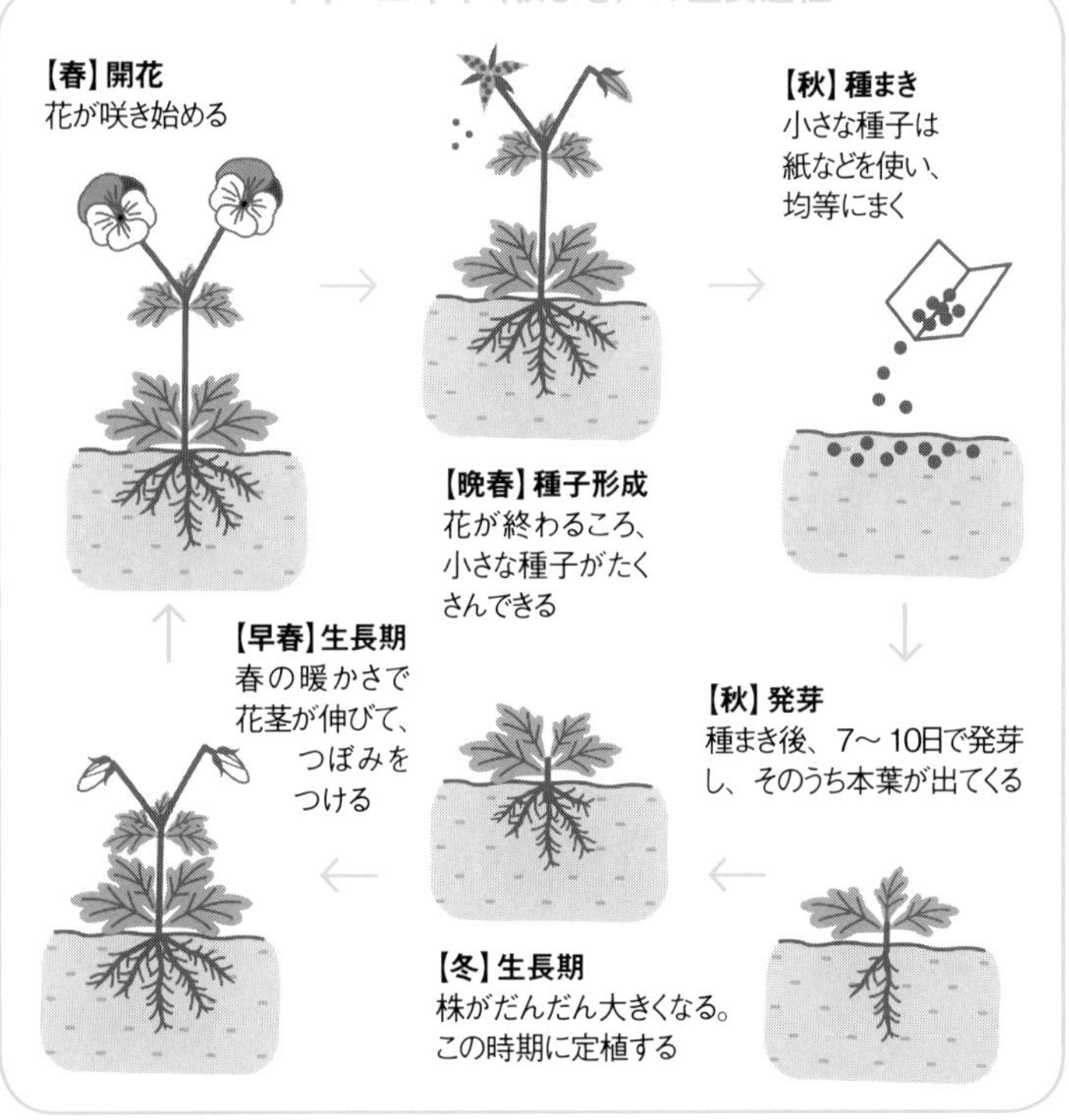
【秋】種まき
小さな種子は紙などを使い、均等にまく
【秋】発芽
種まき後、7～10日で発芽し、そのうち本葉が出てくる
【冬】生長期
株がだんだん大きくなる。この時期に定植する
【早春】生長期
春の暖かさで花茎が伸びて、つぼみをつける
【春】開花
花が咲き始める
【晩春】種子形成
花が終わるころ、小さな種子がたくさんできる

その後、徐々に日に当てるようにしていき、葉が開いたら十分に日に当てます。

本葉が出たら、花壇や鉢に移植します。有機肥料などであらかじめ土壌改良をしておき、種子と種子の間は、小型種は10〜15cm、中型種で20cm、大型種は30cm間隔で植えつけていきます。土壌改良用の有機肥料は、1㎡あたり堆肥、腐葉土、ピートモスなどを4kg入れます。苗で購入した場合は、170ページのイラストのような手順で植えつけていきます。

月1回のペースで追肥を行なう

花が長い期間咲き続ける品種は、月1回くらいのペースで追肥をして、栄養が十分に行きわたるようにします。毎日水をあげるようにしますが、そのとき、葉や花の様子をじっくり観察し、病害虫に遭っていないかをチェック。もし、病害虫の被害に遭っていても早めに手当てをしてあげることで、ダメージを最小限に抑えることができます。

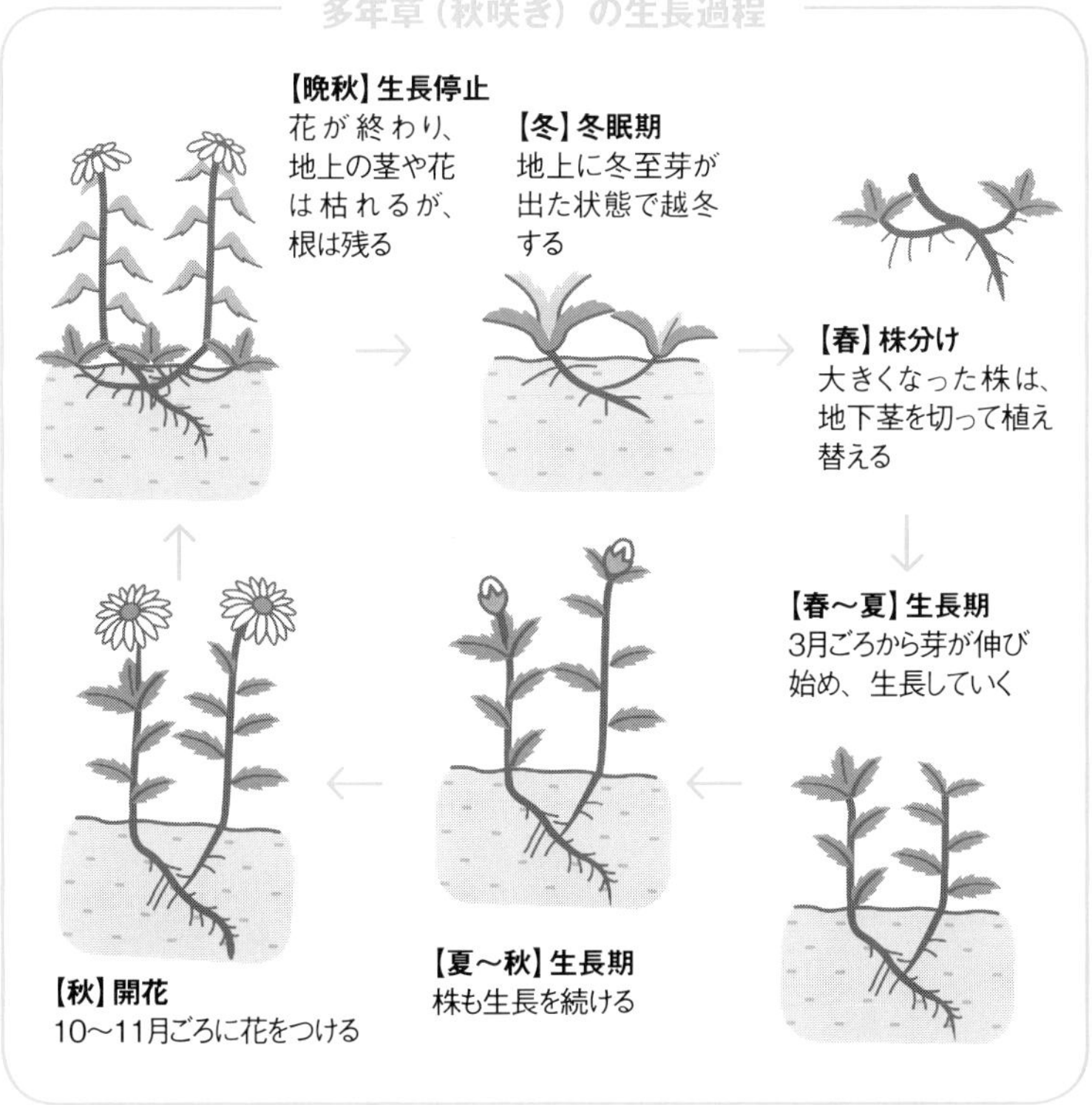
多年草（秋咲き）の生長過程
【晩秋】生長停止
花が終わり、地上の茎や花は枯れるが、根は残る
【冬】冬眠期
地上に冬至芽が出た状態で越冬する
【春】株分け
大きくなった株は、地下茎を切って植え替える
【春〜夏】生長期
3月ごろから芽が伸び始め、生長していく
【夏〜秋】生長期
株も生長を続ける
【秋】開花
10〜11月ごろに花をつける

結実後の種子は、翌年以降に植えることができます。種子は、乾燥剤を入れた密封容器で10℃以下の場所で保存します。あまり長く置くと生長が難しくなるので、1〜2年のうちに植えつけるようにします。

多年草

何年にもわたって花が楽しめる多年草

多年草とは開花したあとも地下の株が枯死せず、何年にもわたって咲く植物です。宿根草とも呼ばれます。厳密には、冬の寒い時期に葉が残っているものが多年草、葉だけが枯れてしまうものを宿根草といいます。多年草のなかには日本原産の花も多く、なじみ深いのも特徴です。

また、ガーデニングの歴史が長いイギリスのイングリッシュガーデンでも多年草はよく使われていました。年間を通したガーデンの計画には欠かせない植物です。

種まきは、春から初夏に咲く花（サクラソウ、マーガレットなど）は、9月下旬〜10月下旬、夏から秋に咲くもの（キキョウ、リンドウなど）は3月〜4月ごろに種子をまきます。

種子からでも育てることが可能ですが、苗を植えた方が確実です。植えてすぐに花を楽しみたい人は、花やつぼみをつけた生長株を選ぶようにします。

多年草は一度植えると同じ場所で咲き続けるので、植える際には先々のプランを考えて植えましょう。また、ほかの花とのバランスも考えなければなりません。一〜二年草と上手に組み合わせて、一年中花が楽しめるような工夫をしましょう。たとえば、配色を考えた植え方をして、色の変化を楽しむのもいいでしょう。

【多年草の開花による宿根草の分類】

春咲き多年草	夏〜秋咲き多年草	四季咲き多年草
オダマキ	キキョウ	ガーベラ
シバザクラ	キク	ゼラニウム
フクジュソウ	ホスタ（ギボウシ）	セントポーリア
プリムラ	ベロニカ	
マーガレット	リンドウ	

花壇への植えつけ

①苗の根元を指で挟み、手のひらで押さえながら逆さにして、ポットから取り出す

②根鉢の2倍ほどの大きな穴を掘って、根の高さに合わせて苗を置く

③根鉢を崩さないように用土を入れる。しっかり土をすき込んだら、根元を押さえる

コンテナへの植えつけ

①鉢底ネットを敷いた上に鉢底石を入れる。用土を鉢の半分を目安に入れる

②根鉢の底の土を2～3㎝ほど落とし、用土と根鉢の間に層ができないようにする

③すき間がないように用土をすき込む。水やりスペースとして、鉢の縁から2㎝あける

また、シバザクラなど草丈が低いものをグラウンドカバーとし植えて、高低差をつけるのもひとつの方法です。

株が大きくなったら株分けでふやす

多年草は年々生長をしていくので、植えるときにも株の間隔を少し離すようにします。また、2～3年ほど経過すると大きな株に生長し、そのままにしておくとまわりの草花に影響を及ぼすので、株分けを行ないます。株分けとは、元株から出た株や芽を適当な大きさに分けて、植え込むこと。株を掘り上げて土を落とし、手で切り分けます。手で切り分けるのが難しい場合は、ハサミなどを使用してもいいでしょう。株分けしたものは根を乾かさないようにし、すぐに植えつけます。

分けた切り口が大きい場合は、腐れ防止のために切り口に草木灰を塗っておきます。株分けの時期は、春咲き多年草が9～10月、夏～秋咲き多年草は3～4月が適しています。

できるだけ持続性がある肥料を与えるようにする

多年草は長い間生長を続けるので、肥料はできるだけ持続性があるものにします。元肥には持続性がある緩効性肥料を使うようにします。また、毎年の開花をうながすように追肥を行ないます。多年草は花が終わると、一～二年草と同じように種子を作ったあと、休眠期間に入ります。

休眠期間には生長しない品種が多いので肥料もあげなくて大丈夫です。寒冷地以外では地植えのまま越冬することができますが、寒冷地や寒さに弱い品種の場合は、霜除けなどの対策を取るようにします。また、地上部が枯れているので、間違って株を掘り起こすことがないように注意してください。

球根草花

春植え、夏植え、秋植えの3種類がある

球根は地下に養分を蓄え、その養分が肥大化して、塊状の根や茎になる植物のことをいいます。開花時からエネルギーを蓄えながら生長し、開花したあとの球根には子球が肥大化します。この子球を植えつけることで新しい命をつないでいくことになります。

日本の気候風土の中では、春植え、夏植え、秋植えの3つのタイプがあります。3～6月に植える春植えは、ダリアやカンナなど。主に亜熱帯や熱帯が原産地で、夏から秋にかけて開花し、冬は地上部が枯れて休眠します。夏植えはネリネやリコリス、ジンジャーなど。植えてから1カ月ほどで花が咲きます。多くの原産地は温帯で寒さに強いのが特徴。

10月ごろに植えて翌年の3月ごろに花をつけるのが、秋植え球根。クロッカスやチューリップ、ユリなどがその代表です。いずれも寒

【球根の植える時期による分類】

春植え球根	夏植え球根	秋植え球根
ダリア カンナ アマリリス グラジオラス	ネリネ リコリス	アネモネ クロッカス スイセン チューリップ フリージア

さには強い品種ですが、植えつけは本格的な寒さがやってくる前に済ませておきましょう。

球根の形状で子球の出方が変わる

植えつけるときには、大きな球根は地中深く、小さな球根は浅く植えます。耕す深さは、球根の大きさの約3倍まで深く掘り、覆土は球根の大きさの2倍程度にします。一般的には、以下のような深さがいいでしょう。～10cm（アマリリス、アネモネ、ラナンキュラス、ムスカリなど）、11～20cm（ダリア、ヒヤシンス、チューリップ、グラジオラスなど）、20～30cm（ラッパスイセン、リコリス、ユリなど）。植える間隔は球根の大きさの3つ分ずつくらいあけます。

また、球根の形状によって子球の出方が変わってきます。

鱗茎《りんけい》……短い茎に肥大した肉厚の葉が鱗状についています。球根の基部についた小さな鱗片が小球になって肥大化します（チューリップ、スイセン、ユリなど）。

球茎《きゅうけい》……地下の茎の先端が肥大化。親球の上に子球ができます（グラジオラス、クロッカスなど）

塊茎《かいけい》……地下茎が肥大化して塊状になります。親球がしぼみ、子球が発達します（アネモネ、カラー、グロリオサなど）

地下茎……茎が太ってできたような細長い形。地下茎から出た芽が新しい球根になります（カンナ、ジャーマンアイリス、シランなど）。

塊根《かいこん》……根が肥大化して塊になったもの。親球と一緒に子球も太っていきます（ダリア、ラナンキュラスなど）。

球根（チューリップ）の生長過程

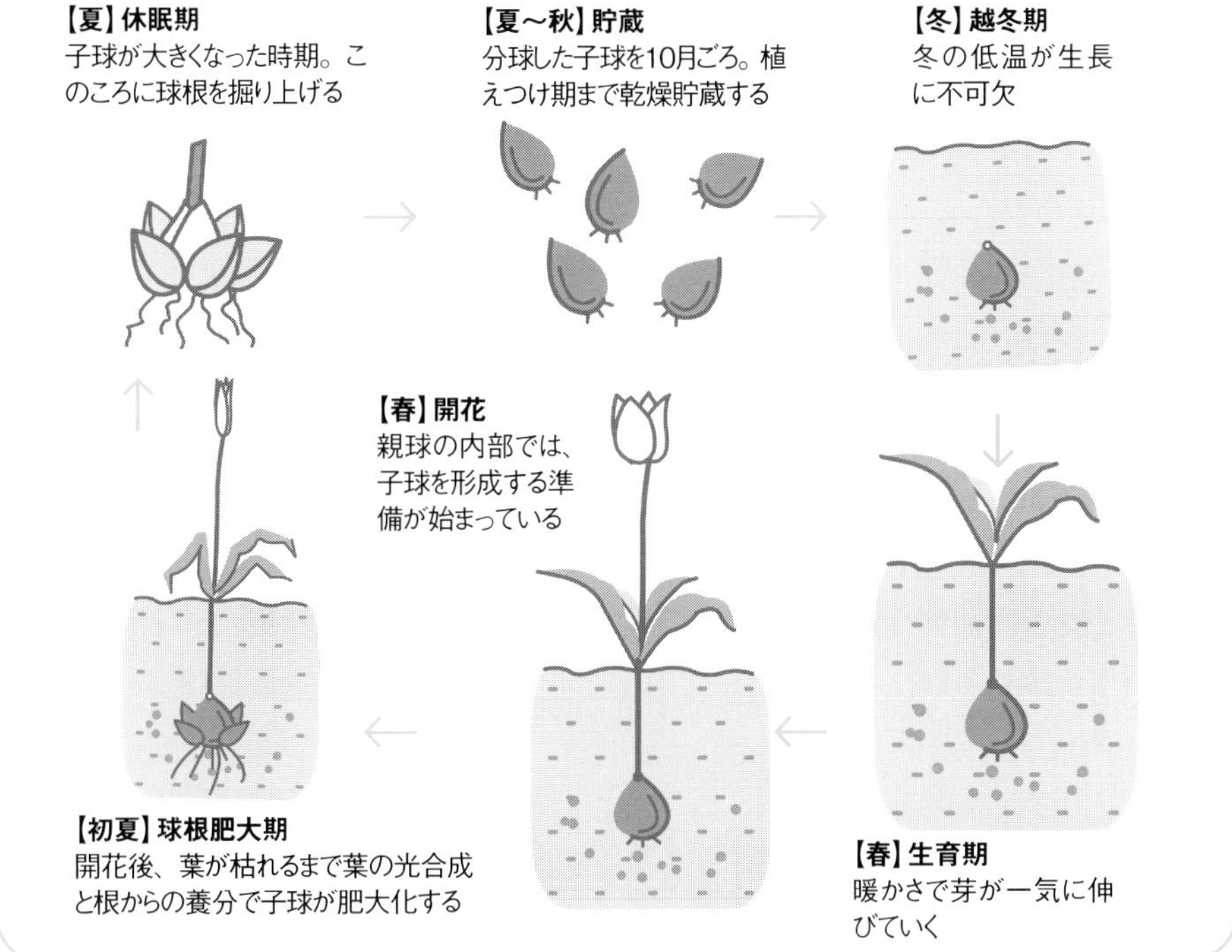
【夏】休眠期
子球が大きくなった時期。このころに球根を掘り上げる
【夏～秋】貯蔵
分球した子球を10月ごろ。植えつけ期まで乾燥貯蔵する
【冬】越冬期
冬の低温が生長に不可欠
【春】生育期
暖かさで芽が一気に伸びていく
【春】開花
親球の内部では、子球を形成する準備が始まっている
【初夏】球根肥大期
開花後、葉が枯れるまで葉の光合成と根からの養分で子球が肥大化する

球根の植えつけ

球根の発芽には、気温や地温の一定条件が必要。開花時、植えつけ時期を把握して植える

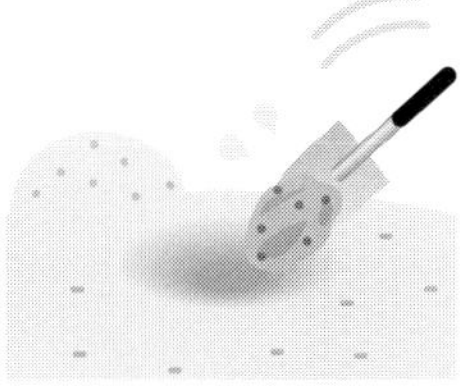
植えつけ位置に球根の約3倍の穴を掘る。球根により深さなどが変わるので、必ず確認してから植えつける

上
check!
下
球根は上下を間違わないようにして植える。球根と球根の間は、球根の大きさの3つ分ほど離して植える

植えつけ場所

地植え 庭や花壇に植えつけるときには、球根の大きさの約3倍の深さの穴をあけて植える

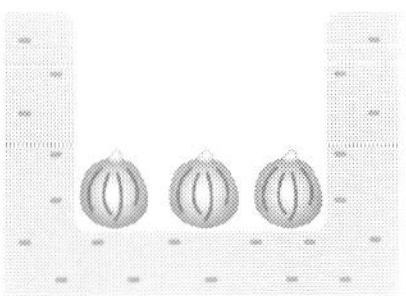
同じ種類のものを並べて植えるときには、2球だとバランスが悪いので、3球に

鉢植え 鉢植えは大きさや深さに限界があるので、球根1球分の深さに。また、間隔も密にする

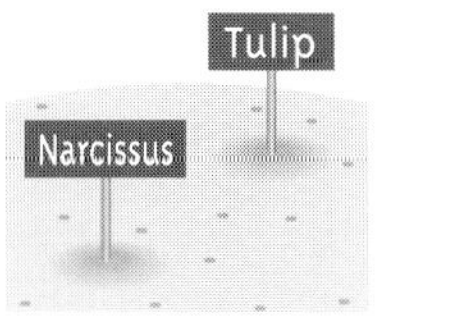
Tulip
Narcissus
埋め戻し後、水はけをよくするため土を高めに盛る。目印として花名のラベルを

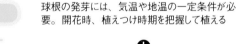

Enjoy Gardening

育て方の基礎知識

花を育てるときには、まるでわが子を育てるように慈しみをもって育てたいもの。水やり、施肥、そして病害虫から守ってあげるなど、日頃から注意しなければならないことはたくさんあります。

水やり

土の表面が乾いたらたっぷりと水を与える

植物を育てる際に水やりは欠かせません。地植えの場合はあまり難しく考える必要はありませんが、鉢やコンテナの場合は注意が必要です。不適切な水やりをして草花を枯らしてしまうこともあるからです。基本的には、土の表面が乾いたらたっぷりと与えますが、乾く前に水を与えると鉢の中が常時湿った状態になり、根腐れを起こしてしまう恐れがあります。理由は、根も呼吸しているので、湿った状態では呼吸ができないからです。また、逆に乾きすぎるとしおれたり、最悪の場合は枯死したりします。

土の乾き方は、季節、植栽場所、植物の種類、土質、鉢の素材などによって違ってくるので、土の表面の状況を見てから、水やり時期を決めるようにしましょう。

水やりは早朝に行うのがベスト

日なたや日陰、花壇やコンクリート敷きのベランダなど、植物を配した場所で水やりは変わってきます。日なたは、強い日差しによって気温も上昇しがち。土や植物の葉裏の気孔から大量の水分が発散してしまいますので、たっぷりと水を与えることが重要。コンクリート敷きのベランダや風当たりが強い場所でも同様です。水やりを行う時間は、朝方から午前中（できれば10時ごろまで）に済ませましょう。

また、春先は植物が最も生長する季節なのでたっぷりとあげましょう。冬は土の様子を見ながら対応し、夕方の水やりは避けるようにします。

開花時の水やりは花に水がかからないように

地植えの場合は、毎日与える必要はありませんが、葉が大きくたくさん茂っている植物は、雨だけでは水分が不足するので状況に応じて水を与えます。また、真夏は朝方に定期的に与えます。

花の開花時は植物にとって最も重要な時期といえます。この時の水やりは、花には直接水をかけずに根元に与えるように。花に水がかかると、花びらに傷がつきやすくなるばかりでなく、灰色カビ病の原因にもなります。

●水やりによる生長の違い

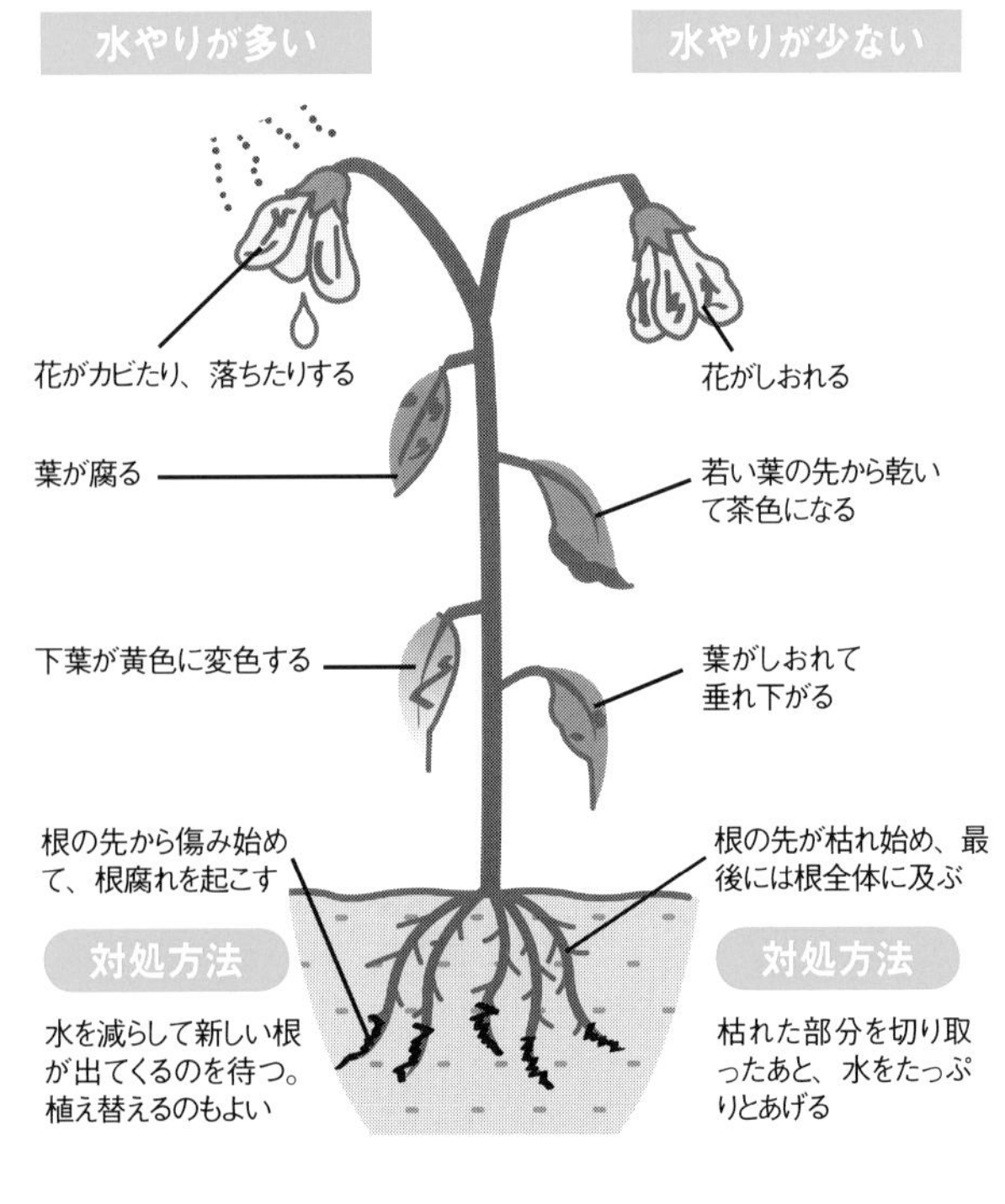
水やりが多い
水やりが少ない
花がカビたり、落ちたりする
花がしおれる
葉が腐る
若い葉の先から乾いて茶色になる
下葉が黄色に変色する
葉がしおれて垂れ下がる
根の先から傷み始めて、根腐れを起こす
根の先が枯れ始め、最後には根全体に及ぶ
対処方法
水を減らして新しい根が出てくるのを待つ。植え替えるのもよい
対処方法
枯れた部分を切り取ったあと、水をたっぷりとあげる

肥料

チッ素、リン酸、カリウムが肥料の三大要素

植物に必要な栄養素は、およそ16種類あるといわれています。そのなかでも重要なのが、「肥料の三大要素」といわれているチッ素（N）、リン酸（P）、カリウム（K）＝カリです。これらの栄養素は、土中にもその量が少ないので必ず補給しなければいけません。

■**チッ素（N）**……別名「葉肥」といわれます。葉や根、茎の生長を助ける働きがあり、不足すると生育不良になります。しかし、与えすぎると葉ばかりが茂り、花つきが悪くなる場合があります。

■**リン酸（P）**……別名「花肥」「実肥」といわれます。開花や結実の生長をうながします。花つきが悪いときなどに与えます。

■**カリウム（K）**……別名「根肥」といわれます。根を丈夫にしてくれる働きがあり、不足すると根が弱まり、葉や花に必要な栄養分を届けることができなくなるほか、葉の中心部が暗緑色になり、先端や縁の部分が黄色く変色してきます。

三大要素以外にも、酸性土壌を中和するカルシウムや光合成を助けるマグネシウムなどが必要。市販の肥料には、「N-P-K＝5-10-5」などと書かれていますが、これはチッ素5％、リン酸10％、カリウム5％が含まれているという意味です。

植物の主な栄養素

植物の三大要素といわれているのが、チッ素、リン酸、カリウム。マグネシウムやカルシウムなども必要

チッ素
葉の生長を助ける働きがあり、不足すると生育不良になる。与えすぎると花つきが悪くなることもある
マグネシウム
リン酸の吸収を助け、光合成をしやすくする
リン酸
開花や結実の生長をうながす。花つきが悪いときなどに与える
カリウム
根を丈夫にする働きがある。不足すると根が弱まり、葉や花に必要な栄養分を届けられない
カルシウム
細胞組織を強めたり、光などの外部からの刺激を植物に伝え、根の生育を促進する

与える時期により元肥と追肥に分かれる

肥料を与える時期によって、元肥、追肥の2種類の肥料があります。植物を植え込む前の土に混ぜて使用するのが元肥。基本的な栄養分を土に与える元肥は、ゆっくり時間をかけて効果を発揮する遅効性、もしくは緩効性の肥料を使用します。遅効性肥料とは微生物による分解などを経てから吸収するもので、油かす、鶏ふんなどの有機質肥料が挙げられます。緩効性肥料は与えたときから効果があらわれ、ある程度の期間効果が持続するもので、化学的に合成された顆粒肥料などがあります。

元肥は、植物が生長していくうちにその養分が植物に吸収されたり、水やり時に流れたりするため、徐々に効果が薄れていきます。そこで、不足分を補うために追肥を行ないます。追肥には、春先にいい芽を出させるための「芽出し肥」、花を咲かせたり、実を収穫したりしたあとに弱った植物の体力を回復させるために与える「お礼肥」などがあります。鉢やコンテナなど、土量が少ない場合は、追肥が欠かせません。追肥に適し

【化成肥料の種類】

速効性肥料	施肥後にすぐに効果があらわれるが、長続きしない。	液体肥料	原液をそのまま使うものと希釈して使うものがある（ハイポネックス、花工場）。
		普通化成肥料	チッ素、リン酸、カリウムの比率が少なく、肥料焼けすることが少ない（普通化成肥料）。
緩効性肥料	施肥後ゆっくりと効き始め、長時間効果が続く。	緩効性原料	水に溶けにくいので、ゆっくりと溶け出し、効果が長続きする（マグァンプK、IB化成肥料）。
		固形肥料	錠剤や粒状などに固形化され、潅水時に徐々に溶け出し、肥効が持続する（プロミック錠剤）。
		コーティング	錠剤などのまわりに皮膜を作り、肥効期間を長くしたもの（エードボール）。

ているのは、すぐに効果があらわれる速効性肥料です。家庭園芸では、土の上に置くだけで効果が出る固形肥料や水で薄めて使用する液体肥料など、たくさんの種類が市販されています。しかし、与えすぎると、逆に植物が弱ってしまうので適量を与えましょう。

【有機質肥料と無機質肥料】

	原料	特徴	使用方法
有機質肥料	ナタネ油粕、草木、魚粉、鶏ふん、魚かすなど。	微生物が原料を分解してから効果が出るので、効果が出るまでに時間がかかる。元肥として使用されることが多い遅効性肥料。多めに使用しても肥料焼けの心配がない。	栽培期間が長い草木の元肥や追肥に使用。庭木や果樹の寒肥にも使われる。
無機質肥料	チリ硝石、リン鉱石、炭化カルシウムなどを原料にし、化学合成したもの。	有機肥料と違い、無臭で扱いやすいのが特徴。元肥として使用する緩効性のものから、水に溶けやすく吸収されやすい即効性のものまでそろっている。	量や濃度を間違えると、肥料焼けを起こすことがあるので、特に速効性のものは注意したい。

成分によって違う 有機質肥料と無機質肥料

肥料は成分から有機質系と無機質系に分かれます。一般的に有機質＝動植物系、無機質＝人工合成物に分けられます。

■有機質肥料

動植物由来による堆肥、骨粉、油かす、鶏ふんなど。油かすにはチッ素が多く、骨粉、鶏ふんにはリン酸が多く含まれています。植物が発芽、生長、開花、結実と生長していく過程で必要な栄養素があるので、それぞれを混ぜて使用するようにします。最近では手軽に使える配合肥料も出ています。

植物の栄養分は無機質として吸収されますが、有機質肥料は土中で無機質に分解されたあと、ゆっくりと効果があらわれるので速効性は低いです。しかし、長く蓄積されるので効果は長続きします。元肥に使用される遅効性肥料として知られています。

■無機質肥料

無機質を主成分とした肥料で主に工場で化学的に生産されたもの。天然の鉱物を原料にした肥料もあります。基本的に速効性肥料が多いのですが、肥料を樹脂や硫黄でコーティングして有効期間を長くした緩効性肥料もあります。無臭で扱いやすいのが特徴になっています。速効性肥料は、与えすぎてしまうと枯れることがあるので注意が必要です。

簡単で清潔に使える 無機質肥料

■無機質肥料の種類

○固形肥料

錠剤になっている化成肥料です。土の上に置いておくだけで、水やりのときに成分が徐々に溶け出して効果を発揮します。どの草花でも効果を発揮するタイプのほか、品種ごとの専用タイプも市販されています。

また、同じ固形肥料ですが、水に溶けにくい緩効性原料を使ったものや錠剤のまわりにコーティングを施して、効果が長続きするようにしたタイプもあります。

○液体肥料

原液のまま使うものと原液を薄めて使用するタイプがあります。原液を薄めて使うものは、薄めるための計測道具があると、正確に希釈できるので便利です。最近はアンプル剤やスプレータイプも出てきています。

そのほか、活力剤や生育促進剤も市販されています。これらは、花に元気がないときや草花の花つきをよくしたいときに使用します。これらはあくまでも補助的なものとして使います。

三大要素が必要とする時期

植物が生長していく過程で、三大栄養素のうち必要となる時期が異なる。チッ素は生長期と結実期前、リン酸は開花時、カリウムはまんべんなく必要

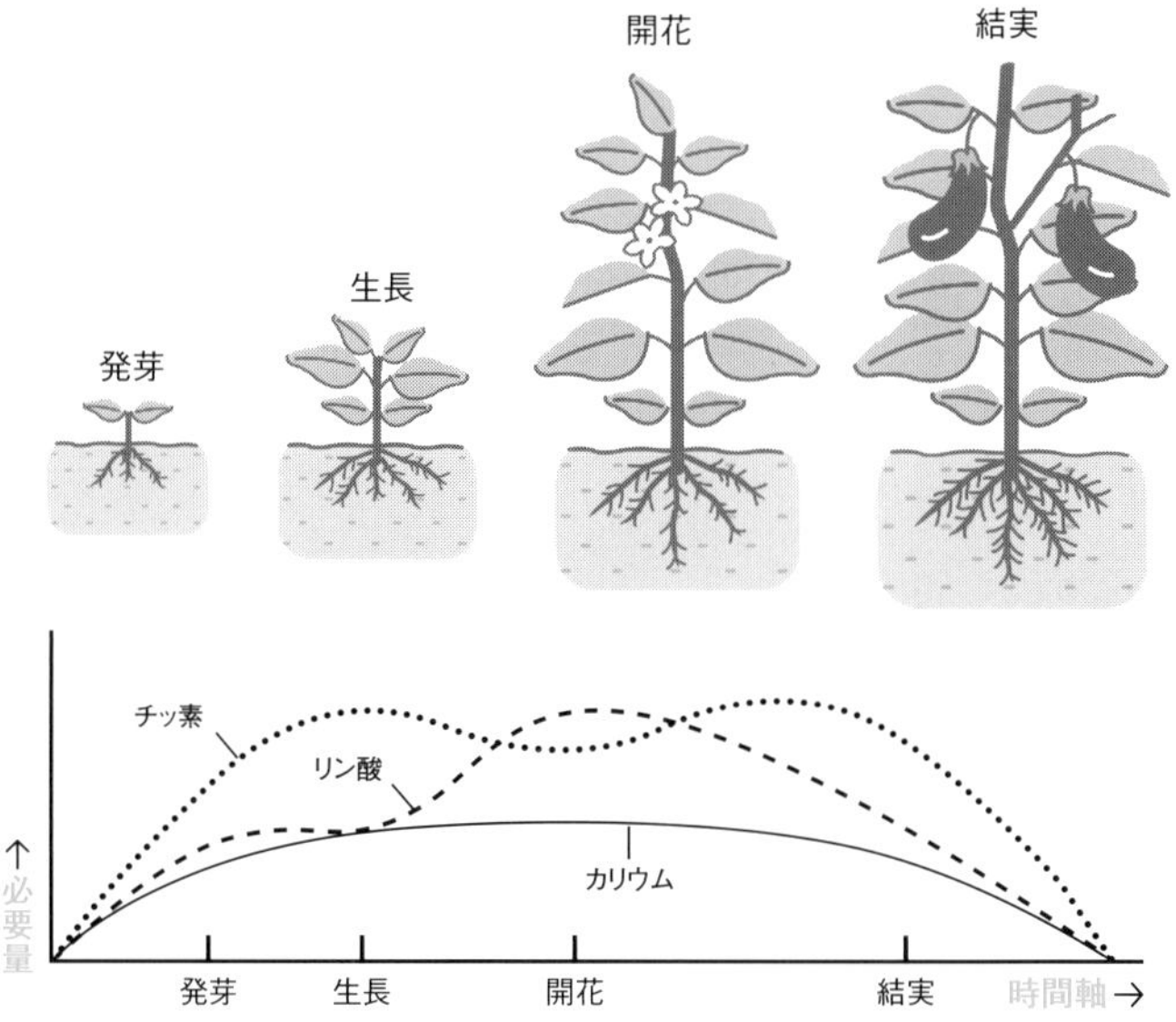

病害虫

被害に遭わないためにも まわりを清潔に保つ

植物も人間同様に病気にかかることがあります。通常はかからない病気でも植物自体に体力がないと進行してしまいます。原因は、手入れが悪くて株が正常な生長をしていなかったり、劣悪な環境でまわりが不潔だったりすると、病原菌はすぐに植物に取りつきます。そのほか、購入したときから病気持ちだったり、使用していた土が不潔だったりすることもあります。病気の兆候が出ていたらすぐにその部分を取り除き、ひどい場合は早めに株ごと抜き取ります。

害虫に侵されることもあります。植物の生長が著しい春や秋は、害虫にとっても動きやすい季節といえます。特にこの期間には、十分な注意が必要。害虫に関しては殺虫剤を使用しますが、野菜やハーブなど口に入れるものが近くにあるときは、あまり使いたくないもの。害虫の数が少ないうちに直接つかまえて退治しておきます。

冬に石灰硫黄合剤を散布すると効果的

■殺菌剤　カビや細菌が原因の病気の感染を防ぐために使用します。殺菌剤は予防が主なので、病気になってしまった被害部には効果がありません。周辺で発生した場合に早急に散布して病気の蔓延を防ぎます。最初に発病を見つけてから7～10日ごとに繰り返して散布します。

■殺虫剤　植物の害虫は群れで活動するものが多く、いつのまにか葉の裏にびっしりと害虫がついていたということも。また、害虫が大きくなると殺虫剤に対しての免疫力がつく場合があるので、幼虫のうちに退治をしておくことが大切。冬場、石灰硫黄合剤を庭木に散布しておくと、害虫の卵の駆除ができます。

【病気の症状と対処法】

病名	症状	対策
うどんこ病	葉や茎がうどんこ状の白いカビに覆われ、ひどい時には枯れて落葉する。	発症した葉は、すぐに廃棄する。バランスのよい肥料やりを心がけ、枯れ残りや落ち葉は取り除いて土壌を清潔に保ち、風通しをよくする。
すす病	葉の表面が、煤《すす》がついたように真っ黒に変色する。	アブラムシなどの排泄液に繁殖する病気なのでアブラムシを徹底的に駆除し、落ち葉は焼却処分する。石灰硫黄合剤を1～2回散布。
サビ病	葉や葉裏にけば立ったイボが多数発生し、やがてさびに似た胞子が飛ぶ。	発症した箇所は取り除き、風通しをよくする。サビ病の一種である赤星病は、イブキ類の中で越冬するので、近くにイブキ類を植えないこと。
ボトリチス病	花や葉の裏にシミができて全体に広がり、灰褐色のカビがあらわれる。	繁殖力が強いので、被害を受けた枝は早めに切って処分する。密植した場所、梅雨時など多湿になると発生するので、風通しをよくする。
ベト病	葉の表面に汚れのような紋が広がり、葉裏には白いカビが生える。	初夏～秋にかけて湿度が高い時期に発生するので、密植を避けて風通しをよくする。定期的に薬剤を散布して予防。
軟腐病	地表に近い古い葉や茎、根が変色してしおれ、溶けたように腐って悪臭を放つ。	発病したら根ごと抜き取って焼却処分し、土も入れ替える。発病後の治療は難しいので、水はけと通気をよくし、予防に努める。

【害虫の症状と対処法】

病名	症状	対策
カイガラムシ	葉裏や茎に貝殻状の虫が寄生して、液汁を吸い、葉色を黄変させる。	成虫になると薬剤が効きにくくなるので、幼虫のうちに薬剤を散布する。成虫は歯ブラシなどでこすり落とす。
アブラムシ	新芽やつぼみ、若い芽、葉裏などに粒状の虫が群れて液汁を吸う。	植えつけ時に粒剤を土に混ぜて予防する。葉裏や茎に緑や黒い虫の群生を見つけたら、ティッシュなどで拭き取るか、薬剤を散布する。
ハダニ	葉裏に粒状の小さな虫が寄生して液汁を吸い、葉がカサカサになる。	乾燥している場所での発生が多いため、時々葉裏に散水をすると予防になる。数種類の殺ダニ剤を交互に散布する。
アオムシ	チョウの幼虫が主に葉を食害し、花や茎にもつく。	春と秋に多く発生。チョウが飛び交うようになったら、食害がないかに気を配り、卵や幼虫を見つけたら補殺する。
ヨトウムシ	アオムシに似たガの幼虫が株元にひそみ、夜間に花や葉を食害する。	春と秋に発生するので、幼虫のうちに見つけて補殺するか、長期間効果が持続する殺虫剤を散布する。
ナメクジ	主に新芽やつぼみ、若葉を食害する。周囲に白い粘液の跡が残る。	夜間に補殺するか、ナメクジが好むビールや米のとぎ汁に殺虫剤を溶かしたものを置いたり、専用の薬剤や粒剤で駆除したりする。

Enjoy
Gardening

季節の管理

1年間を通して手入れが必要なガーデニング。いろいろ大変なことも多いですが、園芸好きにとってはそれもまた楽しい作業となります。行ないたい主な作業を四季に分けて紹介します。

春 3月〜5月

春の植えつけ

風がない穏やかな日の午前中に、根を傷めないように気をつけながら植え込みます。同種類の苗で大きさに差があるときには、大小交互に並べましょう。生長後の姿を考え、株間を決めます。左右より前後の間隔を広く取ると株間が取りやすく、植物も長もちします。

多年草の植え替え 株分け

多年草は毎年芽を出して花を咲かせます。何年も植えたままにしておくと、芽数が増えても充実せず、花立ちが悪くなり、茂りすぎた葉が蒸れて病気の原因になることも。3～4年に一度は株分けをして植え替えましょう。その際は、連作障害を防ぐため、元の場所に植えないように。植えつけ後は、株のまわりに施肥します。

苗の植えつけ

1

ポットの根元を指で挟み、苗を傷めないように手のひらで押さえながら、逆さにしてポットから取り出す

2

根鉢の倍くらいの大きさの穴を掘る。根がまわっている苗はほぐし、根鉢の高さを考えながら穴に入れる

3

根鉢を崩さないように、穴に用土を入れていく。しっかりと土をすき込んだあと、根元を押さえてなじませる

多年草の株分け

1 葉が黄色くなったころが株分けの適期。効率よく作業するため茎葉をカット

2 スコップが完全に土中に沈むくらい深く差し込んで、株を掘り上げる

3 株を水で洗い流し、株を左右に引っ張って2～3株に分けていく

4 どの株にも芽がひとつはつくように分ける。分けた株は元の場所を避けて植える

球根の植え替え 株分け

カンナやダリアなど、土中で冬越しした夏咲き球根は、植え込む直前の3月中旬ごろに分球をして植え替えます。切り離す各球根は、必ずひと芽ついているように切り分けます。ダリアの球根は、茎のつけ根の部分から発芽するので、茎ごと切り分けるようにします。

球根の発芽には気温や地温、日照時間などに一定の条件が必要なので、植え込み時期に注意をします。植え込む深さ、植える間隔にも気をつけましょう。

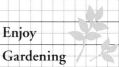

春の種まき

春まきの一年草の種まきは、「粟は八十八夜の種おろし」などというように、八十八夜の前後の4月下旬から5月上旬ごろにまきます。春まきは、秋まきのような寒さ対策が必要ないので、手軽に苗を育てられます。種まきには、箱やポットなどにまいて育苗する方法と、花壇に直まきする方法があります。

ここでは、土づくりが不要で小さな種子に向くピートパンを使った箱まきをご紹介。また、大粒の種子や、皮がかたかったり毛で覆われていたりする種子は、水に漬けてふやかすと早く発芽します。

春まき一年草の移植、定植

4月にまいた種子が本葉2～3枚まで生長したら、割りばしで土ごと苗をつまんで鉢に移植します。移植後は、たっぷり水をあげます。移植後、数日は半日陰で、その後は日なたで育苗。2週間くらい経ったら液体肥料を週に一度あげ、本葉が6～7枚になったら庭などに定植をします。定植後の水やりは、表面の土が乾いてからたっぷりと与えます。

定植する1週間前までには、植える場所の土に腐葉土、堆肥などの元肥を全面にまいて、すき込み、よく混ぜ合わせておきます。

春の種まき

1

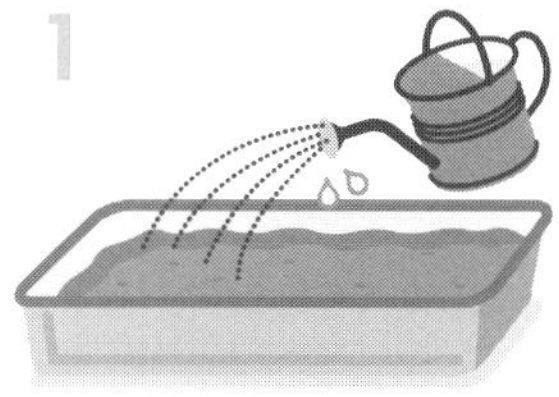

土を入れたピートパン全体に水を含ませ、5分ほどふやかして、数本の溝を入れる

2

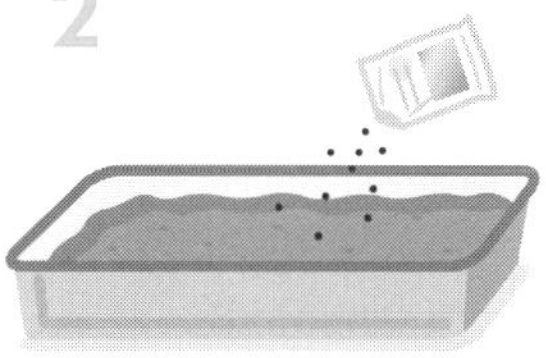

溝の上に種子をピンセットで置いていく。小さい種子は紙にのせて指でたたいて落とす

3

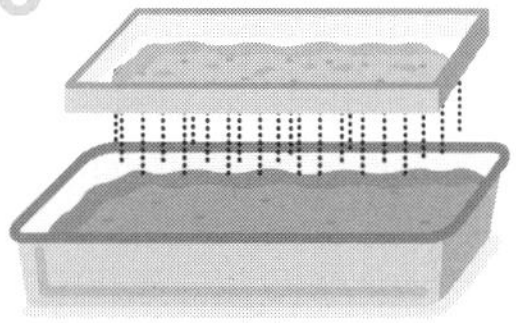

ピートモスをふるいにかけながら上から薄くかける。覆土の量は種子によって違う

4

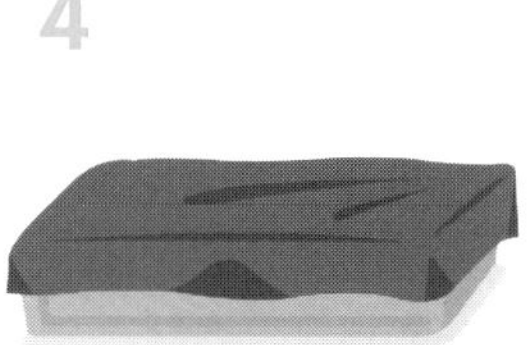

乾かないように四隅から水を足す。濡れ新聞で覆い、乾く前に霧吹きで濡らす

5

5～6日後に発芽が認められたら濡れ新聞をはずし、涼しい日陰に移す

6

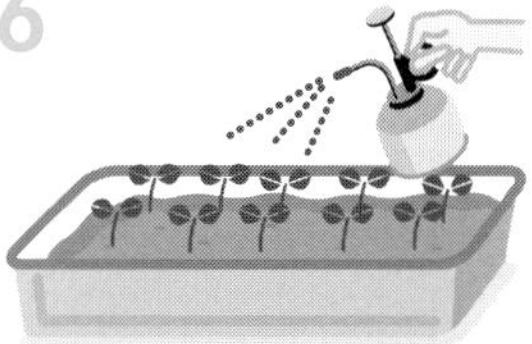

徐々に日光に当てる時間を長くし、本葉が2～3枚出たらピンセットで移植する

移植の方法

1

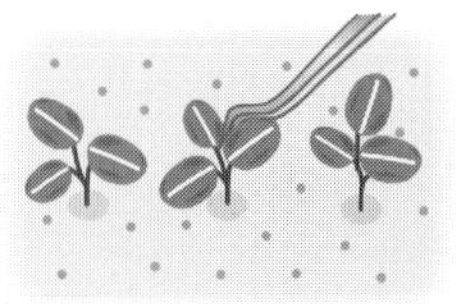

本葉2～3枚のころが移植の適期。育苗箱の場合、移植前1週間は乾燥気味に管理する

2

ピートパンから移植する場合、前日から水を含ませ、根を切らないようにする

3

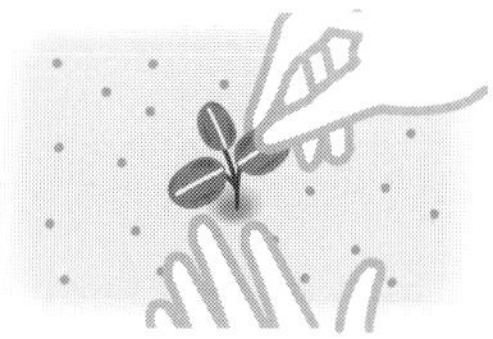

移植床に培養土を入れて指で植穴をあけ、穴に差し込むように植えていく

4

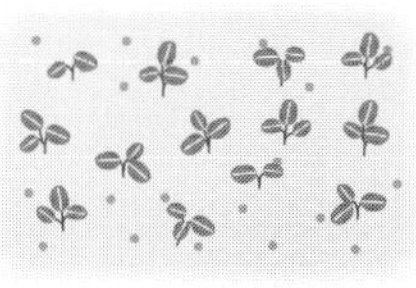

苗がたくさんある場合は移植箱が便利。苗同士は5㎝間隔で離しておく

5

2号（口径6㎝）のポリポットに移植する場合も3と同じように行う

6

移植から約1カ月後、本葉が5～6枚になったら、花壇など最終的な場所に定植

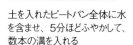

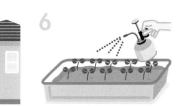

多年草の植えつけ

アヤメやアイリス、ハナショウブなどは、花が終わったら花がらを取り除き、大株のものは株分けをして別の場所に定植します。その際、新芽も一緒に切り分けます。マーガレットやミヤコワスレなどは、挿し芽でふやせるので切った芽を培養土にさしておきます。

球根植物の花後の管理

チューリップやスイセン、ヒヤシンスなどの春咲きの球根は、秋から翌春の間に生育して開花し、夏に休眠する性質を持っています。花が終わったら、球根を太らせるために葉はそのまま残して花がらを摘み取り、お礼肥として速効性のある液肥を施します。

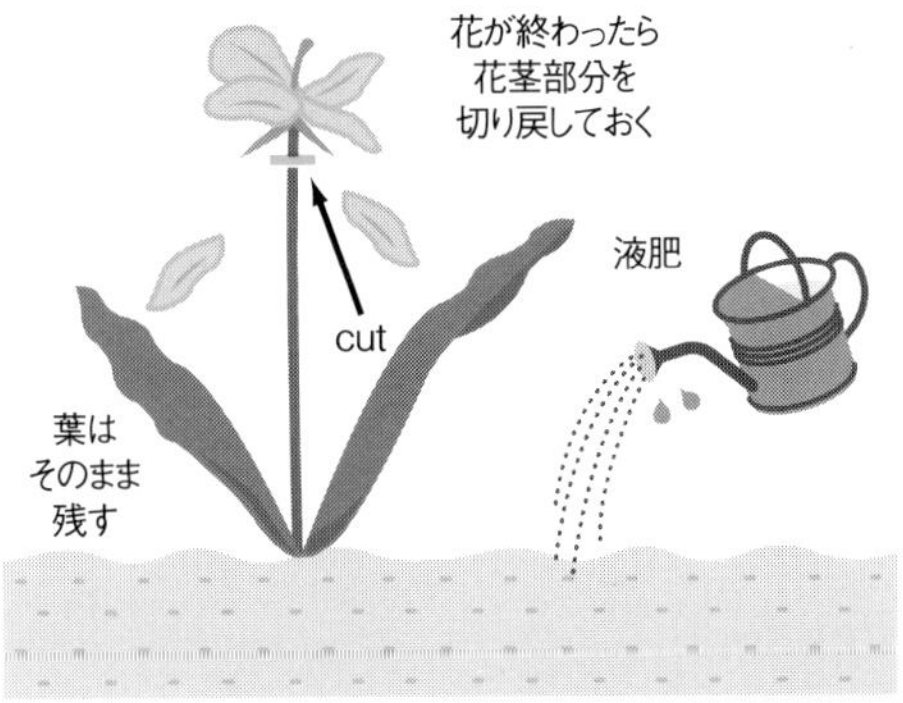
花が終わったら
花茎部分を
切り戻しておく
cut
液肥
葉は
そのまま
残す

庭木の植え替え

庭木の植え替えは、落葉樹は12～2月、常緑樹は3月ごろに行ないます。根の周囲を円状に掘り、横に張った根を切りながら下に掘り進みます。横張りの根がなくなったらゴボウ根を切り、底を掘って掘り上げます。落葉樹は根土が落ちても枯れることはまれですが、常緑樹はほかの場所に運ぶときには、根巻きをして土が崩れないようにします。この季節は空気が乾燥し、根が乾きやすいので手早く作業します。

根が乾燥すると活着が遅れるので、作業は速やかに行なう

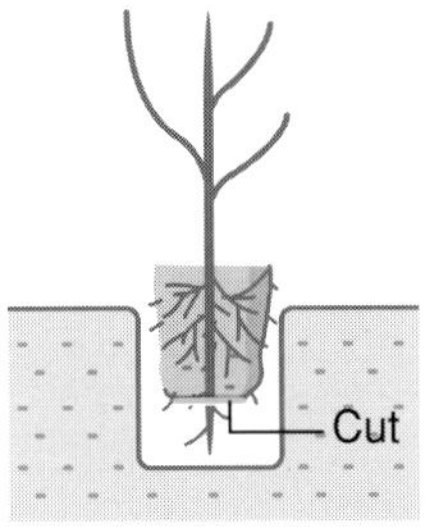
Cut

花がら摘みと管理

花が散ったあと、花がらをそのままにすると、結実して株が弱ったり、花弁が腐って病気の原因になったりすることも。花がら摘みはこまめに行ないます。クロッカスなどの小花は花のつけ根から摘み取ります。また、春は急に気温が上がることがあるので、乾燥しやすい場所では土や草花の様子を見つつ、水やりをお忘れなく。

とり木をする

庭木をふやすひとつの方法として、とり木があります。とり木とは幹や枝の途中から根を生やし、その下を切り落として植え込む方法です。

新芽が活動を始める4月ごろから梅雨の時期までに行ないます。まず、とり木をする部分の周囲を、枝の太さの1・5倍くらいの幅で樹皮および甘皮を取り除きます。節の部分が発根しやすいので、節のすぐ下の部分の皮をはがすとベター。はがした部分の上部の切れ込みをギザギザにすることにより、根が出やすくなります。

はがした部分に赤土を塗り、その上から水に浸けた水苔やピートモスを巻き、ビニールで包み、水分が発散しないようにします。ときどきビニールを取り、水を補給。その後、根が十分に出てきたら水苔などを取り除き、ノコギリなどで根を傷つけないように枝を切ります。根を整えたあと鉢に植え込み、その後、十分に根が張ってから定植します。

効果的なとり木の方法

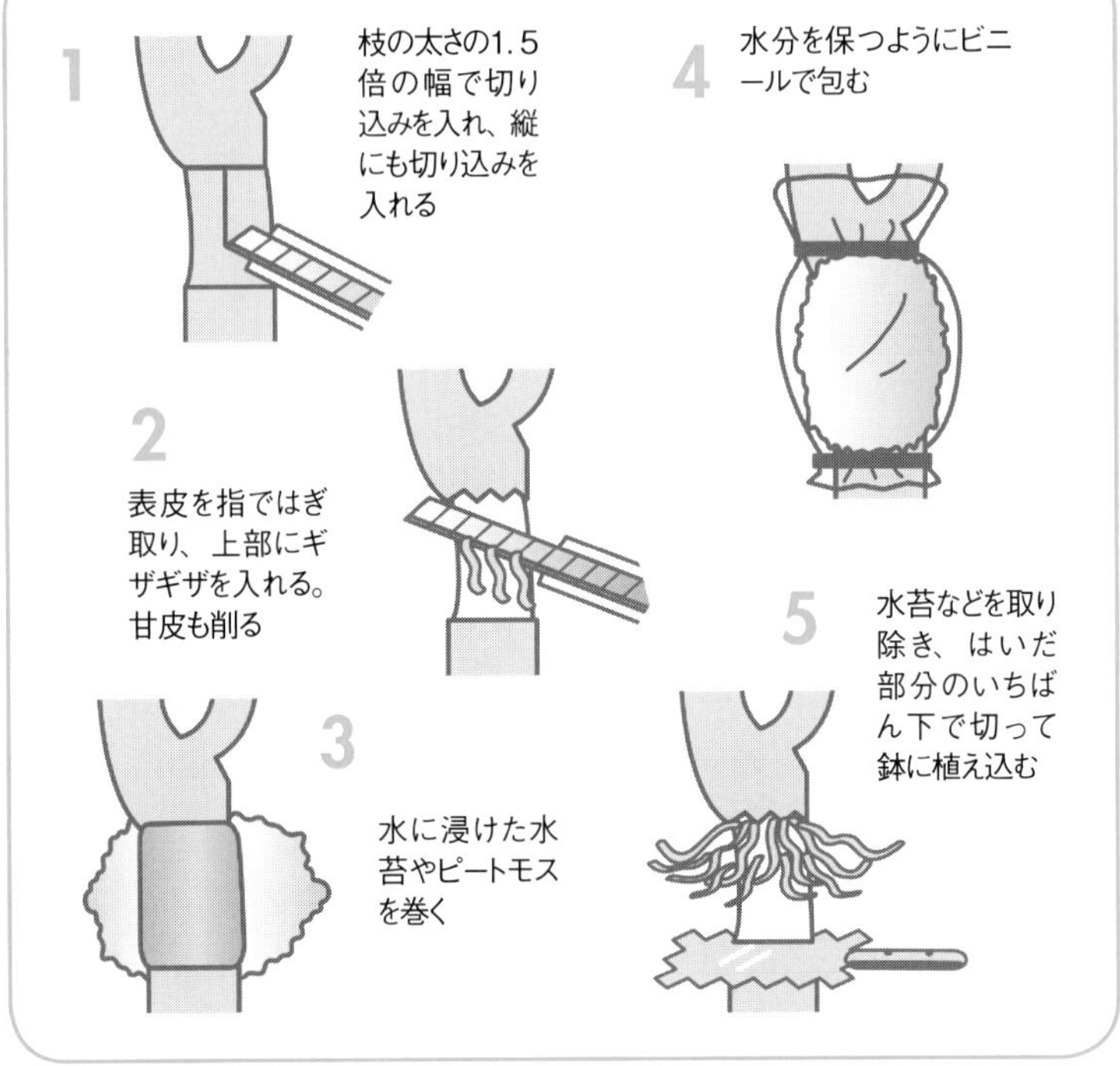
1
枝の太さの1.5倍の幅で切り込みを入れ、縦にも切り込みを入れる
2
表皮を指ではぎ取り、上部にギザギザを入れる。甘皮も削る
3
水に浸けた水苔やピートモスを巻く
4
水分を保つようにビニールで包む
5
水苔などを取り除き、はいだ部分のいちばん下で切って鉢に植え込む

夏 6月～8月

夏の花壇づくり

花数が減り、春の花たちが元気をなくしたら、夏の草花を植えつけます。苗は4月から5月にかけて箱やポットなどに種子をまき、鉢で育てておいた苗を植えつけます。また、この季節は園芸店ではさまざまな苗が売られているので、花つきがよい苗を購入するのもいいでしょう。

植えつけの1週間ほど前から定植地の土づくりをします。晴れた日を選び、弱った春の草花の株と雑草を取り除き、1㎡あたり100gの石灰と腐葉土、200gほどの化成肥料をまいて耕しておきます。

夏の花壇向きの草花

- アキレア
- アスター
- アメリカンブルー
- アルストロメリア
- イソトマ
- インパチェンス
- ケイトウ
- サルビア
- センニチコウ
- ニチニチソウ
- バーベナ
- ハナスベリヒユ
- ペチュニア
- メランポディウム
- ルピナス
- ロベリア

多年草の植え替え

キキョウ、バーベナ、ホスタ（ギボウシ）などの多年草の植え替えをします。ジャーマンアイリス、ハナショウブなどは株分け後、元の場所とは異なる水はけのいい場所に浅く植えます。ベゴニアなど、鉢植えで鉢底から根が出ていれば、ひとまわり大きな鉢に植えかえます。その際、根鉢を崩さないように注意しましょう。

春咲き球根の掘り上げ

チューリップなどの春咲き球根は、花が咲き終わって1カ月ほどして茎葉が黄変してきたら掘り上げます。梅雨の時期は湿気で球根が傷みやすいので注意が必要。掘り上げた球根は、日陰で乾かし、秋の植え込み時期まで涼しい場所で保管します。品種によって掘り上げ時期や保管方法は異なります。

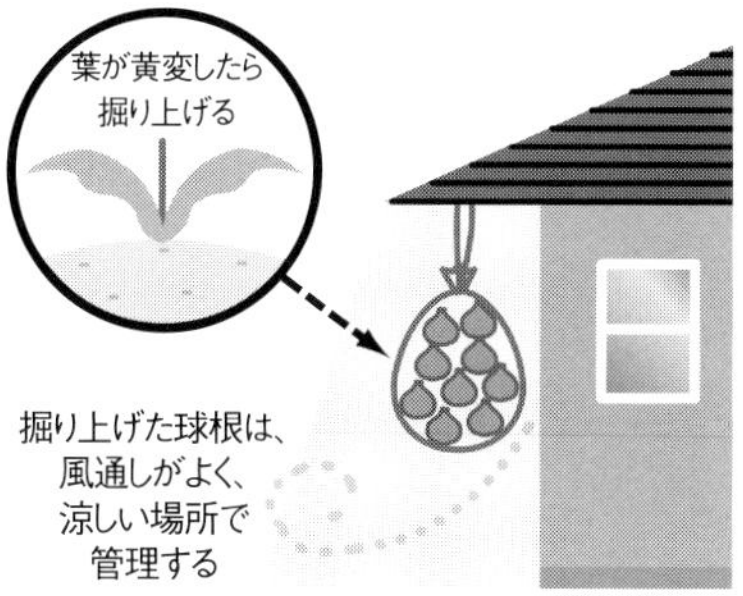
葉が黄変したら掘り上げる
掘り上げた球根は、風通しがよく、涼しい場所で管理する

秋の花壇のための種まき

秋まきの種子は、春まきと比べると発芽が難しいので、種まきのタイミングを逃がさないように。秋咲きのコスモスやサルビア、一年草のヒマワリの苗などは7月ごろまで植えつけが可能。6月に植えたケイトウやサルビアもこの時期に摘心することで花つきがよくなります。冬用のハボタンなどもこの時期に種まきします。

挿し木をする

種子を採取してから育成すると、開花まで時間がかかりますが、枝を切って土にさす「挿し木」だと、早く花が楽しめるうえ、種子ができにくいものも簡単にふやすことができます。ツバキやサザンカは6月上旬～8月上旬、アジサイは6～7月上旬に行ないます。日差しが強いとしおれてしまうので、明るい日陰にさすようにします。

秋の花壇向き草花

- アゲラタム
- インパチェンス
- キキョウ
- コスモス
- コリウス
- サルビア
- ジニア
- センニチコウ
- ダリア
- トレニア
- ニーレンベルギア
- ペチュニア
- ホウセンカ
- マリーゴールド
- メランポジウム

挿し木の方法（サザンカやツバキの場合）

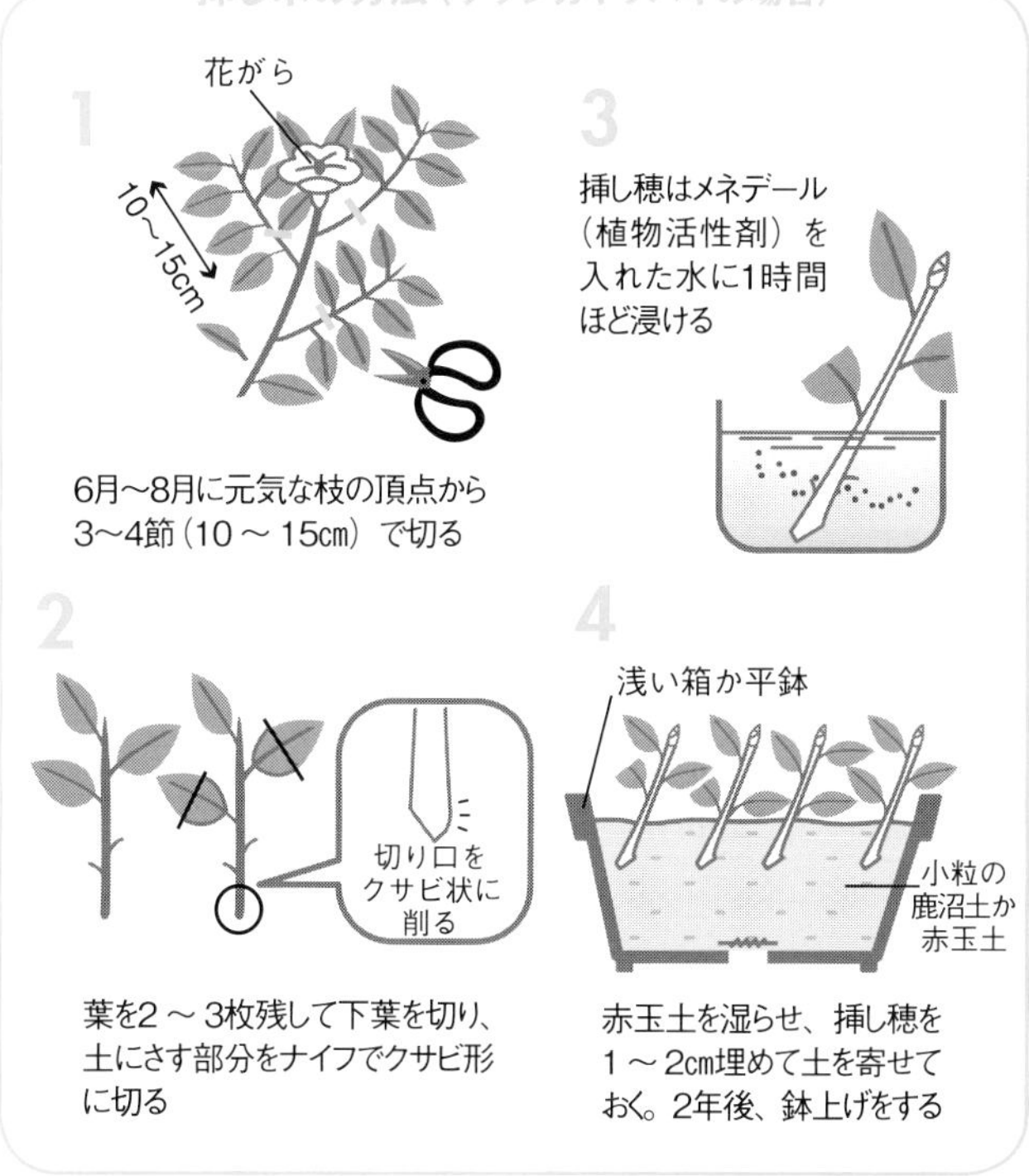
1
花がら
10～15cm
2
切り口をクサビ状に削る
3
挿し穂はメネデール（植物活性剤）を入れた水に1時間ほど浸ける
4
浅い箱か平鉢
小粒の鹿沼土か赤玉土

1 6月～8月に元気な枝の頂点から3～4節（10～15㎝）で切る

2 葉を2～3枚残して下葉を切り、土にさす部分をナイフでクサビ形に切る

3 挿し穂はメネデール（植物活性剤）を入れた水に1時間ほど浸ける

4 赤玉土を湿らせ、挿し穂を1～2㎝埋めて土を寄せておく。2年後、鉢上げをする

秋

9月～11月

春の花壇のための種まき

春に花を咲かせる秋まき草花の種子は、霜が降りるまでの間に株をしっかり生長させ、越冬できるようにすることが大切です。また、秋まき草花は温帯地方原産のものが多く、一度は冬の低温にさらさないと、健やかな生長ができません。発芽温度が15～20℃くらいのものが多いので、タイミングを逃がさないようにします。

東京近郊では9月中～下旬が種まきの適期です。種まき直後は乾燥に注意すること。水やりは表土が乾いているのを確認してから行なうようにしましょう。

春の花壇のための秋まきの一年草

- アイスランドポピー
- カスミソウ
- キンギョソウ
- スイートアリッサム
- スイートピー
- ディモルフォセカ
- パンジービオラ
- ルピナス
- ロベリア

台風対策

台風に備えて、庭木類は枝折れを防ぐために伸びすぎた枝や込み入った枝をつけ根から切り取ります。補強用の添え木や支柱が必要なら設置し、幹や枝を紐で結束。庭全体を見まわして吹き飛ばされそうなものは片づけましょう。台風通過後は、飛ばされたものなどを片づけ、殺菌剤の散布を行なって病害虫の発生を防ぎます。

球根の掘り上げと植えつけ

10月ごろにダリアやグラジオラス、アマリリスなどの春植え球根の葉が黄色く枯れ始めたら、早めに掘り上げを行ないます。スコップを使用し、根を傷つけないように作業します。スイセン、チューリップ、ヒヤシンスなど春に咲く球根は、この時期から12月までに植えつけます。元肥を入れた日当りがよい花壇に植えつけます。

球根の掘り上げ方法

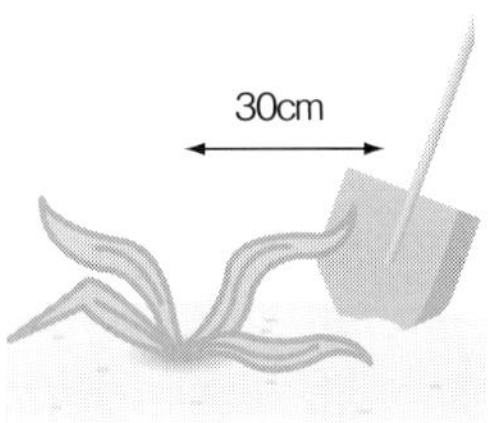
30cm

1
葉の3分の1程度が黄色くなったら、株のまわり30㎝ほどのところにスコップを差し込み、球根を掘り上げる

2
掘り上げた球根はよく水洗いして土を落とし、ベンレートなどの殺菌剤に浸けて消毒をしておく

子株
親株

3
茎や上根など不要な部分を切り取って乾燥させ、球根に合った方法で分球する。その後、植えつけや保存をする

多年草の植えつけ

スズラン、シラン、ミヤコワスレなどの春咲き多年草はこの時期に株分けと植え替えをします。植えつけは元の場所を避け、根を広げて浅植えにするといいでしょう。ハマギク、ユリオプスデージーなどのキク類もこの時期に苗の植えつけができます。

植えつけ後は、花がら摘みを行ない、追肥をしながら管理していきます。

防寒対策

秋まきした苗や植えたばかりの草花は、ビニールで覆って風や霜から守ります。また、必要に応じてマルチングを施します。ワラやバークチップなどで株元を覆うマルチングは、植物を霜害から守るだけではなく、土の乾燥を防ぐ効果もあります。

植物に寒さに対する抵抗力をつけるには、過リン酸石灰や草木灰を施しましょう。寒い時期でも多少の水分は必要です。

マルチング

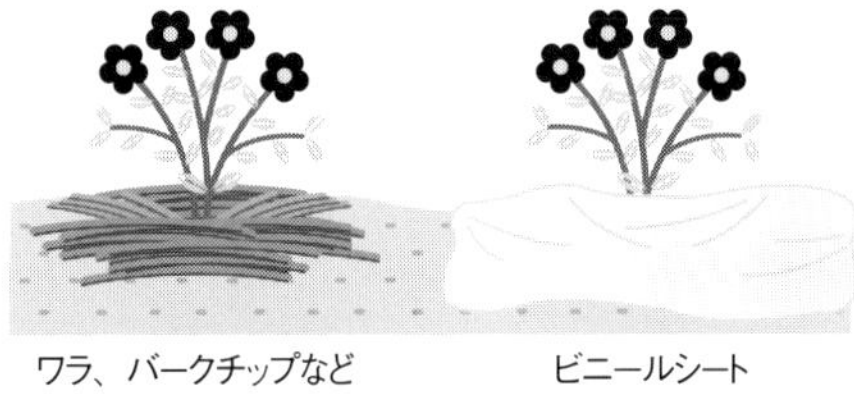
ワラ、バークチップなど
ビニールシート

カバー

ワラ
ビニールトンネル

冬 12月～2月

バラの植えつけ

バラの植えつけは、11月下旬から12月下旬に行ないます。苗は、接ぎ口がしっかりとした根張りのいいものを購入します。日当りがよい場所で、直径、深さとも約60cmの大きな穴を掘り、土には堆肥と肥料を十分に入れて混ぜ合わせます。苗の大きさに合わせて少し土を埋め戻し、苗の根を広げて配置するようにします。

残りの土を埋め戻して根元の部分を踏み固め、水やりをします。水が引いたら、寒さと乾燥防止のために根元に土を寄せます。

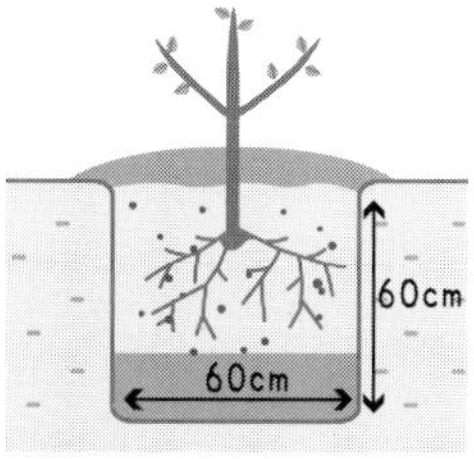

3月ごろになったら土を戻して、地面を平らにならすようにします。

庭木の元肥

この時期の肥料は、これから一年間、樹木が元気に育つためのものなので元肥を与えます。新しい根が伸びる前に施しておくと効果的。元肥は持続性があるものがふさわしく、油かすや牛ふん、骨粉などの有機性肥料のほか、緩効性化成肥料が適しています。

与え方は、樹木のまわり（場所は、葉先の真下が目安）をドーナツ状に掘り、その中に肥料を入れて埋め戻します。多少、細かい根を切ってしまってもこの時期は冬眠中なので問題ありません。

一年草の計画を立てる

「一年の計は元旦にあり」の言葉どおり、ガーデニングにおいても1月は早春から冬までの植栽計画を立てる時期です。花木、多年草、一年草に分けて、今年、取り入れたい植物を書き出し、開花時期や花色などを考えて組み合わせていきます。種苗会社のカタログを取り寄せたり、園芸雑誌を参考にしたりしながら、配植など具体的な植栽プランを立てましょう。

また、植物ばかりでなく、同時に使用したい資材や肥料なども列挙しておくといいでしょう。

季節ごとの主な一年草

早春	パンジー、ビオラ、プリムラなど
春	スイートアリッサム、リナリア、ワスレナグサ、リムナンテス、ストック、デージー、スイートピーなど
初夏	キンギョソウ、ニゲラ、ヤグルマギク、アグロステンマ、ネメシア、カリフォルニアポピーなど
夏	ペチュニア、アサガオ、ニチニチソウ、ヒマワリ、アサガオ、マツバボタンなど
秋	トレニア、マリーゴールド、コスモスなど
冬	ハボタンなど

害虫の駆除

冬は、植物同様に害虫も休眠期に入っているので駆除のチャンスともいえます。枯れ枝や病気の枝を切るなど、発生部位を徹底的に取り除きます。また、枯れた草木は根ごと掘り出し、落ち葉も集めてそれらを一緒に焼却することにより、害虫の住みかをなくします。

さらに石灰硫黄合剤を散布すると、害虫の卵や病原菌を効率よく退治することができます。特に春に活動が始まってからでは、薬剤散布効果が少なくなってしまうカイガラムシの駆除に適しています。

春花壇の準備

春の花壇の準備は、2月ごろに行ないます。まず、土を深さ30cmほど掘り起こします。土の中に入っている小石や木の根などを取り除き、土の固まりは砕いてやわらかくしておきます。

土がほどよくほぐれたら、有機肥料（堆肥と腐葉土を混ぜたものか、牛ふんなど）を1㎡につきバケツ1杯程度と油かす3握り、骨粉ひと握りを土の上に均等にまき、土とよく混ぜ合わせます。油かすと骨粉の代わりに緩効性化成肥料を1㎡につき200g程度使用してもOK。肥料の発酵が進み、土となじむには1カ月以上かかるので、植えつけ1カ月前には済ませます。

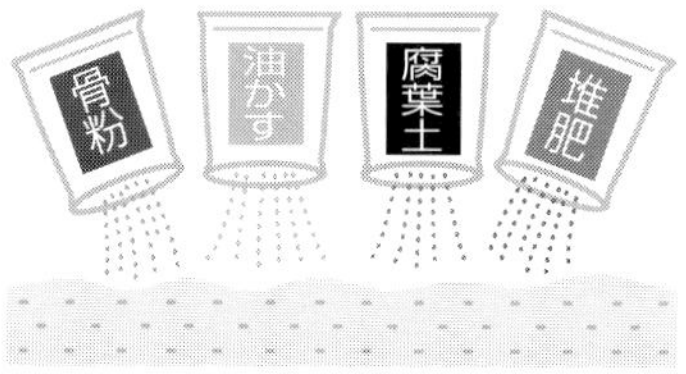

培養土作り

基本土をふるいにかけ、広げて日光や雨風にさらしておく。これに腐葉土、粗い砂、肥料などをよく混ぜ合わせ、よく熟成させる

Enjoy Gardening

剪定の仕方

樹形を美しく保ち、花つきや結実をよくする剪定。風通しや日当りもよくなり、樹木が元気に育ちます。プロに依頼をする方も多いのですが、自分で行なうと一層愛着がわくでしょう。

不要な枝の種類

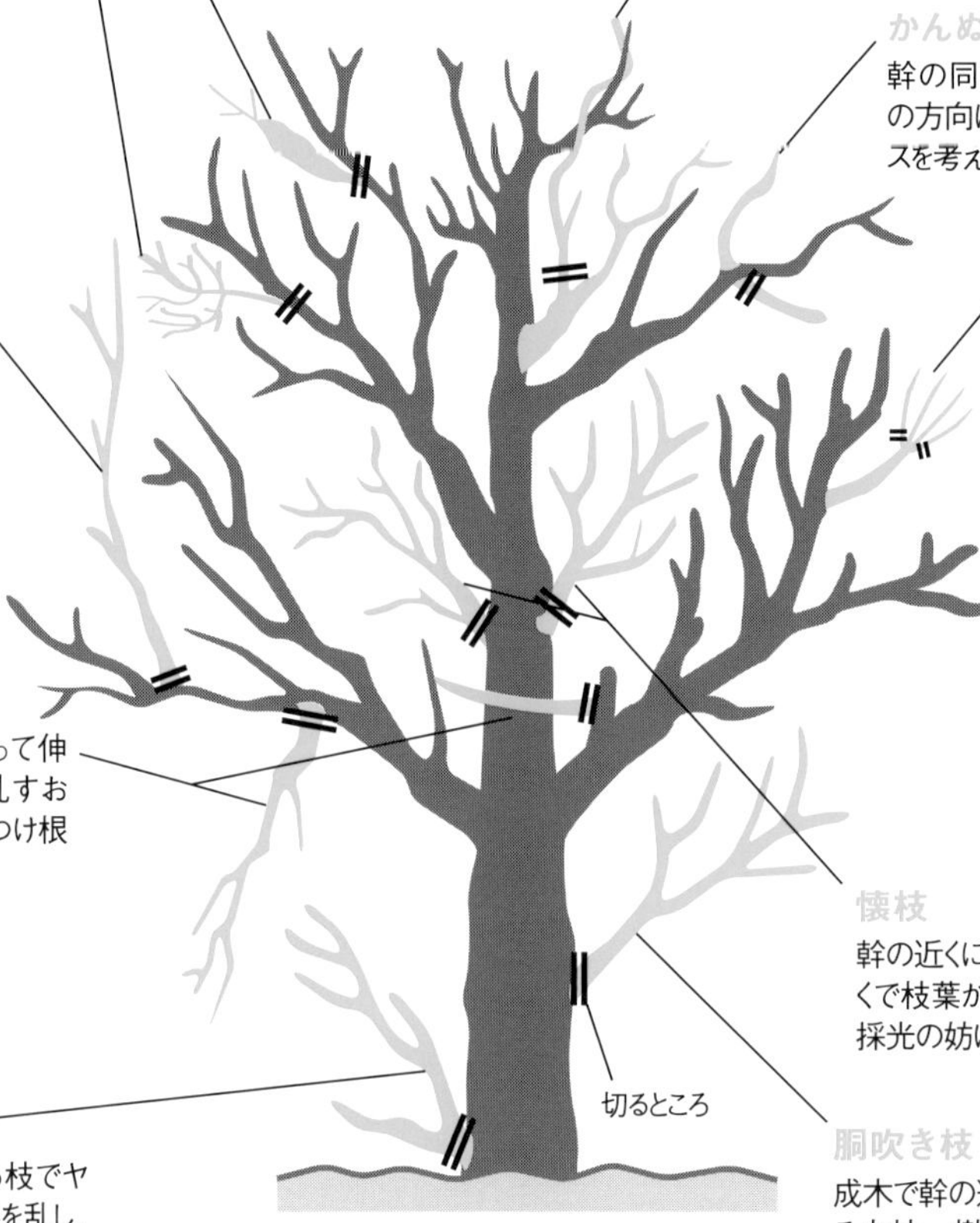

不要な枝の種類
からみ枝
他の枝とからんでいる枝。樹形を乱し、日当りや風通しが悪くなる。つけ根から切る
病気の枝
病気の枝や大きな傷などがある枝は、つけ根から切り取って焼却処理をする
かんぬき枝
幹の同じ高さからそれぞれの方向に伸びる枝。バランスを考え、一方だけを切る
徒長枝
勢いよく伸びた新しい枝。樹形を乱すため切るが、まれに徒長枝を使って樹形を形成させることもある
車枝
車輪の軸のように一カ所から何本も出ている枝。バランスを考えて本数を減らす
逆さ枝
木の内側に向かって伸びる枝。樹形を乱すおそれがあるので、つけ根から切る
懐枝
幹の近くに出る枝。幹の近くで枝葉が茂ると、通風や採光の妨げになるので切る
切るところ
ひこばえ
根元から出てくる枝でヤゴともいう。樹形を乱し、本体の生長に悪影響を及ぼす
胴吹き枝
成木で幹の途中から出ている小枝。樹形を乱し、よく生長しないので切る

木の形を美しく保つのに剪定は欠かせない

伸びすぎた枝や不要な枝を切り、幹や主な枝の先端を切り詰めて、樹姿を整える作業のことを剪定といいます。整枝も剪定の一種ですが、樹形を整える目的で行なう比較的軽めの剪定です。剪定する枝は、上図に挙げているような樹形や生長を乱すものが対象になります。

毎年剪定を行なっている場合は、前年度に剪定した部分まで切り戻すようにします。樹木のいちばん高い部分より始め、徐々に下に進んでいきます。上の方は多めに剪定をし、下に行くにしたがって量を減らします。剪定は樹形を整えて花つきをよくするとともに、作業中に病害虫を見つけやすいという効果もあります。

枝を切るときには、指より細い枝は剪定バサミで、それより太い場合はノコギリで切るようにしま

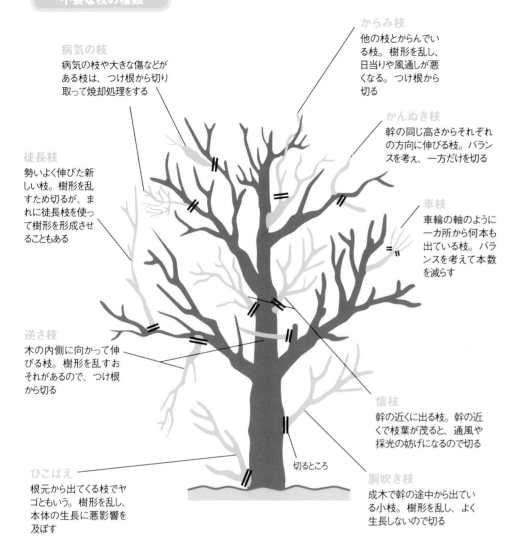

枝の切り方

節での切り方

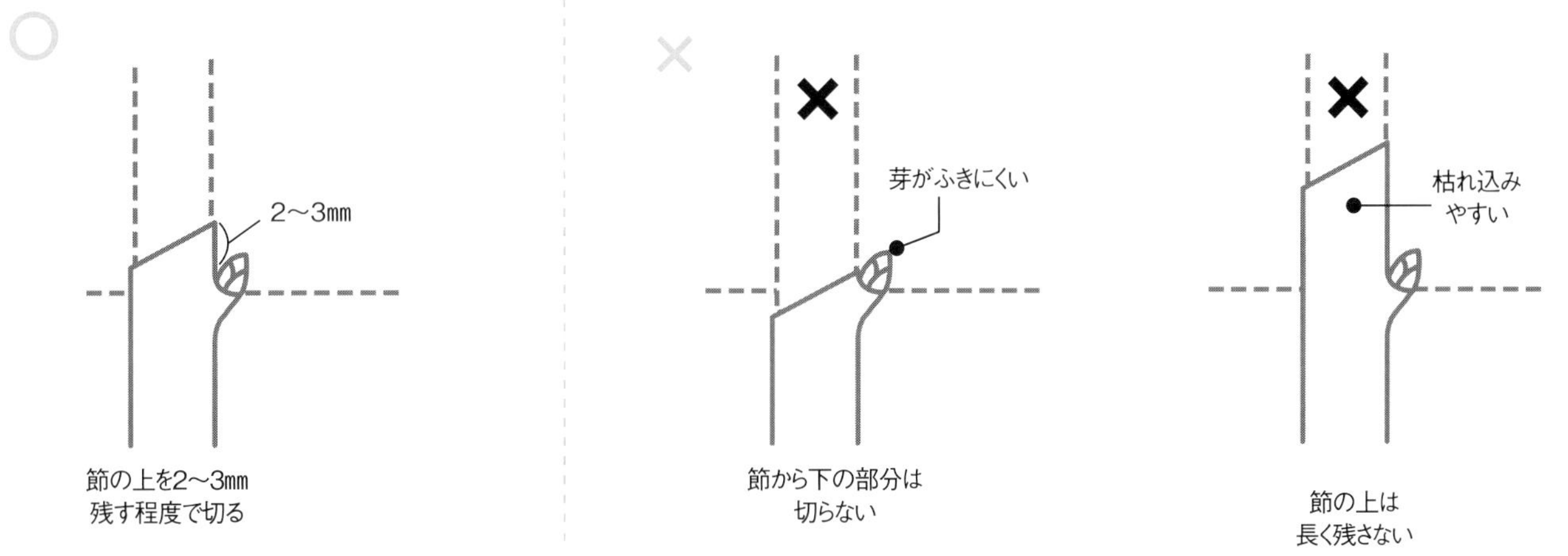
2〜3mm
節の上を2〜3mm
残す程度で切る
芽がふきにくい
節から下の部分は
切らない
枯れ込み
やすい
節の上は
長く残さない

太枝、先の重い枝の切り方

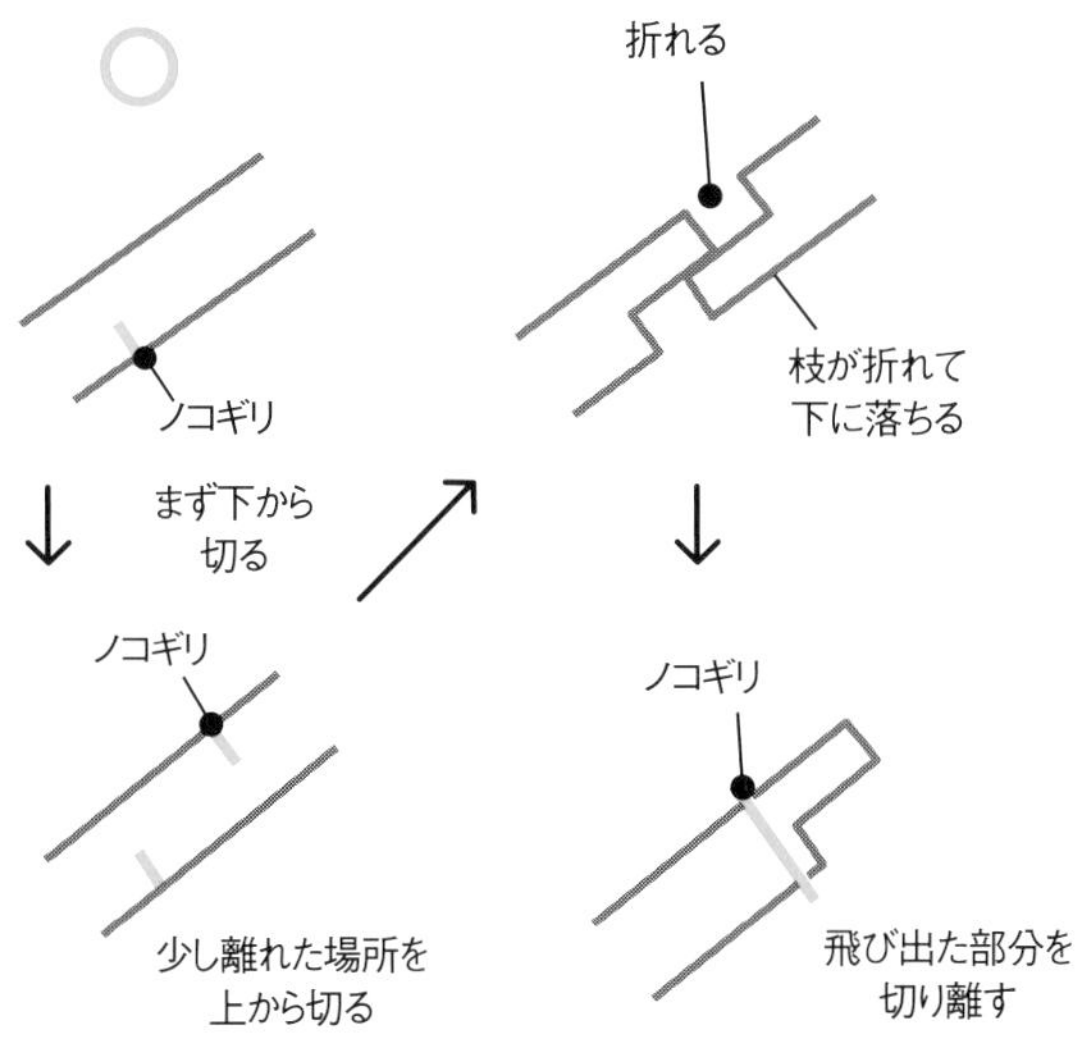
ノコギリ
まず下から
切る
ノコギリ
少し離れた場所を
上から切る
折れる
枝が折れて
下に落ちる
ノコギリ
飛び出た部分を
切り離す

つけ根での切り方

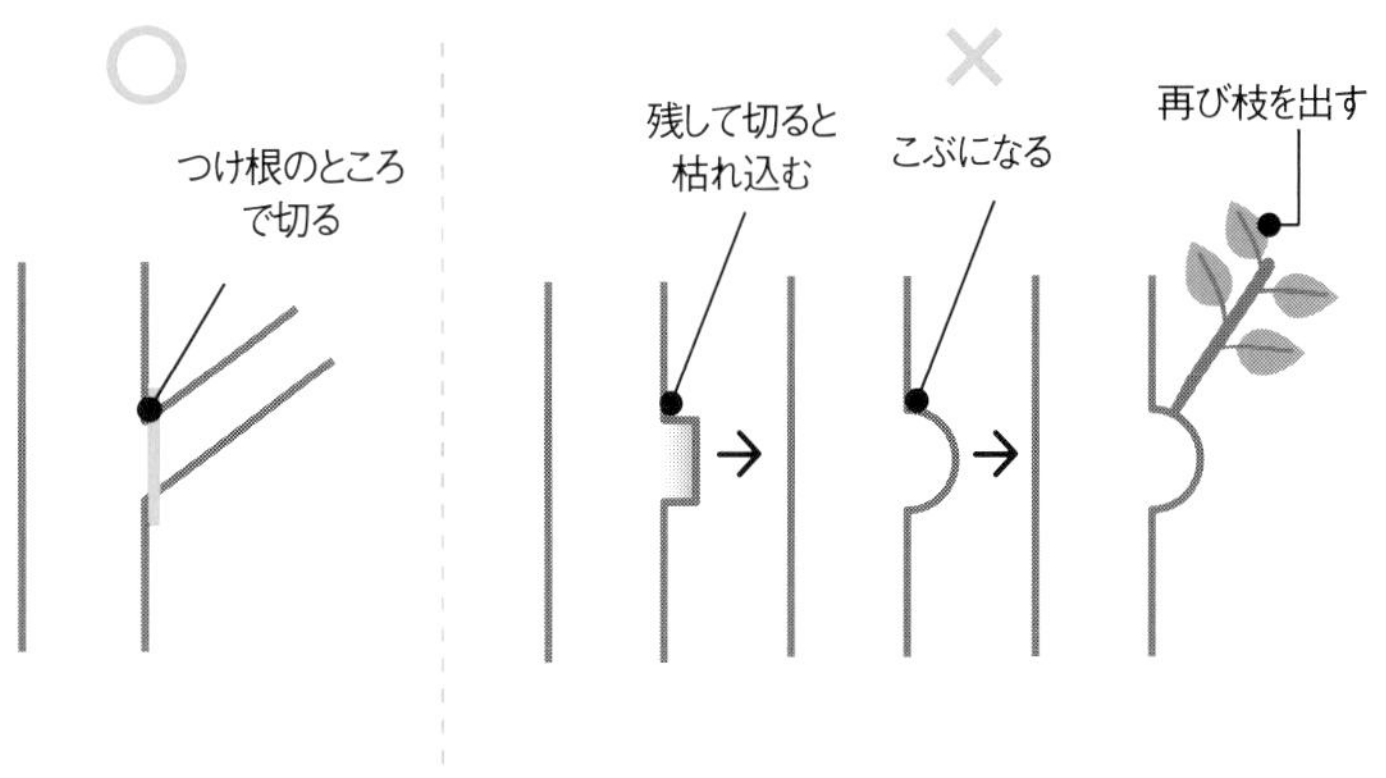
つけ根のところ
で切る
残して切ると
枯れ込む
こぶになる
再び枝を出す

す。太い枝を切る場合は、図のようにまず下からノコギリを入れ、半分ほど切ったら上からノコギリを入れて、枝が裂けないように気をつけましょう。

　自然な樹形にするには切り口が隠れるようにします。切り口が目立ちそうな場合は、できるだけ小枝を残し、切り口が葉で見えないようにします。また、芽が向いている方向に注意をしましょう。必ず横向きか斜め上を向いている芽の先で切るようにします。

　幹や主枝（骨格となる太い枝）から真っすぐに伸びた勢いがよすぎる枝を徒長枝といいます。これをそのままにしておくと、樹形を乱すので枝元から切り取ります。

落葉樹は冬 常緑樹は春と秋に行なう

　剪定の時期は、樹木によって分かれますが、落葉樹は11月から3月までに剪定を済ませます。落葉したあとなので、枝や芽を見ながら切ることができます。常緑樹では3月から6月、9月から11月の期間が剪定に適しています。注意をしたいのが、5月から7月の間に落葉樹を剪定すること。一年分の養分をためようと活発に活動している時期なので、強い剪定をしてしまうと、最悪の場合、枯らしてしまうことがあります。

剪定の種類

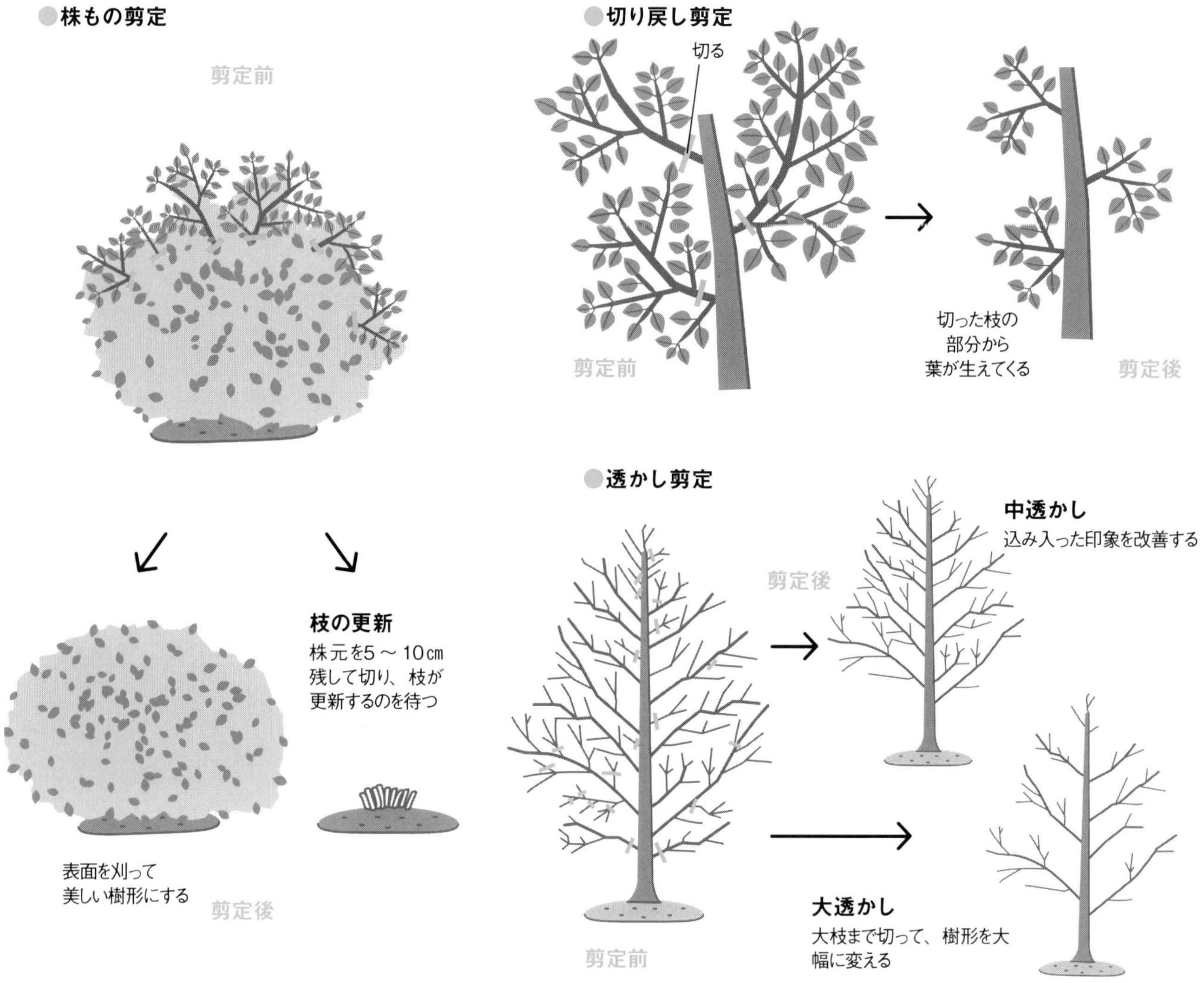
株もの剪定
剪定前
枝の更新
株元を5～10㎝
残して切り、枝が
更新するのを待つ
表面を刈って
美しい樹形にする
剪定後
切り戻し剪定
切る
切った枝の
部分から
葉が生えてくる
剪定前
剪定後
透かし剪定
中透かし
込み入った印象を改善する
剪定後
大透かし
大枝まで切って、樹形を大
幅に変える
剪定前

基本は前の形に戻す 切り戻し剪定

剪定の種類は、「切り戻し剪定」「透かし剪定」「株もの剪定」などがあります。切り戻し剪定とは、枝が長くなったり、木が大きすぎたりしたときに行なう剪定で、枝の途中で切り戻していきます。通常の剪定は切り戻し剪定になります。切り戻し剪定をすると、剪定した場所より下の部分にある芽から葉が伸びてきます。

透かし剪定とは、枝のつけ根から切る剪定で、枝が込み入っている場合に行ないます。枝の間を透かしてしまうので風通しがよくなり、その先にある木々も目に入ってきます。スッキリさせたいときには、透かし剪定を行ないます。

株もの剪定は、地面から枝が出ている樹木の剪定で、まわりを刈り込んだり、枝が多すぎる場合は、枝を間引きしたりする剪定です。生垣や玉造のものが多いのですが、刈り込みバサミを使って二度刈り、三度刈りをしてきれいな形にしていきます。

素人が初めから上手に剪定するのは難しいですが、まずはプロの職人さんに剪定をしてもらい、その仕上がりなどを見て、勉強していきましょう。

剪定方法

ライラックの剪定法

剪定は枝が密にならない程度に行なう

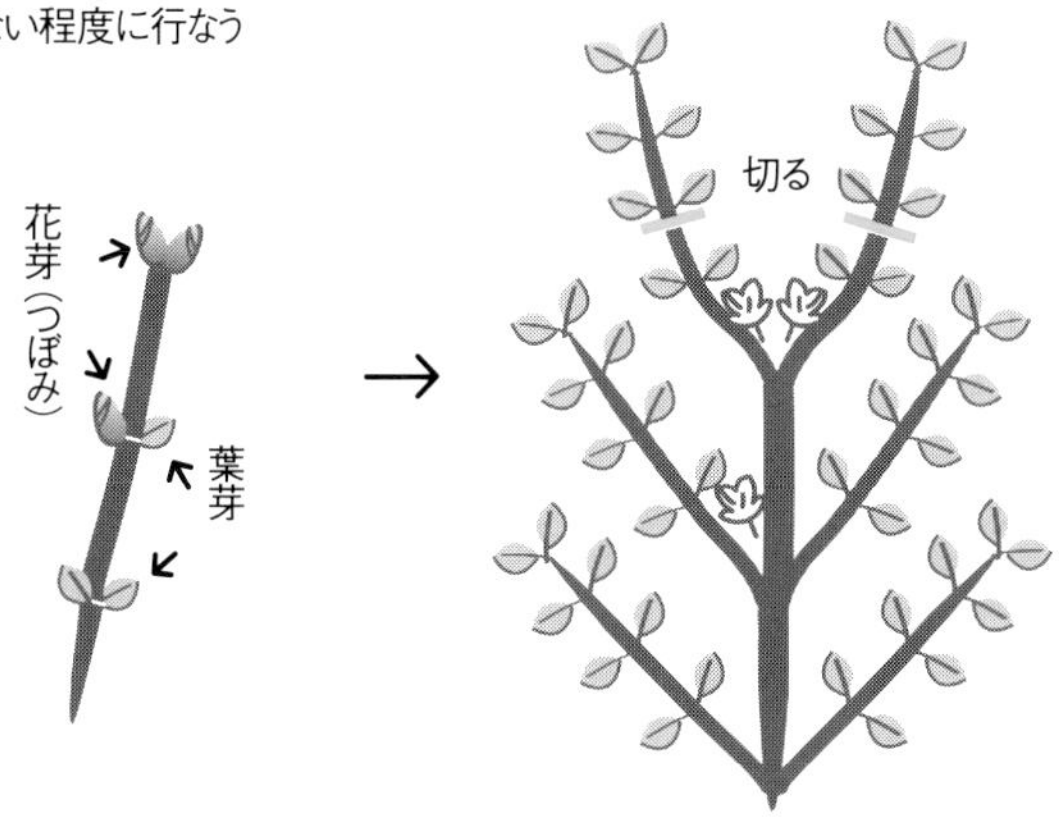
花芽（つぼみ）
葉芽
切る

ウメの剪定法

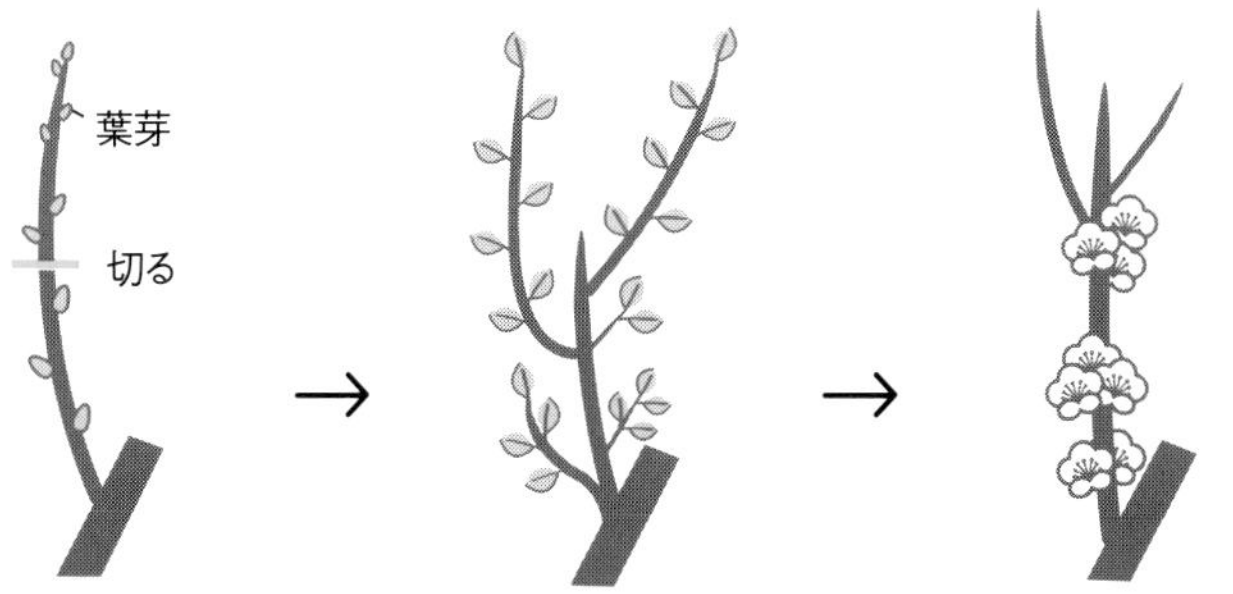
葉芽
切る

冬、長く伸びた枝に花芽はつきにくい

花が咲き終わった状態

翌年の開花。開花前に細くて不要な枝は切っておく

サクラの剪定法

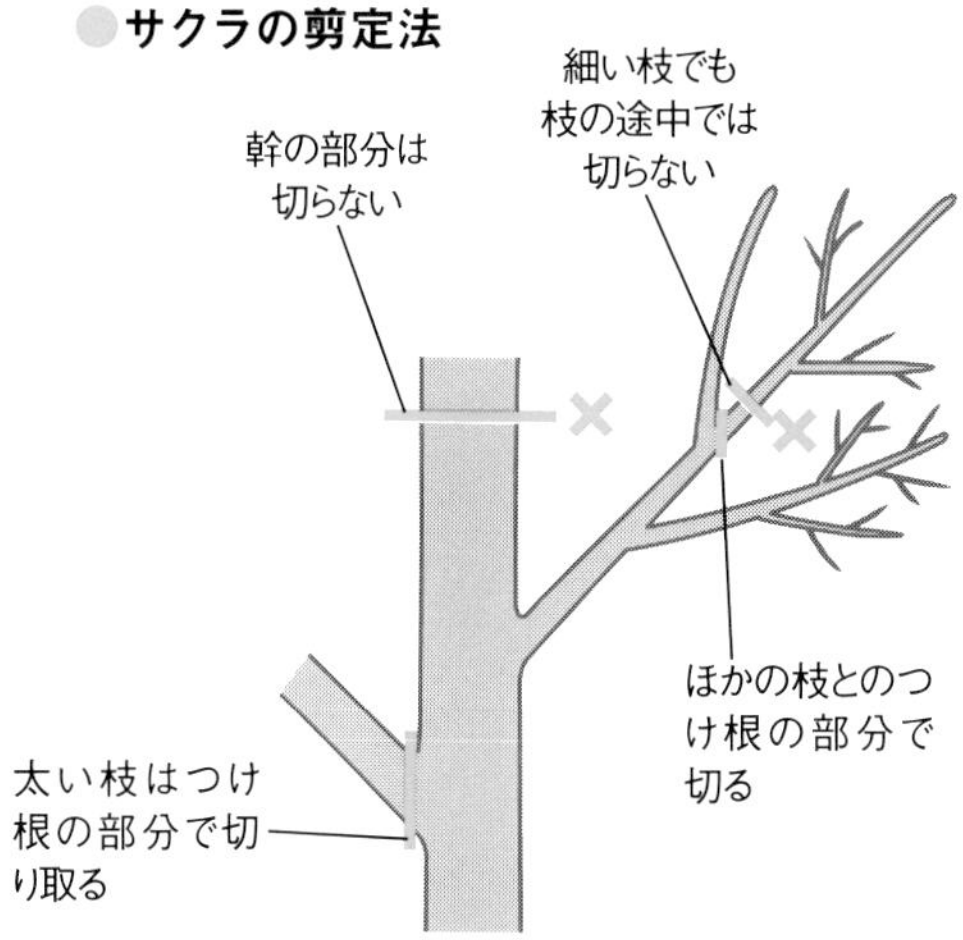
幹の部分は切らない
細い枝でも枝の途中では切らない
ほかの枝とのつけ根の部分で切る
太い枝はつけ根の部分で切り取る

カイドウの剪定法

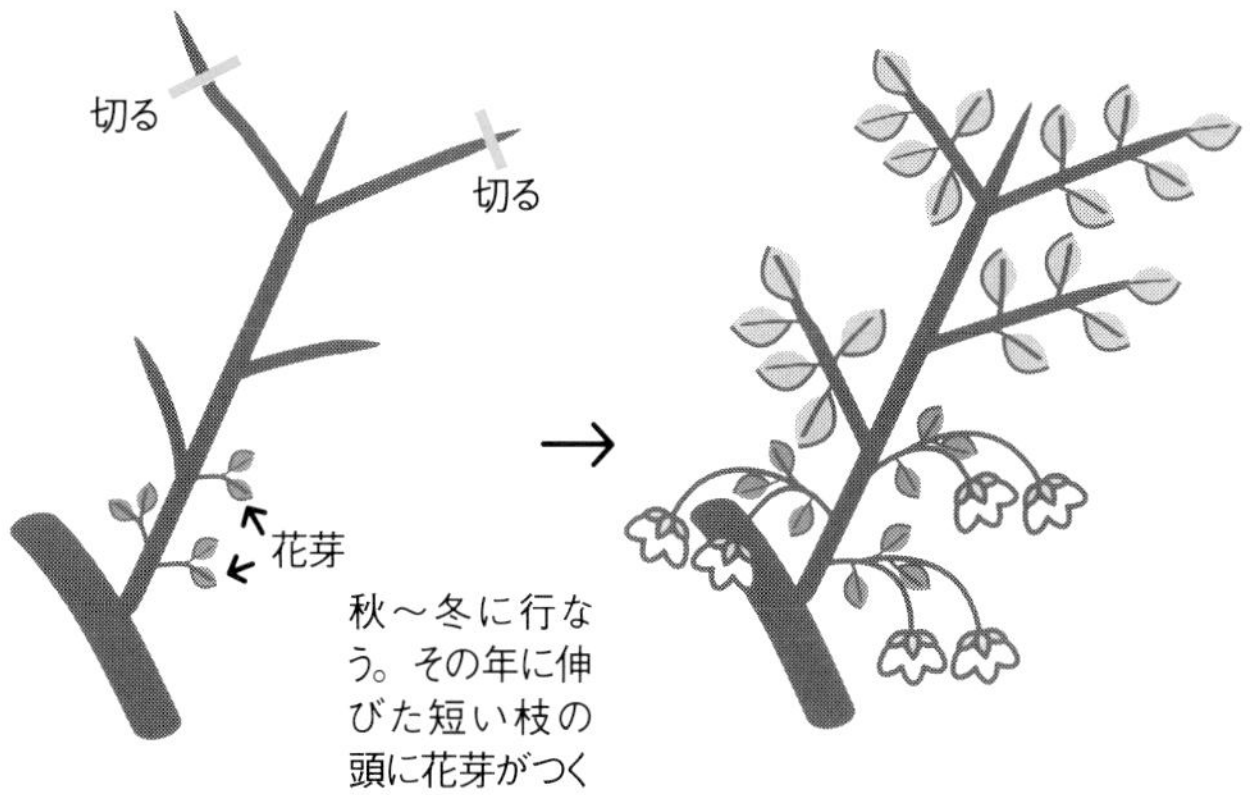
切る
切る
花芽
秋～冬に行なう。その年に伸びた短い枝の頭に花芽がつく

ハナミズキの剪定法

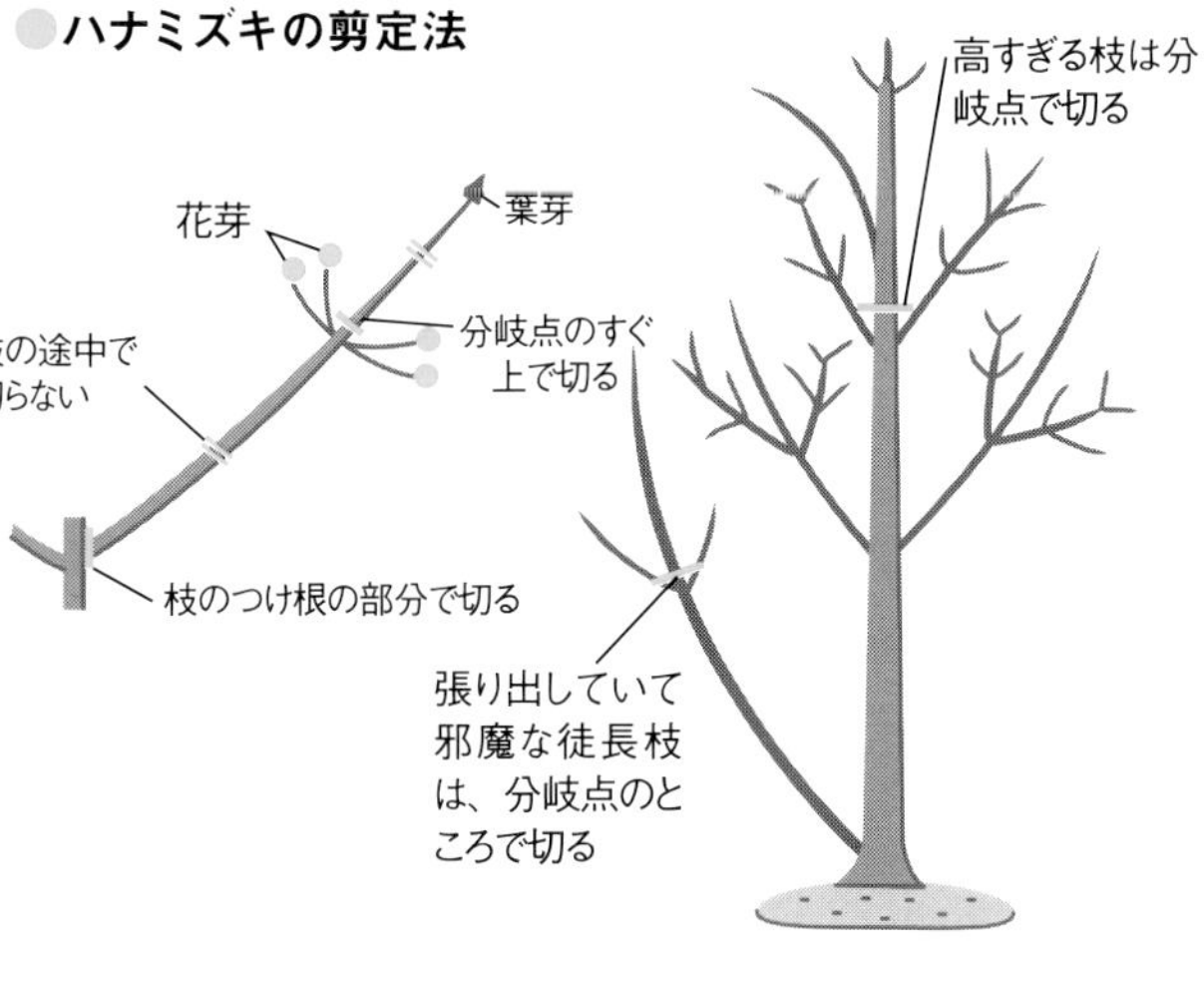
花芽
葉芽
枝の途中で切らない
分岐点のすぐ上で切る
枝のつけ根の部分で切る
高すぎる枝は分岐点で切る
張り出していて邪魔な徒長枝は、分岐点のところで切る

カリンの剪定法

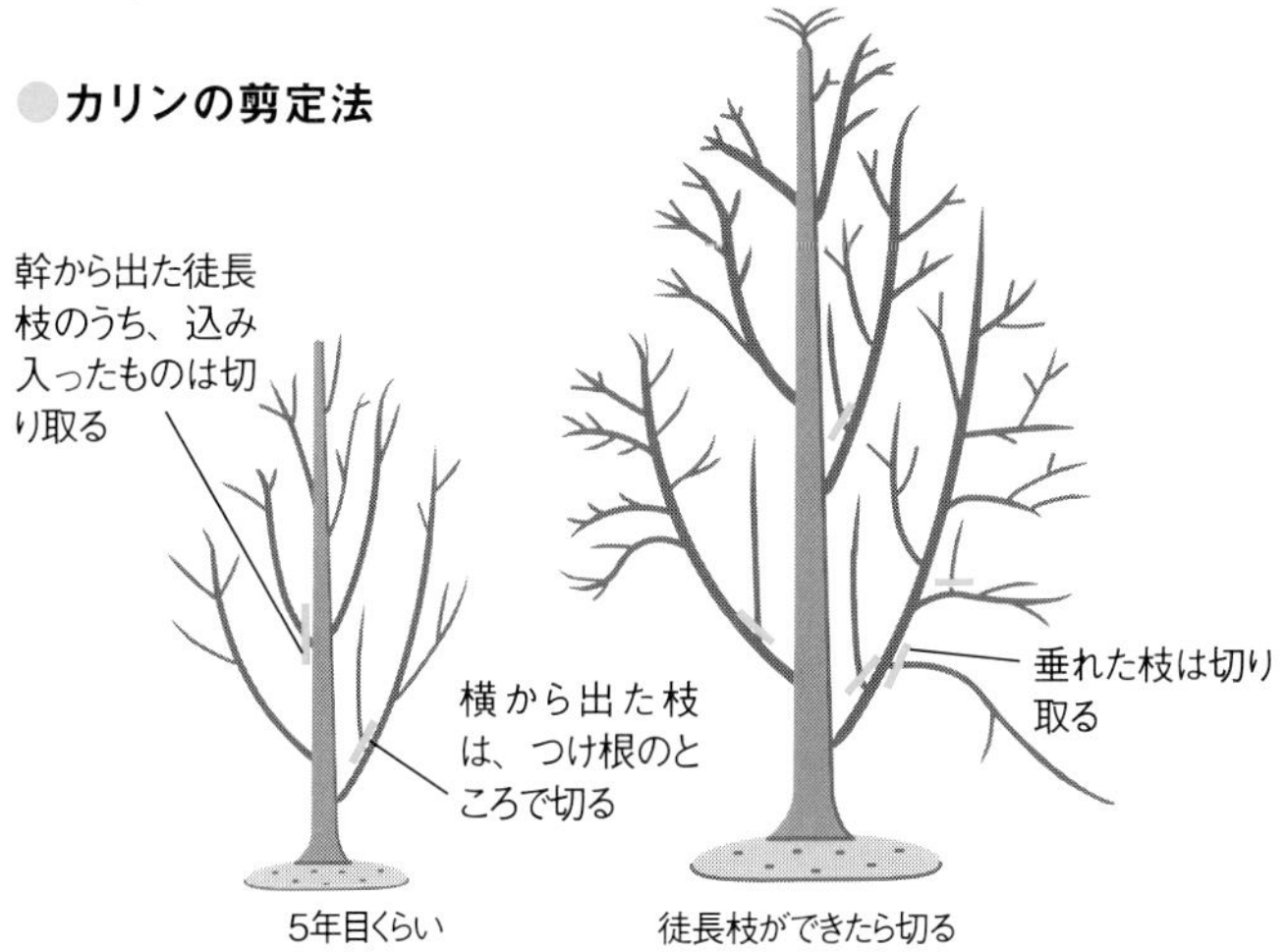
幹から出た徒長枝のうち、込み入ったものは切り取る
横から出た枝は、つけ根のところで切る
垂れた枝は切り取る

5年目くらい

徒長枝ができたら切る

Enjoy Gardening

基本のガーデンツール

ガーデンのお手入れの必需品から、ひとつあると便利なものまでを紹介します。ホームセンターなどで実際に手に取って、使い勝手などを確かめながら選んでみましょう。

剣先スコップ

先がとがっているので、かたい土にもよくささり、スムーズに掘り返しができる。先端がギザギザになっているタイプは、大株を移植するときに土中の根を切るのに便利。選ぶポイントはステンレス製で、柄と刃の部分の接合が頑丈なもの。ただし、土を運ぶときにはかなりの重さになるので、柄の内部が空洞の軽量タイプがいい。

角形スコップ

四角く平らなプレートは面積が広いので、土をすくったり運んだりするときに役立つ。

移植ゴテ

植える穴を掘る、軽く耕すなど、多目的に使える必需品。柄とスコップの面に角度があると、株の掘り取りが簡単に行なえる。

雑草取り

繁殖力が旺盛ですぐに生える困りものの雑草。雑草取りにもいろいろあるが、これはとても便利な一品。先端が二股に分かれており、そこに茎や根を挟んで、テコの原理を利用して根を掘り起こす。

片手クワ

畝を立てたり土をならしたりするときに使用するレーキーと、堆肥の移動などに使えるクワが一緒になった便利もの。

ガーデンフォーク

植物を移植するときに便利なツール。根や球根を傷つけずに手早く株を掘り起こすことができる。雑草を抜くときにも便利に使える。

ハンディレーキー

種まきや苗の植えつけの前に、耕した土を平らにならすときに用いる。クシの部分は頑丈なので土の固まりを崩すのにも便利。持ち運びに便利なコンパクトサイズなので、狭いスペースでも作業が楽。

土入れ

苗をコンテナに移しかえたり、寄せ植えをしたりするときに便利に使える道具。コンパクトながら、一度にたくさんの土をすくうことができる。株と株の間に土を入れるときにも便利。

ジョウロ

水やりの必需品。購入するときには実際に水やりをする動作をして、そのバランスを見るようにする。水を入れるとかなりの重さになるので、バランスが悪いと使いづらい。広い場所では口を上向きにし、狭い場所では下向きにして使用する。また、口を上向きにすると水がやわらかく出るので、小さな苗でも傷めることがない。

フルイ

植物に合わせて用土の粒子を合わせるために使う。一度使用した土を再利用する際に、土の中に残った根やゴミを取り除くのに便利。編み目の粗さを調節できるタイプもある。

ホースボックス

小型、軽量で持ち運びに便利なボックスタイプがおすすめ。ホースの巻き取りがスムーズで、きっちり収納できるものを選ぶ。また、ノズルはジェットや拡散など、水の量や勢いが変えられるものが便利だ。

高枝切りバサミ

ハシゴを使わずに安全に高木の剪定や果実の収穫ができる。軽量でレバー部分が握りやすく、安定した操作ができるものを選ぶ。

刈り込みバサミ

一本あれば、切り戻しや剪定など、園芸で行なう「切る作業」はほとんど済ますことができる。特に樹木の剪定では必需品といえる。切れ味がよく、手になじむものを選ぶ。

植木バサミ

細かい作業に向く。直径１㎝ほどの枝なら難なく切ることができる。グリップの輪の中に指を入れ、手のひらで包み込むようにして使用する。剪定をよく行なう場合は、専用の剪定バサミを用意しておくといい。剪定バサミは受け刃を下にし、切り刃を枝の切り残す方にすると、切り口が滑らかになる。

ウエストエプロン

手入れの動きを妨げないショート丈のガーデニング用エプロン。ガーデンツールを下げるフックやポケットがたくさんついているので、両手が自由に使える。

ガーデングローブ

肌荒れやケガから手を守るための手袋。最近は、素材や色のバリエーションが増えてきたので、選ぶのが楽しい。

高枝切りバサミ
ウエストエプロン
角形スコップ
剣先スコップ
ガーデン
グローブ
フルイ
ホースボックス
ジョウロ
植木バサミ
移植ゴテ
刈り込みバサミ
ガーデンフォーク
ハンディ
レーキー
土入れ
片手クワ
雑草取り

知っておきたい 園芸用語

園芸には独特の用語があり、用語の意味を把握していないと庭木や草花をうまく育てられないこともあります。特によく使われる用語のみ選んでご紹介します。

あ行

●アイキャッチャー

ポイントとなるように庭などに置く噴水、オーナメントなど。

●アプローチ

門から玄関までのスペースをさす。レンガ敷きや石畳などでグラウンド部分を整え、両側に樹木や草花を配する。

●育苗（いくびょう）

優良な苗を作るため、繁殖後間もない時期に植物を特別に管理して育てること。育苗ポットや育苗箱などが使用される。

●一年草（いちねんそう）

種まき後、1年以内に開花、結実して枯れる草花。ただし、原産地では宿根草であっても、日本の気象条件下では宿根しにくいため一年草扱いされるものもある。

●一季咲き（いっきざき）

一年のある定まった季節に1回だけ開花する性質。バラなど、もともと一季咲きのものが品種改良によって四季咲きになることもある。

●植え傷み（うえいたみ）

植物を移植した際に一時的に根の活動が緩慢となり、生育を損ねる現象のこと。

●F1（えふわん）＝一代雑種

固定品種2品種を交配して種子を採り、栽培をした雑種一代目の品種。雑種強勢の遺伝法則から病害虫に強く、花色や花形に優れている。

か行

●塊茎（かいけい）

茎の基部、地下茎の先端が肥大生長したもので、養分の貯蔵器官となっているもの。

●化成肥料（かせいひりょう）

化学的な操作を加え、粒状または形成した肥料。チッ素、リン酸、カリウムのうち2成分以上を含み、合計が10％以上になるのが一般的。30％以上のものを高度化成という。

●株立ち（かぶだち）

1本の根元より多数の幹が立ち上がり、ひとつの木になっているもの。根元から切り詰めて、新たに芽吹いた新梢を主幹に育てることも可能。

●株分け（かぶわけ）

繁殖方法のひとつで、主に宿根草に多く取り入れられる。生育期の初めか終わりのころに根を掘り上げ、分割して再び植えつける。株が大きくなりすぎると老化していい花が咲かないので、数年に1回株分けを行なう。

●寒肥（かんごえ）

植物が休眠している冬の間に施す肥料。春以降の生育のために堆肥や油かす、鶏ふんなどの遅効性肥料を施す。

●切り戻し（きりもどし）

生育するにつれ草の姿が乱れ、花数が減ってきた草花の枝葉を切ること。風通しもよくなり、新芽も伸びて株が若返る。

●グラウンドカバー

地面をはうような植物をさす。地面を覆うだけでなく、土の乾燥や流出、雑草を防ぐ役目もする。シバザクラやアジュガなどがある。

●コニファー

針葉樹の総称。種類はとても多く、世界中に分布している。円錐形や円筒形の樹形のもののほか、地をはうタイプもある。色彩も豊富で、日当りと水はけがよい土地でよく育つ。

さ行

●挿し木（さしき）

茎の一部を切り取って、肥料を含まない赤玉土、鹿沼土などにさし、根を出させる繁殖方法。一般的に常緑樹は7月、落葉樹は2～3月に行なう。草花の場合は挿し芽という。

●山野草（さんやそう）

本来は山野に自生する植物で、草花から小型樹木までいろいろな種類がある。なかでもコマクサやクロユリなど高山帯や寒冷地に自生する植物を高山植物と呼ぶ。

●シンボルツリー

庭木のなかでも家のイメージを決める重要な役割を持つ木。樹種は、生長したときの姿を考えて選択する。

●剪定（せんてい） 樹木の幹や枝の形を整えたり、大きさを調整したりすること。透かし、切り戻し、株もの（刈り込み）などいろいろな手法がある。

た行

●耐陰性（たいいんせい） 日差しが弱い場所でも生育する能力。アイビーやインドゴムノキなどは、本来日差しを好むが、日陰でもよく育つ。セントポーリアのように特に日陰を好む植物を陰性植物という。

●高植え（たかうえ） 根の上部が地面よりも高くなるように土を盛り上げた場所に植えること。排水がよくなる。

●追肥（ついひ） 植物が生長を始めてから施す肥料のことで、元肥だけでは足りない栄養分を補う。化成肥料や液体肥料など、すぐに効果が表れる速効性肥料を使う。

●定植（ていしょく） 育苗のために、床やポットなどに仮植えしたものを最終目的場所の花壇などに植え替えること。本植ともいう。球根は初めから定植するのが一般的。植え込んだ植物が完全に根づいたことも定植と呼ぶ。

●摘心（てきしん） 剪定の一種で、植物の先端の芽を摘み取って、脇芽の発生、開花、結実を促すこと。茎数が増えるのでこんもりとした草姿に仕立てることができる。ピンチ、芯止めともいう。

●天地返し（てんちがえし） 花壇やコンテナの表層部の土と下層部の土をひっくり返して入れ替えること。植物を長く栽培していると、表層部の土は微量成分が少なくなり、病害虫の発生が少なくなるので、数年ごとに行う。冬場に行うと病害虫の駆除にもなる。

●徒長（とちょう） 肥料切れ、密植、日照不足、高温多湿などが原因で、茎や枝がひょろひょろと伸びすぎること。徒長した株は病虫害に弱くなり、葉色のつやもなくなる。

な行

●二年草（にねんそう） 種をまいてから生育して開花するまでの期間が1年以上2年未満の草花。カンパニュラ、ジギタリスなど。最近は、二年草を品種改良して一年草にしたものも見られる。

●根巻き（ねまき） 木を移植するときに作業しやすいようにコモや麻袋用の布などで根鉢を包み、縄でそのまわりを巻くこと。根を保護する役目もする。

は行

●花がら摘み（はながらつみ） 花が咲いたあと、散らずに残った花弁や花（花がら）を摘み取ること。見苦しさをなくすほか、結実させないようにして株の衰弱や花つきの低下を防ぐ効果がある。病気の原因になることもあるので、花が咲き終わったらできるだけ早く取り除くのがいい。

●葉焼け（はやけ） 強い直射日光に当たった葉が一部枯れてしまうこと。太陽がまだ高い位置にあるときに水やりをすると、葉についた水滴が高温になり、枯れてしまうことがある。水やりは、早朝か夕方に行なうようにする。

●肥料焼け（ひりょうやけ） 土の許容量を超える肥料や濃度が高い肥料をあげると、根が傷み、株の元気がなくなる。土量が限られているコンテナ栽培などで起こりやすい。

●覆土（ふくど） 種まきをしたあとに、上から薄くかぶせる土のこと。覆土しないと発芽しない種を嫌光性種子という。発芽に光が必要な植物は覆土をしない。

●掘り上げ（ほりあげ） 花が終わったあとの球根を翌年のために土の中から掘り上げること。葉が黄色く変色したときに行なう。掘り上げた球根は、土や根を取り除き、植えつけ期間まで風通しのよい場所で保存する。

ま行

●間引き（まびき） 込み入っている株や茎、枝などを切り取ったり、抜いたりして、日当りや風通しをよくすること。苗や枝が健全に育つ。

●密植（みっしょく） 花壇にボリュームを出すためにビッシリと植え込むこと。植物にとっては好ましい状態ではない。

や行

●八重咲き（やえざき） 花被片の基本数は植物の種類によって決まっているが、花被片が基本よりも多いものを八重咲きという。バラやアジサイでよく見られる。

●有機質肥料（ゆうきしつひりょう） 油かす、魚かす、鶏ふん、骨粉など、動植物から生まれた肥料。土壌の中の微生物によって分解されるので、遅効性のものが多い。多少においがあるが、チッ素、リン酸、カリウム以外の栄養素も含まれ、濃度障害もない。

●誘引（ゆういん） 植物の茎や枝、ツルなどをラティスや支柱に紐などで結び、目的の場所まで導き、形を整えること。トピアリーのような形にするほか、バラやクレマチスなどのツル性植物を仕立てるときに用いる。無理に引っ張ると折れるので注意。

ら行

●連作障害（れんさくしょうがい） 同じ場所で毎年同じ植物を育てると、生長に障害をきたすことがあり、これを連作障害という。原因は土中の微量成分が不足したり、病害虫が多く発生したりすることが考えられる。特にナス科やアヤメ科の植物に多く発生する。何種類かの植物を順番に作るといい。

植物名さくいん

暮らしの実用シリーズ

決定版

はじめての庭づくり百科

● プロデュース　大迫裕三

● 編集制作　(株)エフジー武蔵
押田雅博　椎野俊行　小泉郁世
井上園子　藤原光　沖見智子

● 写真撮影　(株)エフジー武蔵
今坂雄貴　尾股光司
小川貴史　角田純子
佐藤弘樹
高島宏幸
冨士井明史
菅正博
古城大陸
小山修司
ドゥーパ！編集部

● デザイン　(株)エフジー武蔵
野呂篤子　浜武美紗　平井絵梨香
(有)島田デザイン
島田昭二　塩沢麻紀

● イラスト　内藤しなこ
おかもとみほこ

2011年3月22日　第1刷発行
2021年10月8日　第11刷発行

発行人 ● 松井謙介
編集人 ● 長崎有
編集担当 ● 尾島信一
発行所 ● 株式会社　ワン・パブリッシング
〒110-0005　東京都台東区上野 3-24-6
印刷所 ● 共同印刷株式会社

●この本に関する各種お問い合わせ先
本の内容については、下記サイトのお問合せフォームよりお願いします。
https://one-publishing.co.jp/contact/

不良品（落丁、乱丁）については業務センター　Tel 0570-092555
〒354-0045 埼玉県入間郡三芳町上富279-1

在庫・注文については書店専用受注センター Tel0570-000346

ワン・パブリッシングの書籍・雑誌についての新刊情報・詳細情報は、下記をご覧ください。
https://one-publishing.co.jp/

本書は、DIY 雑誌『ドゥーパ！』、学研ムック『DIY シリーズ』『ナチュラルガーデニング』及び、
ガーデン雑誌『ガーデン＆ガーデン』（エフジー武蔵刊）などで掲載した記事に、新規取材を加えて構成したものです。